Maja Schulze-Lackner wurde in Berlin geboren. 1966 eröffnete sie mit ihrer ersten selbst entworfenen Kollektion das Modegeschäft »Maja of Munich«. Neben ihrer Tätigkeit als Designerin und Geschäftsfrau schrieb sie auch für die *Bunte*, *Die Welt* und *Elle*. 1998 beendete sie ihre Laufbahn als Modesdesignerin und begann als Autorin zu arbeiten. Nach ihrem Bestseller *Und Wunder gibt es doch* (2004) erzählt sie die Geschichte ihrer ost-preußischen Familie. Nach dem großen Erfolg des Buches schildert sie nun erneut bewegte Zeiten in Ostpreußen. Maja Schulze-Lackner lebt mit ihrem Mann in München.

Mehr über die Autorin unter www.schulze-lackner.de

Weitere Titel der Autorin:

Und Wunder gibt es doch. Die Geschichte einer ostpreußischen Familie
Wilde Rosen, weites Land. Eine Liebe in Ostpreußen
Himmel über Ostpreußen. Schicksalsjahre einer Familie

Maja Schulze-Lackner

Solang es Träume gibt

Das Schicksal einer ostpreußischen Gräfin

BASTEI LÜBBE
TASCHENBUCH

BASTEI LÜBBE TASCHENBUCH
Band 61678

1. Auflage: Februar 2011
2. Auflage: August 2011
3. Auflage: Mai 2013

FSC
www.fsc.org
MIX
Papier aus verantwortungsvollen Quellen
FSC® C006701

Bastei Lübbe Taschenbuch in der Bastei Lübbe GmbH & Co. KG

Originalausgabe

Textredaktion: Andrea Kalbe
Titelbild: © plainpicture/Narratives
Umschlaggestaltung: Gisela Kullowatz
Autorenfoto: © Michael Doster
Satz: Textverarbeitung Garbe, Köln
Gesetzt aus der Stempel Garamond
Druck und Verarbeitung: CPI – Ebner & Spiegel, Ulm
Printed in Germany
ISBN 978-3-404-61678-7

Sie finden uns im Internet unter
www.luebbe.de
Bitte beachten Sie auch: www.lesejury.de

Der Preis dieses Bandes versteht sich einschließlich
der gesetzlichen Mehrwertsteuer.

1869

Carla von Harvich kuschelte sich, den warmen Schal fest um die schmalen Schultern gezogen, in ihren Sessel vor dem brennenden Kamin, die zierlichen Füße auf einem mit Petit-Point-Stickerei bezogenen Fußbänkchen. Ihr gegenüber saß ihr Mann Hanno in seinem Lieblingsfauteuil, in der einen Hand den Cognacschwenker und in der anderen die geliebte Havanna. Zu seinen Füßen lag Willi, sein Jagdhund. Franz, der alte Diener, hatte mehrere Petroleumlampen angezündet und sich dann leise zurückgezogen. Es war still in der behaglichen Bibliothek, nur das Knistern der trockenen Holzscheite und der pfeifende Ostwind, der an den Fensterläden rüttelte, waren zu hören. Ab und an gab Willi ein zufriedenes Schmatzen von sich.

Das Ehepaar hing seinen Gedanken nach. Hanno betrachtete seine Frau, die mit geschlossenen Augen vor sich hin träumte. Ein leises Lächeln umspielte ihre zarten blassroten Lippen. Offensichtlich waren es erfreuliche Gedanken, die ihr durch den Kopf gingen. *Sie sieht immer noch reizend aus, meine Carla*, dachte er zufrieden. Gottlob war sie auch nach fünfundzwanzig Jahren Ehe nicht zu einer Matrone mutiert wie so viele Frauen seiner Freunde. Er hasste dicke Frauen! Carlas dunkle, zu einer Hochfrisur aufgesteckten Haare durchzogen feine graue Strähnen, und wenn sie lachte, bildeten sich um ihre veilchenblauen Augen kleine

Fältchen. Ansonsten sah man ihr die dreiundvierzig Jahre nicht an.

»Würdest du Schröder bitten, die Fensterläden zu befestigen«, unterbrach Carla, ohne die Augen zu öffnen, die Stille. »Der grässliche Wind wird sie uns noch abreißen.«

Schröder war der Verwalter ihres Gutes Buchenhain, Hannos Elternhaus, auf dem sie nun seit zwei Jahren wieder lebten, nachdem er seine Diplomatenlaufbahn beendet hatte.

»Ich werde es ihm gleich morgen früh sagen, Liebes, ich habe sowieso noch einiges mit ihm zu besprechen.« Hanno nahm einen tiefen Zug von seiner Zigarre. »Danach fahre ich nach Königsberg. Ich habe einen Termin bei der Bank, und anschließend treffe ich Kölichen zum Mittagessen im Berliner Hof.« Horst Kölichen war ein alter Studienfreund von Hanno und seit vielen Jahren sein Anwalt. »Möchtest du nicht mitkommen?«

»Ich weiß nicht …« Carla fröstelte. »Das Wetter ist schrecklich ungemütlich.«

Über Nacht war es Herbst geworden. Schon seit Tagen zogen die Vögel in großen Formationen gen Süden, und die riesigen alten Buchen, die dem Gut seinen Namen gegeben hatten, waren schon fast ohne Laub. Bald würden sie ganz kahl sein, und nicht lange danach der endlose ostpreußische Winter beginnen. Dann versank das Land im Schnee und das gesellschaftliche Leben in wochenlangem Tiefschlaf. Erst zu den Sau- und Hasenjagden würde es für kurze Zeit wieder erwachen.

Vielleicht sollte ich Hanno morgen doch begleiten, überlegte Carla schläfrig. Aber dann schweiften ihre Gedanken in die Vergangenheit, als ihr Mann als Diplomat des preußischen Königs in südlichen Ländern stationiert war. Rom, Madrid, Malta – herrlich war es dort gewesen, aufregend und fast immer warm. Und doch hatte sie manchmal Heimweh nach Ostpreußen verspürt, dem Land, in dem sie geboren und aufgewachsen war, vor allem nach dem Wechsel der Jahreszeiten, die nirgends so elementar und gewaltig über das Land hereinbrachen wie dort. Sie liebte das Frühjahr, das sich mit wilden Stürmen ankündigte und den Schnee in kurzer Zeit schmelzen ließ. Bald darauf kamen die Vögel aus dem Süden zurück, erst die Kiebitze und Stare, dann die Störche. Im Wald roch es nach Frühling, und das lichte Grün der Linden und Birken warf seine ersten Schatten. Wie sich die südlichen Landschaften mit ihren Zypressen, Pinien und Olivenbäumen von der endlosen ostpreußischen Weite mit den wogenden Feldern, durchsetzt mit Mohn- und Kornblumen, den Lindenalleen und Birkenhainen unterschieden! Ja, so manches Mal hatte sie sich danach gesehnt. Und doch war es ihr nicht leicht gefallen, nach den vielen Jahren im Ausland, dem abwechslungsreichen Leben an den Botschaften mit seinen Empfängen und großen Gesellschaften, nach Buchenhain zurückzukehren und fortan ein beschauliches Leben zu führen. Die Rückkehr war einfach zu plötzlich gekommen. Hannos älterer Bruder sollte das Gut übernehmen, aber er war im preußisch-österreichischen Krieg gefallen, kurz vor dem Prager Frieden im August 1866. Bald darauf war sein Vater gestorben, und so hatte Hanno überstürzt seinen Abschied genommen. »Ich muss mich um das Gut kümmern«, hatte er Carla erklärt, »sonst geht dort alles zugrunde.«

»Aber du bist doch kein Landwirt, du bist Diplomat!« Carla war fassungslos gewesen. »Wie willst du denn das riesige Gut bewirtschaften? Davon verstehst du doch gar nichts.«

»Erst mal ist es wichtig, dass ich da bin. Und dann werde ich einen fähigen Verwalter suchen. Danach sehen wir weiter.«

Mit Schröder hatte Hanno bald den richtigen Mann gefunden, und zu Carlas Enttäuschung lehnte er alle Anfragen des diplomatischen Corps, ob er nicht in seine frühere Position zurückkehren wolle, freundlich, aber bestimmt ab. »Vielleicht später einmal«, sagte er. Im Moment war er nicht gewillt, sein beschauliches Leben wieder aufzugeben. Er liebte die Jagd, das Whist-Spiel mit seinen Freunden und hin und wieder einen Theater- oder Opernbesuch in Königsberg. Carla musste sich fügen.

»Hast du etwas von Leopold gehört?«, fragte Hanno.

»Er ist schon wieder in St. Petersburg.« Carla war aufgestanden, um ein Holzscheit nachzulegen. »Keine Ahnung, was er da dauernd macht. Wenn ich ihn frage, tut er schrecklich geheimnisvoll.«

Leopold Graf von Troyenfeld war Carlas jüngerer Bruder. Schloss Troyenfeld lag unweit von Buchenhain, mit einem schnellen Pferd war es einen zwanzigminütigen Ritt entfernt. Hier waren sie und Leopold aufgewachsen. Nach dem frühen Tod ihrer Mutter hatte Carla deren Stelle eingenommen. Obwohl nur fünf Jahre älter als ihr Bruder, fühlte sie sich seitdem für ihn verantwortlich.

»Dein Bruder ist achtunddreißig, er muss dir ja nun wirklich nicht alles erzählen.« Hanno lachte.

»Ich finde, er sollte endlich heiraten«, sagte Carla. »Troyenfeld braucht einen Erben, und überhaupt …« Sie machte eine nachdenkliche Pause. »Er sitzt da so allein in dem großen Schloss …«

»Allein! Dass ich nicht lache. Soweit ich weiß, hat er ständig Gäste, das Schloss ist voll mit Freunden und schönen Frauen. Er genießt sein Leben.« Hanno goss sich noch einen Cognac ein. »Du solltest aufhören, dich ständig um ihn zu sorgen. Du bist wirklich wie eine Glucke.«

»Ich weiß, du hast ja recht.« Carla seufzte tief. »Aber ich kann einfach nicht anders.«

Hanno lächelte milde. Sie waren kinderlos geblieben, zu Carlas großem Kummer, und nun lebte sie ihren ganzen Mutterinstinkt an ihrem kleinen Bruder aus.

»Ich finde wirklich, Leopold sollte langsam zur Vernunft kommen. Was sind denn das überhaupt für Frauen, die sich da bei ihm herumtreiben? Zur Ehefrau taugt doch da garantiert keine.« Carla verzog das Gesicht.

Hanno antwortete nicht darauf. Er wusste, diese Diskussionen führten zu nichts. Natürlich hatte er von den wilden Festen gehört, die sein Schwager in seinem Schloss feierte. Das Personal redete, und Franz war sein verlässlichster Informant. Aber er hütete sich, seiner Frau davon zu erzählen. Sollte Leopold doch sein Leben genießen! Er, Hanno, hatte vollstes Verständnis dafür. Um das Thema zu beenden, sagte er: »Nun lass ihn, deinen Bruder. Irgendwann wird er schon die Richtige finden.«

Dabei war sich Hanno gar nicht so sicher. Vor Kurzem erst hatte Leopold mit ihm gesprochen. »Warum soll ich heiraten. Die Welt ist voll von schönen Frauen. Und um mich herum sehe ich lauter unglückliche Ehepaare. Außer euch natürlich … Also, warum soll ich mir das antun? Nur um einen Erben zu produzieren? Das hat ja wirklich noch Zeit.« Damit war die Angelegenheit für ihn erledigt gewesen.

Carla hatte zu lesen begonnen, und Hanno war froh, dass das leidige Thema »Leopold« an diesem Tag so schnell beendet war. Er zündete sich erneut seine Zigarre an, die ausgegangen war, als es leise klopfte und Franz die Bibliothek betrat. »Eine Depesche, Exzellenz«, sagte Franz leise. »Ich dachte, es könnte wichtig sein.« Franz war schon mehr als dreißig Jahre in Hannos Diensten, hatte die Harvichs auf allen Auslandsreisen begleitet und war nicht davon abzubringen, seinen Herrn Exzellenz zu nennen.

Hanno nahm das Kuvert von dem silbernen Tablett. »Danke, Franz. Sie können dann zu Bett gehen. Wir brauchen Sie nicht mehr.«

»Gute Nacht, Frau Baronin, Exzellenz.« Mit einer Verbeugung zog der Diener die Tür hinter sich zu.

Hanno war sich sicher, dass er noch lauschen würde. Bei all seiner Treue unterschied Franz sich nicht von den anderen Dienstboten, die immer alles über ihre Herrschaft wissen wollten.

Carla ließ ihr Buch sinken. »Was ist, wer hat depeschiert?«, fragte sie neugierig.

Hanno überflog die Zeilen, dann brach er in schallendes Gelächter aus.

»Nun sag schon, was ist denn so lustig?«

»Ich glaube es nicht! Dein Bruder will heiraten.« Er musste schon wieder lachen.

Carla war aufgesprungen, das Buch fiel zu Boden. »Das ist ja wunderbar, endlich! Schreibt er, wer es ist?« Sie zögerte. »Was ist denn daran eigentlich so komisch?«

Hanno hatte seine Fassung wiedergefunden. »Die Braut wird dir nicht besonders gefallen …«

»Um Gottes willen, nun sag schon, wer ist es?«

»Natascha Orlowski aus St. Petersburg, die Tochter des Fürsten Orlowski. Du weißt doch, Kölichen hat uns erst kürzlich von ihm erzählt. Er hat einen ziemlich zweifelhaften Ruf.«

Aus Carlas Gesicht war alle Farbe gewichen. »Ihr Ruf ist auch nicht viel besser.« Aufgeregt lief sie im Zimmer auf und ab. »Was Irina mir alles über die erzählt hat!« Irina war Carlas beste Freundin.

»Woher weiß denn Irina etwas über Natascha Orlowski?«, fragte Hanno.

»Ihr Mann ist doch ständig in St. Petersburg. Diese Person ist dort Tagesgespräch! Sie soll ein Verhältnis mit einem verheirateten Mann haben, einem Verwandten des Zaren, sagt man. Ein Skandal ist das.«

Hanno erinnerte sich dunkel, davon gehört zu haben, hatte es aber als Weibergewäsch abgetan. »Aber sie soll sehr schön sein …«, warf er zaghaft ein.

»Schön, was heißt das schon!« In Carlas blassem Gesicht hatten sich rote Flecken gebildet. »Wir müssen das verhindern, Hanno«, sagte sie laut und stampfte mit dem Fuß auf. »Leopold darf diese Frau nicht heiraten. Sie wird ihn unglücklich machen.« Sie war den Tränen nahe.

»Nun beruhige dich erst mal«, sagte Hanno und nahm seine aufgebrachte Frau in den Arm. »Leopold schreibt, dass er zurück auf Troyenfeld ist und uns morgen zum Mittagessen erwartet. Dann wird er uns alles erzählen.«

»Musst du morgen nicht nach Königsberg?«

»Ach Gott, ja, ich kann unmöglich den Termin bei der Bank ausfallen und Kölichen im Berliner Hof sitzen lassen. Er kommt extra aus Insterburg.«

»Dann reite ich allein. Mit Mandy bin ich in fünfzehn Minuten dort. Ich muss so schnell wie möglich mit Leopold reden. Am besten sofort! Natascha Orlowski, das ist ein Albtraum.«

»Bei dem Wetter? Bist du noch bei Trost?« Hanno wurde energisch. »Das erlaube ich nicht. Du wirst dir den Tod holen.«

Es hatte zu regnen begonnen, und jetzt erst bemerkte Carla das klatschende Geräusch des gegen die Fensterscheiben prasselnden Wassers.

»Wenn du darauf bestehst, allein zu gehen, nimmst du die Kutsche. Auf keinen Fall wirst du reiten, und schon gar nicht heute.« Hanno goss seiner Frau einen Cognac ein. »Trink das«, sagte er. »Einen guten Rat möchte ich dir mitgeben. Dein Bruder ist erwachsen. Überleg dir genau, was du über seine Braut sagst. Was du über sie weißt, ist nichts als Klatsch. Also sei vorsichtig.« Er erhob sich. »Lass uns zu Bett gehen.« Der Cognac und die Aufregung hatten ihn schläfrig gemacht. »Etwas Schlaf wird uns guttun.«

Während sie sich auskleideten und auch als die Lampen längst gelöscht waren, hörte Carla nicht auf, über das in ihren Augen Entsetzliche zu lamentieren.

»Gute Nacht, Liebes, schlaf gut«, sagte Hanno nur, und an seinen gleichmäßigen Atemzügen merkte sie kurz darauf, dass er tief und fest schlief.

»Wie soll ich eine gute Nacht haben und auch noch gut schlafen«, dachte sie wütend, »der Mann hat vielleicht Nerven!«

Sie wälzte sich hin und her, ihre Gedanken kreisten um die bevorstehende Hochzeit. Wie konnte sie Leopold nur diese Frau ausreden? Als die Glocke an ihrer Hauskapelle zwölf schlug, nahm sie einen Löffel Baldriantropfen und fiel in einen unruhigen Schlaf.

Als Carla erwachte, fühlte sie sich wie gerädert. *Natascha Orlowski*, war ihr erster Gedanke, *eine Frau mit Vergangenheit. Einfach grauenhaft!* Sie konnte nicht glauben, dass ihr Bruder nichts davon wusste. Sie musste ihm die Augen öffnen. Hastig kleidete sie sich an. Es war noch dunkel, und sie versuchte, so wenige Geräusche wie möglich zu machen. Hannos leises Schnarchen verriet ihr, dass er noch fest schlief. Bevor er aufwachte, musste sie mit Elfriede sprechen.

»Du willst doch wohl deinen Bruder nicht zu nachtschlafender Zeit überfallen!« Hanno war hochgeschreckt. Das Geräusch ihres zu Boden gefallenen Kammes musste ihn geweckt haben.

»Nein, nein.« Carla lächelte. »Ich werde noch zusammen mit dir frühstücken. Ich erwarte dich dann in der Veranda. Und lass dir Zeit, es ist ja noch früh.«

»Das kann man wohl sagen …«, knurrte Hanno und ließ sich in die Kissen zurückfallen.

Die Veranda war ein großer Wintergarten, in dem sie ihre Mahlzeiten einnahmen – ein heller, freundlicher Raum mit großen Sprossenfenstern und voll mit Pflanzen, die von Carla liebevoll gepflegt wurden. In dem mannshohen offenen Kamin an der Stirnseite des Zimmers loderte bereits ein helles Feuer. Bis zum Frühjahr würde es nicht mehr ausgehen, genauso wie jenes in der Bibliothek. Das waren die beiden Räume, die sie ihr Winterquartier nannten. Eine Dienstmagd würde dafür sorgen, dass die beiden Feuer Tag und Nacht brannten. Nur wenn sie Gäste hatten, wurden auch die übrigen Räume beheizt und die Mahlzeiten im großen Speisesaal eingenommen.

Auf Carlas Läuten erschien Franz, in den Händen ein großes Tablett mit Kaffee, Aufschnitt, einer Schüssel mit weich gekochten Eiern und herrlich duftendem frisch gebackenem Brot. In Ostpreußen wurde viel gegessen. Und Hanno war ein besonders guter Esser, fand Carla. Zehn Eier zum Frühstück, zahlreiche Brote mit Butter, Wurst und Schinken und mindestens eine Kanne Kaffee waren seine erste Mahlzeit. Carla wunderte sich schon seit Jahren, wie Hanno seine Figur behielt. Er war ein großer, stattlicher Mann. Auch jetzt, mit Mitte fünfzig, sah er noch blendend aus. Sein Gesicht war vom vielen Ausreiten immer leicht gebräunt, und unter den buschigen Augenbrauen leuchteten stahlblaue Augen. Ein kurzer Bart bedeckte sein kantiges Kinn, was ihm, wie Carla fand, besonders gut stand.

»Frau Baronin sind früh auf«, bemerkte Franz. »Brot und Eier sind gerade erst fertig geworden.«

»Ist schon gut.« Carla gähnte herzhaft. »Es ist ja noch nicht einmal richtig hell.« Sie trank einen Schluck Kaffee. »Schicken Sie mir bitte die Mamsell und lassen Sie den Landauer anspannen. Nach dem Frühstück …«

»Ist bereits veranlasst–«

Carlas Blick sprach Bände. »Äh … ik schick Ihnen dann man jleich Elfriede«, stotterte Franz. Es war ihm peinlich, beim Lauschen erwischt worden zu sein, und deshalb vergaß er für einen Moment sein vornehmes Hochdeutsch und verfiel in den ostpreußischen Dialekt. Eilig verließ er den Raum.

Carla war wütend. Vielleicht sollte sie Hanno bitten, wenigstens die Tür vor der Bibliothek polstern zu lassen.

Es klopfte, und Elfriede, die Mamsell, kam herein.

»Guten Morgen, Elfriedchen.« Carla bediente sich des in Ostpreußen häufig gebrauchten Diminutivs -- an alles wurde ein »chen« angehängt.

Elfriede hatte sich vor Carla aufgebaut, die kräftigen Arme unter dem üppigen Busen verschränkt. »Du siehst aber jar nich jut aus.«

»Danke, Elfriede, nett von dir. Du baust mich ja richtig auf.« So vertraulich gingen sie nur miteinander um, wenn sie allein waren. In Gegenwart anderer, auch von Hanno, war Carla die Frau Baronin. Das war ein ungeschriebenes Gesetz.

Elfriede war im selben Monat auf Troyenfeld geboren wie Carla, nur nicht als Komtesschen, sondern als Tochter der dortigen Mamsell, Emma Jankuhn. Den beiden kleinen Mädchen aber war das egal. Als die Gräfin im Kindbett starb, galt die ganze Aufmerksamkeit Leopold, dem männlichen Erben. Carla, gerade mal fünf Jahre alt und ein kleines, unglückliches Wesen, war mehr in der Küche als in den herrschaftlichen Räumen des Schlosses zu finden. Wenn sie traurig war und weinte, drückte die rundliche Mamsell sie an ihren üppigen Busen und tröstete sie, und die kleine Elfriede hatte Mitleid mit dem Kind, das keine Mutter mehr hatte. Sie wurden Freundinnen, bis Carla heiratete und jahrelang im Ausland war. Nach ihrer Rückkehr nach Buchenhain holte sie Elfriede, die von ihrer Mutter hervorragend kochen gelernt hatte, als Mamsell zu sich auf das Gut. Elfriede war ihre Vertraute.

»Du hast es ja sicher schon gehört«, sagte Carla.

»Du weißt doch, der Franz hat zu jute Ohren ...« Elfriede grinste.

»Was sagst du denn dazu? Der Leopold will endlich heiraten, und nun ist es ausgerechnet eine Frau mit einem schlechten Ruf. Ich bin verzweifelt!«

»Nu lass et man jut sein.« Elfriede schenkte Carla Kaffee nach. »Vielleicht stimmt dat ja allet jar nich, wat da über die Dame jeredet wird. Vielleicht lieben se sich ja. Ik kann mir keenen anderen Jrund vorstellen bei dem Leopold.«

»Ich glaube eher, mein Bruder hat den Verstand verloren«, seufzte Carla. Auf ihrem blassen Gesicht waren schon wieder rote Flecken erschienen. »Und was heißt hier Liebe! Ehen werden nicht im Himmel geschlossen. Das weißt du doch.«

Als sie vor fünfundzwanzig Jahren Hanno heiratete, war von Liebe nicht die Rede gewesen. Er hatte ihr für kurze Zeit den Hof gemacht und dann bei ihrem Vater um ihre Hand angehalten. »Du solltest akzeptieren. Harvich ist eine gute Partie«, sagte ihr Vater, und dieser Satz ließ keinen Widerspruch zu. Sie kam auch gar nicht auf die Idee abzulehnen. Mädchen hatten zu gehorchen, sittsam zu sein und ihrem Mann zu dienen. So war sie erzogen worden. Und sie hatte diese Ehe nie bereut. Hanno war ein guter Ehemann, nicht besonders zärtlich und manchmal etwas cholerisch, aber er war großzügig, und ihr luxuriöses Leben im Ausland und auch jetzt in Ostpreußen gefiel ihr. Außerdem betrog er sie nicht, so wie Irinas Mann, der ständig Affären hatte, über die ganz Königsberg Bescheid wusste.

»Nu reg dir man nich so uff«, flüsterte Elfriede, die Hanno vor der Tür mit Franz reden hörte. »Wird schon allet nich so schlimm werden.«

Aber es sollte noch viel schlimmer kommen, als Carla befürchtete.

Die regennasse Straße wand sich den Hügel hinauf. Die ganze Fahrt über blies ein eiskalter Ostwind und schob tief liegende schwarze Wolken vor sich her. Gott sei Dank hatte es aufgehört zu regnen. Carla trieb das Pferd zur Eile an. Ihr war mulmig zumute. Einerseits konnte sie es kaum erwarten, ihren geliebten Bruder in die Arme zu schließen, andererseits fürchtete sie, dass er ihre Bedenken nicht hören wollte. »Nimm dir bloß zusammen«, hatte Elfriede ihr noch beim Hinausgehen zugezischt, und auch Hanno hatte versucht, ihr ins Gewissen zu reden. »Ich bitte dich, sei diplomatisch. Wenn Leopold sich entschlossen hat, diese Frau zu heiraten, wirst du ihn mit Sicherheit nicht davon abhalten können.«

Endlich tauchte vor ihr Schloss Troyenfeld auf. Als sie in die große Auffahrt einbog, brach die Sonne durch die Wolkendecke und ließ den nicht weit entfernt fließenden Pregel wie ein silbernes Band glitzern. Sie liebte diesen weiten Blick hinab in das Pregel-Tal, hinweg über den gepflegten Park mit seinen gewundenen Kieswegen und den unzähligen, zu verschiedenen Formen geschnittenen Buchsbäumchen, mit deren Pflege das ganze Jahr über ein Heer von Gärtnern beschäftigt war. Noch zogen die weißen Schwäne ihre Bahnen auf dem Schlossteich. Aber bald würden sie in ihr Winterquartier umziehen müssen.

Von der nahen Remise eilte ein Knecht herbei, um das schweißnasse, dampfende Pferd zu versorgen. Carla lief, ihren Rock unschicklich gerafft, die breite Freitreppe hinauf. Bevor sie den eisernen Türklopfer betätigen konnte, öffnete bereits ein livrierter Diener die schwere Eingangstür.

»Wo finde ich meinen Bruder, Alfons?«, fragte Carla.

»Die Herrschaften sind im kleinen Salon.«

Carla blieb wie angewurzelt stehen. »Welche Herrschaften …?«

»Der Herr Graf und die Frau Gräfin.« Das Gesicht des Dieners zeigte keinerlei Regung. »Das junge Paar ist gestern aus St. Petersburg angereist.«

Carla wich alle Farbe aus dem Gesicht. Ihr war, als täte sich der Boden unter ihren Füßen auf.

»Fühlen Sie sich nicht wohl, Frau Baronin?«, fragte der Diener besorgt. »Möchten Sie sich einen Moment setzen, während ich Sie anmelde?«

»Danke, Alfons.« Carla hatte ihre Fassung wiedergewonnen. »Sie müssen mich nicht anmelden. Wie Sie wissen, kenne ich den Weg.«

Langsam ging sie den endlosen Korridor hinunter, an dessen Ende sich der kleine Salon befand. Sie zitterte am ganzen Körper. Wie konnte Leopold ihr das antun? Heiraten, ohne sie zu informieren, und so überstürzt! Alles, was sie ihm sagen wollte, ihre Bedenken gegen diese Verbindung und all die Sorgen, die sie sich deswegen gemacht hatte, war mit einem Schlag bedeutungslos geworden.

»Carla, geliebtes Schwesterchen, du bist ja schon da.« Mit ausgebreiteten Armen kam Leopold auf sie zu und drückte sie fest an sich. »Wir haben euch erst später erwartet. Wo ist überhaupt Hanno?«

»Er musste nach Königsberg. Die Depesche kam erst gestern Abend, und da konnte er seine Verabredungen nicht mehr absagen.« Ihre Stimme klang kühl. »Aber wenn er gewusst hätte …« Ihr Blick streifte die große, schlanke Gestalt, die regungslos vor dem hohen Fenster stand.

»Natascha, Liebling, komm her. Ich möchte dir meine Schwester vorstellen. Der Mensch, den ich außer dir am meisten liebe«, rief Leopold. Carlas offensichtliche Verstimmung ignorierte er geflissentlich.

Langsam kam Natascha Orlowski näher, und nun verstand Carla, was Hanno damit meinte, wenn er sagte, sie müsse sehr schön sein. Sie war wirklich außergewöhnlich schön. Ihre schwarzen, zu einer Hochfrisur aufgesteckten Locken umrahmten ein porzellanfarbenes Gesicht mit hohen Wangenknochen, die ihre slawische Herkunft verrieten. Eine einzige Locke fiel ihr in die hohe Stirn. Die schrägen grünen Augen, umrahmt von dichten schwarzen Wimpern, blickten geheimnisvoll, und unter der geraden, kurzen Nase leuchteten volle rote Lippen. Um den schlanken Hals trug sie ein prachtvolles Smaragdcollier, passend zu dem dunkelgrünen Samtkleid.

»Das ist Natascha, meine Frau.« Leopold strahlte.

»Ich weiß, Alfons erwähnte es bereits«, sagte Carla und zu Natascha: »Willkommen in Ostpreußen.«

Sie bemühte sich verzweifelt um ein freundliches Lächeln. Ihre Schwägerin reichte ihr die Hand. Sie war eiskalt. »Ich freue mich, dich kennenzulernen«, sagte sie mit einem harten, rollenden R.

»Ist es nicht fantastisch? Natascha spricht fließend Deutsch und natürlich auch Französisch«, versuchte Leopold die angespannte Stimmung aufzuhellen. »Ihre Mutter war Deutsche, musst du wissen.«

»War?« Carla blickte ihre Schwägerin fragend an.

»Sie ist schon lange tot«, antwortete Natascha.

Fast unbemerkt hatte Alfons Tee serviert, und Leopold, froh über diese Unterbrechung, führte die beiden Damen zu der Sitzgruppe vor dem lodernden Kaminfeuer. Carla liebte den kleinen Salon mit seinen Möbeln aus dunkel geflammtem Nussbaumholz, den weinroten Samtportieren, den aus demselben Stoff bezogenen Schabracken und den schweren Smyrnateppichen. Für sie war es der einzige gemütliche Raum in dem großen Schloss. Dort hatte sie sich in ihrer Kindheit oft verkrochen, wenn sie sich nicht gerade in den Gesinderäumen herumtrieb.

Natascha nippte nur kurz an ihrem Tee, dann erhob sie sich. »Ich werde mich bis zum Mittagessen zurückziehen. Die Reise war anstrengend, und ihr habt sicher viel zu besprechen.«

»Natürlich, Liebste.« Leopold sprang auf und küsste ihr die Hand. »Ruh dich ein wenig aus.«

Als die Tür hinter Natascha zufiel, brach es aus Carla heraus. »Wie konntest du nur, Leopold! Eine dermaßen überstürzte Heirat. Ihr kennt euch doch kaum.« Sie war den Tränen nahe. »Und dann auch noch eine Frau aus einer Familie mit zweifelhaftem Ruf.«

»Moment mal, Carla.« Leopold war aufgesprungen und ging erregt auf und ab. »Erst einmal kenne ich Natascha bereits seit einem halben Jahr. Als ich sie das erste Mal sah, wusste ich, dass ich sie und keine andere heiraten würde. Und was soll das heißen: eine Familie mit zweifelhaftem Ruf?« Seine Stimme war jetzt schneidend. »Wie kommst du darauf? Ich verbitte mir solche Äußerungen. Meine Frau ist die Tochter des Fürsten Orlowski. Ich werbe seit Monaten um sie, weil ich sie liebe.« Er schwieg einen Moment. »Als sie endlich ja gesagt hat, wollte ich keine Zeit verlieren, und wir haben uns sofort nach orthodoxem Ritus trauen lassen.«

»Hattest du Angst, sie könnte es sich noch einmal überlegen?« Carla lachte unfroh.

»Ja, geliebtes Schwesterherz, das hatte ich. Ganz St. Petersburg liegt Natascha zu Füßen. Es blieb mir gar nichts anderes übrig, als mich zu beeilen.« Seine Stimme hatte nun alle Schärfe verloren. »Bitte sei mir nicht mehr böse. Glaub mir, ich bin überglücklich. Demnächst werden wir hier auf Troyenfeld noch einmal kirchlich heiraten und unsere Hochzeit mit einem großen Ball feiern, damit alle meine schöne Frau kennenlernen.« Er nahm Carla in den Arm. »Ich bin sicher, auch du wirst meine Frau lieben. Ihr müsst euch nur erst einmal näherkommen.«

Er weiß nichts über sie, dachte Carla, *welchen Ruf sie hat*. Hoffentlich würde er es nie erfahren.

Das Mittagessen verlief recht einsilbig. Die meiste Zeit redete Leopold, erzählte von St. Petersburg, dem prachtvollen Stadtpalais der Orlowskis, den rauschenden Festen, die dort gefeiert wurden, und davon, wie glücklich er sei, eine so wundervolle Frau gefunden zu haben. »Du wolltest doch immer, dass ich heirate, Schwesterchen. Nun ist es nur etwas schneller passiert als erwartet«, sagte er fröhlich.

Natascha sprach kaum. »Nur ab und zu hat sie gelächelt«, erzählte Carla Hanno später. »Aber es war nur ihr Mund. Ihre Katzenaugen waren kalt.«

»Hoffentlich wird es dir hier in Ostpreußen nicht zu langweilig«, sagte Carla.

»Dann kann ich für einige Zeit nach Hause reisen. Das hat Leopold mir versprochen.«

»Sooft du willst, meine Liebste.« Leopold strahlte.

Das sind ja heitere Aussichten, dachte Carla. *Wenn das man gut geht.*

Bald nach dem Essen verabschiedete sie sich. »Es sieht schon wieder nach Regen aus. Ich möchte einigermaßen trocken nach Hause kommen. Hanno und ich hoffen sehr, euch in den nächsten Tagen bei uns zu sehen. Er wird es kaum erwarten können, dich kennenzulernen, Natascha.« Zum Abschied hauchte sie ihrer Schwägerin einen Kuss auf die Wange. Zu weiteren Liebenswürdigkeiten konnte sie sich nicht überwinden.

Leopold begleitete sie noch zu ihrer Kutsche. Sie nahm ihn fest in den Arm. »Ich wünsche dir alles Glück dieser Welt, mein geliebter Bruder. Das musst du wissen.«

Er winkte ihr nach, bis sie in die große Lindenallee einbog und seinen Blicken entschwunden war.

Es war schon dunkel, als Hanno, völlig durchgefroren von der fast einstündigen Kutschfahrt, aus Königsberg zurückkam. Er war bester Laune. Die von der Bank empfohlenen Beteiligungen erwiesen sich als äußerst gewinnbringend, und das Mittagessen mit seinem Freund Kölichen war wie immer amüsant und unterhaltsam gewesen.

Carla erwartete ihn in der Bibliothek. Diener Franz servierte gerade heißen Grog und auf einer silbernen Platte belegte Brote, als Hanno hereinkam und rief: »Na, wie war es auf Troyenfeld. Was hat dein Bruder denn über seine Braut erzählt?«

Carla antwortete nicht. Mit finsterer Miene beobachtete sie den Diener, der noch einmal die Gläser zurechtrückte, die Servietten neu faltete und keinerlei Anstalten machte zu gehen. Mit schneidender Stimme sagte sie: »Es ist gut, Franz. Sie können sich entfernen. Und mit ›entfernen‹ meine ich nicht nur bis hinter die Tür!«

Mit beleidigter Miene und durchgedrücktem Kreuz schritt Franz hinaus.

Carla wartete einen Moment, dann öffnete sie leise die Tür. Franz war nicht zu sehen. »Er ist weg, Gott sei Dank. Sonst hätte es aber auch ein Donnerwetter gegeben.«

»Nun sei doch nicht so streng mit dem Armen.« Hanno lachte. »Die Dienerschaft weiß sowieso immer alles. Du weißt doch: Hier haben die Wände Ohren.« Er biss genussvoll in ein Leberwurstbrot. »Aber nun sag mal: Was für eine Laus ist dir denn über die Leber gelaufen?«, fragte er amüsiert. »Hattest du Streit mit Leopold? Wollte er deine Einwände gegen seine Hochzeit nicht hören?«

»Leopold *ist* bereits verheiratet!«, sagte Carla aufgebracht.

»Waaaas? Ich fasse es nicht. Wieso denn so überstürzt?«

»Das habe ich ihn auch gefragt. Übrigens, seine Frau ist bereits bei ihm auf Troyenfeld.«

»Ich dachte immer, so schnell schießen die Preußen nicht.« Hanno war sprachlos. Er nahm einen großen Schluck von seinem Grog. »Ist sie wirklich so schön, wie man sagt?«

»Ja«, seufzte Carla. »Sie sieht unglaublich gut aus. Aber neben Leopold, der sich wie ein liebestrunkener Gockel aufführt, wirkt sie nicht sehr glücklich.« Sie schwieg einen Moment. »Stell dir vor, er hat ihr erlaubt, sooft sie will, allein nach St. Petersburg zu reisen. Hast du so etwas schon mal gehört? Das ist doch wohl der Gipfel! Ich fürchte, mein Bruder hat den Verstand verloren.«

Bis spät in die Nacht saßen sie zusammen und sprachen über die plötzliche und so überraschende Wendung in Leopolds Leben, und Carla ließ sich nicht von ihrer Überzeugung abbringen, dass ihr Bruder geradewegs in sein Unglück renne.

Die Vorbereitungen zur Hochzeit auf Troyenfeld dauerten einige Wochen. In der zum Schloss gehörenden Landwirtschaft wurde geschlachtet, geselcht und geräuchert und hektoliterweise Schnaps gebrannt. Die Mamsell und eine Schar von Küchenmädchen waren damit beschäftigt, die Kühlkammern mit kalten Braten, Sülzen, Pasteten und Würsten zu füllen, und der Weinkeller wurde mit teuerstem Champagner und edelsten Weinen aufgefüllt. Alles musste im Überfluss vorhanden sein. In Ostpreußen wurde gefressen und gesoffen, auch in den höchsten Kreisen. Silber wurde geputzt, Tischdecken und Servietten gebleicht und gebügelt. Zahlreiche Schlafräume mussten gelüftet, entstaubt, die Betten frisch bezogen und alle Kamine im Schloss angeheizt werden. Es war Spätherbst und bereits empfindlich kalt. Man erwartete unzählige Hausgäste aus Königsberg, Insterburg und Umgebung, nur die nächsten Nachbarn würden noch in der Nacht nach Hause fahren. Und natürlich würde Fürst Orlowski mit seiner Entourage aus St. Petersburg anreisen.

»Was meinst du, mit wie viel Begleitung dein Vater wohl kommen wird?«, fragte Leopold Natascha.

»Keine Ahnung«, sagte diese lachend, »vielleicht mit zehn, vielleicht mit zwanzig Leuten. Und wenn ihm unterwegs jemand gefällt, bringt er den auch noch mit. Du kennst ihn doch.«

Also wurden noch mehr Zimmer hergerichtet. Scheunen mussten für die Kutschen und Pferde der Gäste geräumt und Schlafmöglichkeiten für das begleitende Personal bereitgestellt werden. Um all das kümmerte sich der Haushofmeister Kochta zusammen mit der Hausdame Frau Steinle. Aber natürlich wurde auch Leopold zu diesem und jenem befragt.

Hanno und Carla saßen beim Frühstück auf der Veranda, als Leopold hereinplatzte. »Ich musste dem Chaos im Schloss mal für eine Weile entkommen«, stöhnte er. »Und da das Wetter so herrlich ist, bin ich schnell herübergeritten.«

»Wunderbar!« Carla strahlte. »Erzähl, wie geht es voran?«

»Bei uns herrscht das totale Chaos. Kochta und Steinle führen ein strenges Regiment. Ohne sie wäre ich total aufgeschmissen.«

»Und wie geht es deiner schönen Frau?« Hanno fand Natascha hinreißend und konnte Carlas Bedenken überhaupt nicht verstehen.

»Sie ist mit der Dekoration der Halle und der Empfangsräume voll beschäftigt. Darin ist sie unübertroffen«, sagte Leopold stolz. »Aus St. Petersburg kamen bereits riesige künstliche Blumenarrangements, und die Gärtner raufen sich die Haare, weil sie wohl die Treibhäuser am Tag vor der Hochzeit vollständig plündern wird.«

»Wollte sie nicht nach St. Petersburg reisen, um ihr Brautkleid abzuholen?« Carlas Stimme klang unbefangen.

»Nein, sie hat sich entschlossen, ihre Couturiere aus St. Petersburg anreisen zu lassen. Sie wird heute auf Troyenfeld erwartet. Ein weiterer Grund für mich zu fliehen. Ich habe strengste Anweisung, mich von ihren Räumen fernzuhalten. Ich darf das Kleid auf keinen Fall vor der Hochzeit sehen.« Er rollte die Augen. »Hab ich euch überhaupt erzählt, dass Natascha mit ihrem Vater in Paris war, um bei Charles Worth das Brautkleid zu bestellen? Er ist der berühmteste Modeschöpfer der Welt. Sogar Kaiserin Eugénie soll eine Kundin von ihm sein.«

»Das ist mir bekannt«, bemerkte Carla kühl. Was dachte ihr Bruder eigentlich, sie lebte hier schließlich nicht auf dem Mond!

»Worth hat eine Büste von Natascha anfertigen lassen und das fertige Kleid nach St. Petersburg geliefert«, fuhr Leopold fort.

»Und warum nicht gleich hierher?«, fragte Carla.

»Ursprünglich wollte Natascha ja noch einmal nach St. Petersburg fahren und es bei der Gelegenheit abholen. Auch um es von ihrer Couturiere, falls nötig, noch ein wenig ändern zu lassen.«

»Pah, als hätten wir hier keine Schneiderinnen.«

»Ich habe mir sagen lassen, das Kleid hat fünfzehntausend Franc gekostet, und Natascha befürchtete …«

»… dass die hiesigen Schneiderinnen es ruinieren würden.« Auf Carlas Gesicht erschienen schon wieder rote Flecken.

»Ach, Schwesterchen, nun sei doch nicht beleidigt.« Leopold sah Carla versöhnlich an.

»Ist die Gästeliste schon komplett, wen erwartest du denn?«, fragte Hanno, um das Thema zu wechseln.

Leopold zog einen Zettel aus seiner Tasche und begann vorzulesen. Als die Namen Gustav und Agathe Goelder fielen, rief Hanno begeistert: »Wie schön, Agathe einmal wiederzusehen!«

»Na, vielleicht verliebst du dich ja wieder in sie«, bemerkte Carla süffisant. Zu Beginn seiner diplomatischen Karriere war Hanno, noch unverheiratet, für kurze Zeit in Riga stationiert gewesen. Dort hatte er Agathe, Tochter eines anderen Diplomaten, kennengelernt und sich in sie verliebt. Sie war sehr jung, wild und unkonventionell gewesen und absolut nicht daran interessiert, jemanden aus Ostpreußen zu heiraten und mit ihm in die Provinz zu gehen. Erst viel später, als sie Gustav Goelder auf der Hochzeit eines gemeinsamen Freundes traf, gab sie ihre Vorsätze auf und lebte nun auf Weischkehmen, wo die Goelders eine berühmte Pferdezucht betrieben.

»Ist das nicht süß, meine kleine Frau ist eifersüchtig«, schmunzelte Hanno.

»Was ist denn mit deiner russischen Verwandtschaft, kommt die nicht?« Nun versuchte Carla, das Thema zu wechseln.

Leopold rang in komischer Verzweiflung die Hände. »Natürlich. Vorweg mit den Blumen kamen schon unzählige Fässer mit Wodka und Kaviar, und niemand weiß, wie groß die Entourage meines Schwiegervaters sein wird. Natascha meint, danach könne man nicht fragen, das sei ungehörig.« Er musste lachen. »Wir sind auf jeden Fall auf eine Invasion vorbereitet. Alle verfügbaren Räume sind beheizt. Und eines weiß ich bestimmt: Noch einmal heiraten werde ich ganz sicher nicht. Das ist mir zu anstrengend.«

Das wollen wir auch nicht hoffen, dachte Carla. Aber sie hütete sich, es laut auszusprechen.

Am Tag vor der Hochzeit trafen die ersten Gäste ein. Lakaien wiesen ihnen die Zimmer zu, und die Stubenmädchen bekamen den Auftrag, die Kleider der Damen aufzubügeln. Am frühen Abend, Natascha war gerade damit fertig geworden, die Empfangshalle und die ineinander übergehenden Salons und Festsäle in ein Blumenmeer zu verwandeln, fuhren mehrere sechs- und achtspännige Kutschen vor. Ihr Vater war angekommen. Er sah furchterregend aus: ein Riese von fast zwei Metern, das Gesicht vollständig bedeckt mit einem wallenden feuerroten Bart, und unter seiner hohen Pelzmütze quollen lange Locken in derselben Farbe hervor. Er trug einen bodenlangen Zobelmantel und darunter ein besticktes Hemd mit Stehkragen, das sich über seinem mächtigen Bauch spannte. Die engen Hosen steckten in hohen Lederstiefeln. Ungeachtet seiner Leibesfülle stürmte er, vorbei an den sprachlosen Dienern und Lakaien, die Freitreppe hinauf in die Halle und rief mit dröhnender Stimme: »Töchterrrchen, Natascha, mein Täubchen, wo bist du? Dein Väterrchen ist da!«

Mit gerafften Röcken rannte Natascha auf ihn zu und fiel ihm um den Hals. »Väterchen, du bist da, endlich!« Es folgten schmatzende Küsse und ein Schwall russischer Begrüßungsworte, durchsetzt mit deutschen Brocken.

Angelockt von dem Lärm erschien Leopold, der ebenfalls mit Umarmungen, Küssen und heftigem Schulterklopfen begrüßt wurde. »Kochta, kümmern Sie sich bitte um die Begleitung des Fürsten«, flüsterte er seinem Haushofmeister zu.

»Ich werde die Herrschaften im linken Seitenflügel unterbringen.« Kochta warf einen bedeutungsvollen Blick auf den Fürsten und eilte, gefolgt von einem Schwarm Lakaien, hinaus zu den Kutschen, aus denen bereits ein buntes Völkchen herausquoll: drei junge, üppige Frauen in teuren Pelzen, die Carla später als Kokotten bezeichnete, womit sie zweifellos recht hatte, einige finster aussehende Männer in Orlowskis Alter, Weggefährten aus seiner Kosakenzeit, und eine Truppe Musiker, das Orlowski'sche Balalaikaorchester, das auf keinem seiner Feste fehlen durfte. Außerdem hatte Orlowski Diener, Kutscher und Zofen mitgebracht sowie Gepäckstücke von riesigen Ausmaßen, in denen die Krinolinenkleider der weiblichen Begleitung verstaut waren.

Während die Truppe lärmend den Seitenflügel besetzte, durchschritt der Fürst am Arm seiner Tochter die prachtvollen Räume des Schlosses. Durch die breite Flügeltür an der Stirnseite der Halle, die normalerweise geschlossen war, betraten sie den ersten der drei großen Salons. Wie die anderen beiden war er mit diversen Sitzgruppen und dicken Orientteppichen ausgestattet. An den Wänden hingen Gemälde alter Meister oder handgeknüpfte Gobelins. Die hohen Sprossenfenster, die auf den weitläufigen Park hinausgingen, waren mit üppigen Vorhängen und Schabracken aus kostbarem Seidenmoiré behangen. Überall standen Stechpalmen und riesige Blumenarrangements, die einen betörenden Duft verströmten. Der anschließende große Speisesaal war verschlossen. »Dort wird gerade eingedeckt«, sagte Natascha, »da wollen wir lieber nicht stören. Komm, Väterchen, ich zeige dir jetzt meine Gemächer.«

Ihr Boudoir war ganz in Taubenblau gehalten. Die Vorhänge und die Bezüge der zierlichen Sitzmöbel waren aus schwerer Seide. Auf Säulen aus Onyxmarmor standen Fayencevasen mit frischen Lilien und Orchideen, und überall auf Beistelltischchen befanden sich kostbarer Nippes und Schmuckschatullen aus Ebenholz mit Intarsien aus Elfenbein. Wie in allen Räumen des Schlosses gab es an den Decken üppigen Stuck. Das Badezimmer hatte eine silberne Badewanne – eine ausgesprochene Seltenheit in Ostpreußen –, die zwischen hohen Spiegeln auf einem Marmorboden stand und täglich zweimal von den Stubenmädchen mit heißem Wasser gefüllt werden musste.

»Schönn, serr schönn.« Der Fürst war beeindruckt. »Firr deitsche Verrhälnisse serr gutt.« Das war das höchste Lob, das er aussprechen konnte, das wusste Natascha.

Im kleinen Salon erwartete Leopold seine Frau und seinen Schwiegervater mit einem kleinen Imbiss und eisgekühltem Wodka. Nachdem der Fürst Leopold Komplimente für sein prachtvolles Schloss gemacht, eine Flasche Wodka getrunken und diverse Blinis mit Kaviar hinuntergeschlungen hatte, sagte er: »Ich bin serr müde, Reise war serr anstrrengend. Ich werrde mich jetzt zurrrückziehen. Bis morrgen, mein Täubchen.« Nach mehreren schmatzenden Küssen und zahlreichen heftigen Umarmungen ließ er sich von Alfons in den Seitenflügel geleiten. Allzu müde schien er nicht gewesen zu sein. Bis Mitternacht schallten lautes Lachen, russische Trinksprüche und Balalaikamusik aus seinen Räumen, was Elfriede Carla bereits am nächsten Morgen berichtete.

»Die Buschtrommel funktioniert ja mal wieder blitzschnell«, sagte Hanno lachend beim Frühstück.

Die Trauung fand am späten Nachmittag des folgenden Tages in der geräumigen Schlosskapelle statt. Die Bankreihen waren mit frischen Maiglöckchenbouquets geschmückt, und über dem Altar hing ein Meer von Orchideen. Blumenkinder hatten den Gang durch das Kirchenschiff mit weißen Rosenblättern bestreut. Alle Gäste waren in »großer Toilette«: die Damen in Abendkleidern, die Herren in Cut, Frack oder Uniform.

Als die Braut am Arm ihres Vaters die Kirche betrat, ging ein Raunen durch die Reihen. Neben dem riesengroßen Fürsten in seiner mit Goldtressen verzierten Kosakenuniform wirkte die ebenfalls hochgewachsene Natascha fast zierlich. Sie war überirdisch schön. In ihrem weiß gepuderten Gesicht leuchtete ein dunkelroter Mund. Die hohen Wangenknochen waren mit einem Hauch Rouge betont und die großen, grünen Augen schwarz umrandet, was ihr eine marmorne Kühle verlieh. Auf dem Kopf – die schwarzen, in der Mitte gescheitelten Haare waren streng nach hinten frisiert – trug sie eine Tiara von Peter Carl Fabergé, *dem* aufsteigenden Juwelier von St. Petersburg. An der Tiara, sie war besetzt mit taubeneigroßen Rubinen und Diamanten, war der Schleier befestigt, der in einer langen Schleppe endete. In den Lockentuffs hinter den Ohren steckten frische Maiglöckchen, und das Kleid aus weißem Damast mit eingewebten Silberfäden bestand aus hundert Metern Stoff. Die enge Korsage entblößte ein üppiges Dekolleté. Am oberen Rand war sie besetzt mit einer Rüsche aus teuerster weißer Spitze, die über den Schultern in kleinen Ärmeln endete. Unter dem Mieder bauschte sich ein weiter, in schwere Falten gelegter Rock, der vorn fächerartig auseinanderfiel und einen mit unzähligen Volants aus der gleichen Spitze besetzten Unterrock zeigte. Das Ganze wurde gehalten von einer Krinoline, die am unteren Rand einen Umfang von fünf Metern hatte. Die Hochzeitsgesellschaft war sich einig: So etwas hatte sie noch nie gesehen. Und einige Damen fanden plötzlich ihre Abendgarderobe geradezu schäbig, was sie aber wohlweislich für sich behielten.

Den ganzen Abend über floss der Champagner in Strömen, und Fürst Orlowski und seine Entourage tranken reichlich Wodka. »Nastrowje«, prosteten sie jedem zu, der in ihre Nähe kam, und nötigten ihn zum Mittrinken. Trotzdem schwankte der Fürst nicht, als er mit seiner Tochter den Ball eröffnete.

Nachdem Carla und ihre Freundin Irina einige Tänze absolviert hatten, zogen sie sich auf eine Récamière am Rand der Tanzfläche zurück und beobachteten die sich im Walzer wiegenden Paare. »Die Krinolinen von Worth sind neuerdings nicht mehr aus Eisen, sondern aus einem leichten Metall«, sagte Carla. »Das hat mir Natascha erzählt. Wie angenehm muss es sein, nicht mehr die schweren Dinger mit sich herumzuschleppen.« Gerade tanzte das Brautpaar an ihnen vorbei. »Ist er nicht ein schöner Mann, mein kleiner Bruder?« Carla warf Leopold eine Kusshand zu.

»Ach ja«, seufzte Irina, deren Mann nun wirklich kein Adonis war. »Alle heiratsfähigen Frauen in und um Königsberg werden heute Trauer tragen.«

Leopold sah wirklich blendend aus. Mit seinen ein Meter achtundachtzig übertraf er selbst das preußische Gardemaß. Er war gertenschlank, und bis auf seine langen Koteletten war er glatt rasiert. Seine vollen blonden Haare hatte er mit Pomade nach hinten gekämmt, und wenn er lachte, entblößte er unter seiner leicht gebogenen aristokratischen Nase ein blendend weißes Gebiss. Und er lachte viel an diesem Abend.

»Schau mal, wie Natascha strahlt«, rief Irina.

»Ja, so glücklich habe ich sie noch nicht gesehen, seit sie auf Troyenfeld ist«, stimmte Carla zu. Sie senkte die Stimme. »Ich hatte schon Bedenken, dass ihr Vater ihren angeblichen Liebhaber mitbringt. Aber die Kerle sehen alle barbarisch aus. Von denen kann es wohl keiner sein.«

»Das wäre ja auch noch schöner bei so einem Traum von einem Ehemann.« Was hätte Irina darum gegeben, Leopold gegen ihren eigenen Mann einzutauschen. Aber solche Gedanken würden wohl für ewig ihr Geheimnis bleiben. »Das

Diadem von Natascha ist ja unglaublich«, sagte sie stattdessen. »Das muss ein Vermögen gekostet haben.«

»Es ist von einem berühmten Juwelier aus St. Petersburg, Fabergé oder so ähnlich heißt er. Nataschas Mutter hat es schon bei ihrer eigenen Hochzeit getragen, und der Fürst hat es Natascha nur unter der Bedingung geschenkt, dass ihre Tochter es auch einmal zur Hochzeit trägt. Und wiederum deren Tochter. Es darf niemals verkauft werden. Es kommt morgen in eine versiegelte Schatulle und muss bei der Bank deponiert werden. Nur Nataschas und Leopolds Tochter darf es dort abholen. Wie findest du das, ist das nicht rührend?«

»Also diese Russen ...«, sagte Irina lachend. »Die haben ja wirklich Ideen! Und was passiert, wenn sie einen Sohn bekommen?«

»Keine Ahnung, und es ist mir auch ziemlich egal.«

Die Stimmung wurde immer ausgelassener, und als das Balalaikaorchester zu spielen begann und die Kosaken anfingen, Kasatschok zu tanzen, tobte der Saal, und die verknöchertsten alten Damen und Herren feierten und tranken bis in die frühen Morgenstunden. Am Tag darauf fiel der erste Schnee.

Leopold und Natascha gingen auf Hochzeitsreise. »Weihnachten werden wir zurück sein und gemeinsam mit euch feiern«, sagte Leopold, als er sich von seiner Schwester verabschiedete.

Die Reise führte sie zunächst nach Paris, wo sie als Erstes zu Charles Worth in die Rue de la Paix gingen. Natascha hatte ihren Besuch schriftlich angekündigt mit der Bitte, sie möglichst bald zu empfangen, da sie in einigen Tagen nach

Rom weiterreisen würden. Sie wusste, er konnte launisch sein, der Herr Worth. »Vor allem bei Vollmond«, erklärte sie Leopold, »dann soll er Depressionen haben und seine Kundinnen stundenlang warten lassen.«

Leopold war sprachlos. »Und so etwas würdest du dir gefallen lassen, von einem Schneidermeister?« Er erkannte seine Frau kaum wieder. Sie, die besonders bei Bediensteten oft blasiert und arrogant war, vor allem, wenn man sie warten ließ. Dann konnte sie sehr unangenehm werden.

»Herr Worth ist weltberühmt, das weißt du doch. Er macht einfach die schönsten Kleider, alle Welt lässt bei ihm arbeiten.«

»Ja, ich weiß«, seufzte Leopold, »und das für ein Schweinegeld!«

Es war offensichtlich kein Vollmond, denn der Meister empfing sie überschwänglich. »Die schöne Gräfin Troyenfeld«, rief er, »und der Herr Gemahl ist auch dabei, *quel plaisir.*« Er führte sie durch seine drei ineinander übergehenden, schlossartig eingerichteten Salons, in denen Kleiderpuppen mit den neuesten Modellen standen.

Leopold traute seinen Augen nicht. Natascha hatte ihm zwar schon den Luxus des Worth'schen Hauses beschrieben, aber was er jetzt sah, übertraf seine Vorstellung bei Weitem. Während ein Mannequin weitere Modelle vorführte, servierte ein livrierter Diener auf einem goldenen Tablett Tee und Kaffee mit Gebäck und Petit Fours. Charles Worth verschlang Unmengen davon und rauchte dazu eine dicke Havanna.

»Das ist übrigens meine Idee, die Kreationen von einem lebenden Modell vorführen zu lassen«, sagte Worth stolz. »Das hat es vorher noch nie gegeben.« Er schob sich noch ein Stück Gebäck in den Mund. »Wie war das Brautkleid, hat es Monsieur gefallen?«

»Es war umwerfend«, sagte Leopold. »Ihr Ruf ist zwar schon bis in das entfernte Ostpreußen vorgedrungen, aber ein derartiges Brautkleid hat dort wohl noch niemand gesehen.«

Worth lächelte geschmeichelt. »Ich habe bereits Anfragen aus Königsberg.« Er faltete seine dick beringten Hände über seiner Brokatweste, die seinen mächtigen Bauch bedeckte. »Aber Sie werden verstehen, meine Diskretion verbietet mir ...«

»Es ist mir gleichgültig, wen Sie in Königsberg beliefern«, unterbrach ihn Natascha auf ihre gewohnt arrogante Art. »Nur wäre es mir sehr angenehm, wenn keines der Kleider, die ich bestelle, dorthin geliefert würde.«

»Aber, Madame, ich bitte Sie«, schnaufte der Meister empört. »Alle meine Modelle sind Unikate!«

Die Unterhaltung wurde auf Französisch geführt, und so sagte Leopold auf Deutsch zu seiner Frau: »Bei den Preisen kann man das ja wohl auch erwarten.«

Das Mannequin erschien jetzt in einem Tageskleid aus grauem Samt, besetzt mit fliederfarbenen Taftbändern.

»Das ist meine neueste Kreation«, sagte Worth. »Wie Sie erkennen, hat es keine Krinoline mehr, sondern eine Tournüre.« Er erhob sich schwer atmend und erklärte Natascha das Besondere an seiner neuen Erfindung. »Wie Sie sehen, ist der Rock lang und vorne eng. Ich würde sagen: figurbetont.« Er drehte das Mannequin, um die Rückfront zu zeigen. »Über einem Polster wird dann der Rockstoff üppig drapiert und endet in einer Schleppe.«

Natascha war begeistert. »Es ist wundervoll! Kann ich es sofort anprobieren?«

So kannte Leopold seine Frau gar nicht. »Wenn es passt, kannst du es vielleicht mitnehmen.«

»Ist das möglich, Monsieur Worth?« Natascha war ganz aufgeregt.

»*Bien sûr, Madame*«, sagte Worth mit einem Lächeln. »Ich bin mir sicher, Sie werden darin Furore machen.«

Nicht alle seine Kundinnen hatten bisher so enthusiastisch auf dieses neue Modell reagiert. Kaiserin Eugénie hatte es sogar strikt abgelehnt, es zu probieren. Sie fand es vulgär! Aber das verschwieg er lieber. Erst ein paar Jahre später sollte die Krinoline vollständig von der Tournüre abgelöst werden.

Natascha bestellte noch mehrere Kleider und zu jedem Modell passende Handschuhe sowie Handtaschen von Thierry Hermès.

»Diese macht er exklusiv für mich, *Madame la Comtesse*», bemerkte Worth stolz. Als sie sich noch ein Reitkleid aussuchte, sagte er: »Thierry Hermès fertigt in Europa die schönsten und exklusivsten Sättel an. Sie sollten ihn unbedingt besuchen, wenn Sie schon in Paris sind.«

So gingen sie am nächsten Tag in die Rue Basse de Ramport und bestellten gleich zwei herrliche Sättel. Auch bei Cartier schauten sie vorbei, und als sie Paris verließen, hatte Leopold ein kleines Vermögen ausgegeben. Aber es war ihm egal. Seine Frau schien so glücklich wie nie zuvor, und er war unendlich stolz auf sie. Wo immer sie auftauchten, zog sie alle Blicke auf sich.

Sie nahmen in der Via Appia außerhalb von Rom Quartier. Frederico D'Alba, ein Freund Leopolds, war für ein Jahr auf Weltreise und hatte ihnen sein prachtvolles Landhaus für ihren Italienaufenthalt zur Verfügung gestellt. *»Ich bin untröstlich, dass ich nicht zu Deiner Hochzeit kommen kann«*, hatte er an Leopold geschrieben, *»aber meine Reise ist schon seit Ewigkeiten geplant, und alles ist gebucht. Ich werde nicht einmal da sein, um Euch zu begrüßen. Aber betrachte mein Haus als Dein Haus. Die Bediensteten haben Anweisung, Dich und Deine schöne Frau (ist sie wirklich so schön, wie alle sagen?) wie Könige zu behandeln.«*

Und so war es auch. Jeder Wunsch wurde ihnen von den Augen abgelesen. Die Köchin verwöhnte sie mit den köstlichsten italienischen Speisen, und jeden Morgen wartete der Kutscher mit einem Zweispänner, um ihnen die Sehenswürdigkeiten Roms und seiner Umgebung zu zeigen. Frederico hatte einen Plan mit den Dingen gemacht, die sie sich auf keinen Fall entgehen lassen durften. *»Wahrscheinlich komme ich eher nach Ostpreußen, als Ihr wieder hierherkommt«*, hatte er noch geschrieben.

Das Wetter war herrlich. Fast immer schien die Sonne von einem wolkenlosen Himmel. Die Temperaturen waren angenehm mild, und Ostpreußen, wo bereits tiefer Winter herrschte, war unwirklich weit entfernt.

Natascha war eine leidenschaftliche Geliebte. Es hatte lange gedauert, bis sie sich Leopold gegenüber etwas mehr öffnete. Jetzt, weit weg von ihrer alten Heimat Russland und der bald neuen Heimat Ostpreußen, war sie gelöst, lachte mehr und verlor etwas von ihrer Kühle. Nur ab und an schien sie in sich gekehrt, wirkte verschlossen und kalt. Dann wanderte sie allein durch den herrlichen Park, saß längere Zeit auf einer Bank in dem etwas entfernt liegenden Zypressenhain und erschien erst wieder, wenn der Gong für die nächste Mahlzeit ertönte. Leopold störte das nicht.

Er war verrückt nach ihr. Sie liebten sich jede Nacht, und in der höchsten Erregung schrie sie auf Russisch Dinge, die Leopold nicht verstand. Immer wieder fiel das Wort Pjotr, aber da er der Sprache nicht mächtig war, maß er dem keine Bedeutung bei.

Ende November traten sie die Heimreise an. Bereits seit einiger Zeit hatte Natascha über morgendliche Übelkeit geklagt. »Wahrscheinlich bekommt dir das ungewohnte Essen nicht, das viele Öl und die süßen Kuchen«, sagte Leopold, und Natascha meinte: »Ich glaube eher, es sind die schweren Weine. Wir saufen ja schon fast wie die Kosaken.« Leopold liebte es, wenn sie sich so undamenhaft ausdrückte.

Sie reisten abwechselnd mit Pferdekutschen und der Eisenbahn. Je weiter sie nach Norden kamen, desto beschwerlicher war die Reise, und vor allem wurde es immer kälter. Die Straßen, zum Teil holprige Wege mit tiefen Schlaglöchern, waren vom Regen aufgeweicht. Nataschas Übelkeit nahm täglich zu. Ab Posen versank das Land im Schnee, und so konnten sie das letzte Stück der Reise in einem Schlitten zurücklegen, was für Natascha, der es immer schlechter ging, wesentlich angenehmer war.

Gleich nach ihrer Rückkehr schickte Leopold nach Doktor Grüben. Konrad Grüben und er hatten zusammen die Matura gemacht und waren seit ihrer Jugendzeit enge Freunde. Nachdem Grüben sich in Insterburg als Arzt niedergelassen hatte, wurde er der Hausarzt von Schloss Troyenfeld. Natürlich war auch er auf der Hochzeit gewesen und wie alle anderen Herren beeindruckt von der Schönheit der Braut.

»Na, was gibt's, alter Lorbas«, begrüßte Grüben seinen Freund. »Wo drückt der Schuh. Seit wann seid ihr denn zurück?«

»Wir sind gestern angekommen, und Natascha ist in einem schrecklichen Zustand.«

»Um Gottes willen, was fehlt ihr denn?«

»Ihr ist ständig übel, du weißt schon: das Schaukeln der Kutschen. Die Straßen sind ja zum Teil in einem verheerenden Zustand …«

Grüben nahm seine Arzttasche. »Ich werde sofort nach ihr sehen.« Als Leopold mitkommen wollte, sagte er nur: »Bleib du man schön hier. Beruhige dich mit einem Schnaps. Ich bin gleich zurück und trinke dann einen mit.«

Schnellen Schrittes eilte er zu dem gemeinsamen Schlafzimmer von Natascha und Leopold. Er ahnte bereits die Diagnose. Nach einem leisen Klopfen trat er ein. Die Vorhänge waren zugezogen, und eine kleine Petroleumlampe spendete ein schwaches Licht. Nur an den üppigen schwarzen, auf den weißen Kissen ausgebreiteten Haaren erkannte er die schmale Gestalt, die mit einem dicken Plumeau zugedeckt war. Ihr Gesicht war kalkweiß, um die Augen hatten sich dunkle Schatten gebildet. »Natascha, ich bin es, Konrad Grüben, euer Hausarzt. Erinnerst du dich, ich war auf eurer Hochzeit?«

»Ach ja.« Sie öffnete langsam die Augen und lächelte ein wenig. »Du hast dich am nächsten Tag um Väterchen gekümmert. Er hatte wie immer zu viel gegessen und getrunken.«

Nicht nur er, der gesamte Seitenflügel war in einem üblen Zustand gewesen, dachte Grüben amüsiert. »Aber jetzt wollen wir doch mal sehen, was dir solche Beschwerden macht. Leopold ist in großer Sorge um dich.«

Nach einer kurzen Untersuchung fand er seine Vermutung bestätigt. »Wie lange geht das schon mit der Übelkeit am Morgen?«

»Ich weiß nicht so genau. Ich glaube, kurz nachdem wir in Rom angekommen sind, hat es begonnen.«

Grüben setzte sich zu Natascha auf die Bettkante und nahm ihre Hand. »Du bist nicht krank, Natascha, du bist schwanger.«

»Schwanger? Nein, das geht nicht.« Sie hatte sich aufgesetzt. »Ich will demnächst nach St. Petersburg. Ich kann nicht schwanger sein!«

Grüben glaubte, dass sie ihn nicht richtig verstanden hatte. »Du bist schwanger, Natascha, du bekommst ein Kind. Freust du dich denn gar nicht? Leopold wird selig sein.«

»Schon möglich«, sagte sie mit tonloser Stimme. »Ich bin es jedenfalls nicht.« Sie vergrub ihr Gesicht in den Kissen.

»Ich lasse dir Tropfen da. Nimm davon jeden Morgen zehn, sie werden dir guttun.« Ratlos verließ Grüben das Zimmer. Wie sollte er seinem Freund diese Reaktion erklären?

Leopold erwartete ihn unruhig im kleinen Salon. »Nun, was fehlt meiner Frau? Es ist doch hoffentlich nichts Ernstes?«

»Nein, da kann ich dich beruhigen. Natascha ist nicht krank, sie ist schwanger. Sie muss im dritten Monat sein.«

»Schwanger? Wie wunderbar, unsere Liebe wird gekrönt mit einem Kind!« Leopold fiel seinem Freund um den Hals. »Das müssen wir gleich begießen.« Er lief zur Tür. »Aber erst muss ich zu ihr.«

Grüben stellte sich ihm in den Weg. »Ich habe ihr etwas gegeben, sie schläft jetzt. Die Reise war doch sehr anstrengend für sie in ihrem Zustand.«

»Du hast recht, ich werde später zu ihr gehen.«

Alfons, immer in der Nähe seines Herrn, stand bereits in der Tür. Er strahlte. »Was darf ich den Herren servieren?

Champagner?« In spätestens einer Stunde würde das ganze Schloss über den Familienzuwachs auf Troyenfeld Bescheid wissen.

Als Grüben wenig später in seinem Landauer das Schloss verließ, dachte er mitleidig an seinen Freund. Was war nur mit dieser Natascha los. Warum freute sie sich nicht? Im Gegenteil, sie schien eher verzweifelt. Aber der nächste Krankenbesuch lenkte ihn von diesem Thema ab. Es gab wahrlich Schlimmeres als verwöhnte reiche Frauen, die eine Schwangerschaft offenbar als Strafe ansahen.

1870

Seit Stunden schon ertönten gellende Schreie aus dem Seitenflügel bis in den kleinen Salon, in dem Leopold aufgeregt auf und ab lief. Seine Frau lag in den Wehen.

Die Zeit war ihm endlos vorgekommen, bis Erna Kubischke, die alte Hebamme, erschien. »Da bist du ja endlich«, hatte er sie angefahren.

Die kleine, rundliche Frau, die weit über sechzig war, hatte nur milde gelächelt. »Nu reg dir man nich uff«, sagte sie in breitestem Ostpreußisch. »Ik hab dir und deiner Schwester uff diese herrliche Welt verholfen, also wer ik det man och noch bei deinen Kinderchen schaffen.« Frau Kubischke duzte alle, die sie auf die Welt gebracht hatte, egal welches Alter und welchen Titel sie hatten. »Nu mach dir man vom Acker, Mannsbilder können wir hier nich jebrauchen.«

Er hatte noch kurz vor der Schlafzimmertür gestanden, aber dann eingesehen, dass er nur störte. Dienstmädchen waren an ihm vorbeigerannt, sie schleppten Tröge mit heißem Wasser und saubere Tücher. Und so hatte er sich mit einer Flasche altem Scotch in den Salon zurückgezogen.

Inzwischen war die Flasche fast leer, und leicht benebelt dachte Leopold zurück an die vergangenen Monate. Wie glücklich waren sie auf ihrer herrlichen Hochzeitsreise gewesen: Paris, die verschwenderischen Einkäufe bei Worth, Hermès und Cartier; Rom, die ewige Stadt mit ihren geschichtsträchtigen Sehenswürdigkeiten und ihrer traumhaften Umgebung. Wie hatten sie sich geliebt in den lauen Nächten, weinselig und nicht an morgen denkend. Seit ihrer Rückkehr war alles anders. Das Glück und ihre Vertrautheit – nichts davon war mehr da. Die Schwangerschaft und »das damit verbundene Unwohlsein«, wie Natascha sich ausdrückte, hatten sie darauf bestehen lassen, von nun an getrennt zu schlafen. An manchen Tagen erschien sie nicht einmal zu den gemeinsamen Mahlzeiten. Wenn Leopold bei ihr klopfte, um sich nach ihrem Befinden zu erkundigen, ließ Olga, ihre russische Zofe, ihn nicht herein. »Die Frrrau Grräffin fihlen sich serr schlecht. Mechte nicht gesterrt werrden«, sagte sie nur.

Konrad Grüben kam regelmäßig, um nach Natascha zu sehen. Jedes Mal trank er mit seinem Freund einen Schnaps, und einmal fragte der ihn: »Benehmen sich alle schwangeren Frauen so merkwürdig? Ich verstehe meine Frau nicht.«

»Nein, alter Freund, Gott sei Dank nicht. Die Schwangerschaft verläuft ganz normal. Du solltest eigentlich am besten wissen, was in ihr vorgeht. Aber vielleicht sind Russinnen anders als die Frauen hier.« Zum Abschied klopfte er Leopold mitleidig auf die Schulter. »Es wird schon wieder, alter Lorbas. Warte nur, bis euer Erbe da ist.«

Der Erbe! Es war für Natascha selbstverständlich, dass sie einen Sohn erwartete. Es gab eine Liste mit Namen für einen Jungen. Mädchen hatten darauf keinen Platz. Hin und wieder bekam Natascha Post aus St. Petersburg. Dann war sie für eine Weile wie ausgewechselt, erschien zu den Mahlzeiten und ließ kleine Zärtlichkeiten zu. Einmal fragte Leopold, wer ihr denn geschrieben habe. »Na, wer schon! Väterchen natürlich«, sagte sie aufbrausend. Danach fragte er nie wieder.

Manchmal verspürte Leopold das Verlangen, einen dieser Briefe zu lesen, die seine Frau in so heitere Stimmung versetzten. Aber sie waren in kyrillischer Schrift, unlesbar für ihn. Und jemanden zu bitten, den Brief zu übersetzen, verbot ihm sein Ehrenkodex. Oder war es die Angst, etwas zu erfahren, das er gar nicht wissen wollte?

Als die Lieferungen aus Paris ankamen, wurden die riesigen Pakete auf Anweisung von Natascha unausgepackt auf den Speicher gebracht. »Was soll ich jetzt damit. Nichts davon wird mir passen. Ich gleiche einer Tonne«, hatte sie launisch gesagt.

In diesen Monaten trank Leopold zu viel. Oft fuhr er auch zum Glücksspiel nach Königsberg, wo er dann ein paar Tage blieb. Noch hielten Gewinn und Verlust sich die Waage, und er trank nicht, wenn er spielte. Hin und wieder besuchte er Hanno und Carla auf Buchenhain. Natürlich blieb ihnen sein Unglück nicht verborgen, obwohl er es vermied, darüber zu sprechen. Carla wusste ohnehin über alles Bescheid, was sich auf Troyenfeld zutrug. Elfriedes Mutter war dort immer noch Mamsell, nun schon seit über vierzig Jahren, und so erfuhr Carla alles über Nataschas »unmögliches Benehmen«, wie sie es Hanno gegenüber nannte. »Diese Frau macht meinen armen Bruder todunglücklich«, sagte sie immer wieder. »Ich habe es von Anfang an gewusst!« Als sie von der Schwangerschaft erfuhr, hatte sie zunächst einmal nachgerechnet, ob das Kind tatsächlich von Leopold sein konnte.

»Bist du von allen guten Geistern verlassen?!« Hanno war empört gewesen über die Gedanken seiner Frau.

»Eins kann ich dir sagen«, hatte Carla wütend gesagt. »Wenn diese Person es gewagt hätte, meinem Bruder einen russischen Bankert anzuhängen, wäre ich zur Furie geworden. Und nun gib mir einen Cognac!«

Leopold tauchte aus seinen Gedanken auf. Irgendetwas war plötzlich anders. Das Schreien hatte aufgehört!

»Herr Graf, Herr Graf!« Alfons stieß, ohne anzuklopfen, die Tür auf. »Herr Graf haben eine Tochter!«

Wie erstarrt blieb Leopold sitzen. Eine Tochter! Natascha hatte immer nur von einem Sohn gesprochen, dem Erben des Geschlechts der Troyenfelds. Danach wollte sie keine Kinder mehr. »Ich werde dir den ersehnten Erben schenken, und danach ist Schluss«, hatte sie mehrmals betont.

»Herr Graf«, sagte Alfons erneut. »Wollen Sie nicht …«

»Natürlich, Alfons, ich komme.« Langsam ging Leopold hinüber in den Seitenflügel. Fast fürchtete er sich vor dem enttäuschten Gesicht seiner Frau.

Als er das Schlafzimmer betrat, kam die Hebamme ihm strahlend entgegen. In ihrem Arm lag ein kleines, in weiße Tücher gewickeltes Bündel. Nur ein Büschel tizianroter Haare lugte aus den Tüchern hervor. »Wat für ein hübschet kleenes Mädchen«, sagte sie und legte ihm sein Kind in den Arm.

In diesem Moment durchströmte Leopold ein Glücksgefühl, wie er es noch nie verspürt hatte. Tränen der Freude schossen ihm in die Augen, und er wusste, er würde dieses kleine Wesen lieben. Mit einem Mal war ihm egal, was Natascha sagen würde. Sie lag in dem Bett, das Gesicht so weiß wie die Laken. Ihre Augen waren geschlossen und die blutleeren Lippen zu einem schmalen Strich zusammengepresst.

»Sie ist so süß«, flüsterte Leopold mit bebender Stimme, »und so winzig.«

»Es ist ein Mädchen, und auch noch mit roten Haaren«, sagte Natascha mit tonloser Stimme, ohne die Augen zu öffnen. Sie war starr vor Enttäuschung.

Erna sah Leopold mitleidig an. »Dat wird schon wieder«, flüsterte sie ihm beim Hinausgehen zu. »Lass ihr man erst en bisken erholen.« Dann wandte sie sich an Natascha. »Die Amme kommt jleich morjen in de Früh.« Selbst zu stillen war für die junge Mutter eine Zumutung.

Natascha erholte sich schnell von der Geburt und begann wieder am häuslichen Leben teilzunehmen. Nur für ihr Kind interessierte sie sich kaum. Sie überließ fast alles der Amme. Die Lieferungen aus Paris wurden vom Speicher geholt, ausgepackt, und bald passten ihr auch die bei Worth bestellten Kleider wieder. Sie zog zurück in das gemeinsame Schlafzimmer, und beim Liebesspiel schrie sie auch wieder die russischen Worte, die Leopold nicht verstand. Er war unfassbar glücklich. Sein einziger Kummer war Nataschas Desinteresse an ihrem entzückenden Kind.

»Wie wollen wir sie denn nennen, unsere Kleine?«, fragte er seine Frau einige Tage nach der Geburt.

»Such du einen Namen aus, mir ist es egal«, antwortete Natascha gleichgültig.

Das Mädchen wurde auf den Namen Feodora getauft.

Es war ein paar Tage nach der Taufe, als Natascha ihrem Mann sagte, dass sie sofort nach St. Petersburg reisen wolle.

Leopold war wie erstarrt. »Warum so plötzlich?«

»Ich hoffe, du machst mir deswegen keine Szene«, sagte Natascha kühl. »Es wird dir doch wohl nicht entfallen sein, dass wir vor unserer Heirat eine Abmachung getroffen haben. Ich kann jederzeit nach Hause fahren. Allein!«

»Und was ist mit Feodora?«

»Keine Angst.« Natascha lächelte spöttisch. »Deinen Augapfel lasse ich hier.«

»Und wann willst du zurückkommen?«

»Ich werde es dich rechtzeitig wissen lassen.« Sie drehte sich zu Alfons, der regungslos an der Anrichte stand und alles mitgehört hatte. »Lassen Sie anspannen, den Sechsspänner. Ich reise in zwei Stunden.«

Leopold war wie gelähmt. Es war ihm egal, dass Alfons alles mit angehört hatte und sich diese Szene in Windeseile im ganzen Schloss und morgen in der Nachbarschaft verbreiten würde. Was ihn entsetzte, war das langsam aufkommende Gefühl, dass er vielleicht doch die falsche Frau geheiratet hatte.

Noch am selben Abend ließ er den Raum neben seinem Schlafzimmer für Feodora und die Amme herrichten. Er wollte dieses kleine Wesen so nah wie möglich bei sich haben. Er würde ihm all die Liebe geben, die seine Mutter ihm offensichtlich verwehrte.

Am nächsten Morgen erschien Carla auf Troyenfeld. Leopold saß gerade beim Frühstück. »Du weißt es also schon?«, begrüßte er seine Schwester.

»Du kennst das doch, solche Nachrichten verbreiten sich wie ein Lauffeuer.«

Nachdem Alfons ihr einen Kaffee eingegossen und sich wieder vor die Anrichte gestellt hatte, sagte sie freundlich: »Alfons, würden Sie mich bitte mit meinem Bruder allein lassen.«

»Sehr wohl, Frau Baronin.« Mit beleidigter Miene zog dieser sich zurück.

»Sag mal, Leopold, hast du den Verstand verloren?« Carla versuchte, so leise wie möglich zu sprechen, weil sie sich sicher war, dass der Diener an der Tür lauschte. »Warum lässt du das zu? Eine Mutter gehört zu ihrem Kind.«

»Ich habe ihr vor der Hochzeit versprochen, dass sie jederzeit nach St. Petersburg fahren kann. Allein! Das weißt du doch.«

Carla war außer sich. »Kaum ist sie aus dem Wochenbett raus, da lässt sie dich und das Kind allein. Findest du das normal? Ach, es ist einfach unmöglich. Ich verstehe dich nicht.« Ihre Stimme war jetzt so laut, dass die im Park arbeitenden Gärtner die Köpfe hoben und lauschten. »Du hättest es ihr verbieten müssen!«

»Glaubst du, Natascha lässt sich etwas verbieten? Da kennst du sie aber schlecht!« Leopold lachte unfroh. »Wenn sie reisen will, dann tut sie es, ob es mir passt oder nicht.«

»Und wann gedenkt die Dame, hier wieder zu erscheinen?«

»Ich weiß es nicht.« Leopold sah seine Schwester traurig an. »Es ist mir auch egal. Die Hauptsache ist, sie kommt überhaupt zurück.«

Mit einem Mal war Carlas Wut verraucht. »Mein armer kleiner Bruder.« Sie nahm ihn zärtlich in den Arm. »›Gegen Liebe ist kein Kraut gewachsen‹, sagt Emma immer.« Auf der Herfahrt hatte sie sich fest vorgenommen, ihm vorzuschlagen, sich scheiden zu lassen. Aber nun wusste sie, dass jedes weitere Wort sinnlos war.

Es klopfte leise, und die Amme kam herein. Auf dem Arm trug sie Feodora, die satt und frisch gewickelt war. Strahlend nahm Leopold sie auf den Schoss. Seine Traurigkeit schien verflogen. »Ich habe Anweisung gegeben, sie mir jeden Morgen zu bringen. Ich will sie bei mir haben, sooft es geht.« Er machte eine kurze Pause. »Vielleicht wird ja doch noch alles gut, wenn Natascha wieder da ist …«

Carla erkannte ihren Bruder nicht wieder.

Währenddessen saß Elfriede bei ihrer Mutter Emma in der geräumigen Schlossküche. Am Morgen, als Carla nach Troyenfeld aufbrach, hatte Elfriede sie gefragt: »Kannste heute nich mal mit der Kutsche fahren und mir mitnehmen? Ik möchte jern mal nach Muttchen sehn und en bisken mit ihr schabbern. Sie is ja man och nich mehr die Jüngste.«

»Ja gern, Elfriede. Sei so nett und sag Kurt, er soll den Landauer anspannen.«

Kurt Plenzat war Kutscher auf Buchenhain und mit Elfriede verheiratet. Sie hatten vier Kinder, drei davon waren schon erwachsen und ebenfalls in den Diensten der Harvichs. Fritz, ihr Nachzügler, war ein frecher, kleiner Rotzlümmel und gerade in einer fürchterlichen Trotzphase. »Du lässt ihm zu viel durchgehen«, sagte Carla manchmal, wenn Elfriede ihr wieder einmal von einem seiner Streiche erzählte. Aber jetzt hatte sie sich fest vorgenommen, nichts mehr zu sagen. Wer wusste schon, wie sie reagieren würde, wenn sie so einen kleinen Jungen hätte.

Bevor sie zu Leopold gegangen war, hatte sie Emma, die alte Mamsell, begrüßt. »Na, wie geht es dir. Macht die Arbeit noch Spaß?«

»Jeht man so.« Emma blickte Carla traurig an. »Dat Jrafchen« – so nannte sie Leopold seit seiner Kindheit – »is ja man so unjlücklich.«

»Ich weiß, Emma, du Gute.« Carla strich ihr liebevoll über den Rücken. »Ich werde gleich mit ihm reden. So geht das nicht weiter.«

»Wird nischt nützen, Kindchen.« Emma wiegte bekümmert ihren mit einer weißen Haube bedeckten Kopf. »Jejen Liebe is keen Kraut nich jewachsen.« Sie seufzte tief. »Aber det wir nu wieder so'n armet Würmchen in unserm Schloss haben mit keener Mutter nich …«

»Nun sieh mal nicht so schwarz, Emma. Meine Mutter war tot. Vielleicht besinnt sich meine Schwägerin ja noch und erinnert sich daran, dass sie ein Kind hat.«

»Wär schön, aber jlob ik nich!«

Als Carla gegangen war, versuchte Elfriede, ihre Mutter aufzuheitern. »Nu reg dir man nich so uff, Muttchen. Weißt, wat Fritzchen jestern wieder jesacht hat?«

»Na wat denn?« Fritz war Emmas Liebling.

»Ik wollte, dat er sich die Hände wäscht, bevor er in die Schule jeht. ›Ik meld mir ja doch nich‹, hat der Lorbas jesacht.«

»Erbarmung!«, rief Emma, ein Lieblingswort der Ostpreußen, das sich wie »Errbarrmunk« anhörte und bei jeder Gelegenheit ausgerufen wurde. Manchmal wurde daraus auch ein »Erbarmerche«. »Dat is mir ja man eener.« Für einen Moment hatte Emma ihren Kummer um Feodora vergessen. »Wat hat er denn noch so anjestellt?«

»Kürzlich hat er 'nen Aufsatz jeschrieben. Der Lehrer hat ihm 'ne Fünf jejeben!«

»Warum dat denn?«

Elfriede musste so lachen, dass sie kaum weitersprechen konnte. »Er hat jeschrieben …« Wieder bekam sie einen Lachanfall. »… als meine Mutter die Kuh füttern wollte, merkte sie, dass sie ein Kalb bekam.«

»Erbarmung!«, rief Emma immer wieder. »So ein Lorbas aber auch.«

Als Carla Elfriede in der Küche abholte, fand sie zwei vergnügte Frauen vor, einen Teller Beetenbortsch und eine Flasche Schnaps vor sich, dem sie wohl schon reichlich zugesprochen hatten.

»Na, Kindchen, willste nich och 'n Schlubberchen?« Emma bot Carla ihr volles Glas an. »Siehst man jar nich jut aus.«

»Nein danke, so wie ich aussehe, fühle ich mich auch.« Carla musste lachen. »Aber schön, dass es dir wieder besser geht, Emma. Komm, Elfriede, lass uns aufbrechen. Ich will nach Hause.«

Carla kam nun fast täglich nach Troyenfeld. Bald entwickelte sie für Feda, so nannten sie Feodora jetzt, die gleichen Muttergefühle wie vor fast vierzig Jahren für ihren Bruder. Manchmal begleitete Hanno sie. Dann ritten die Männer zusammen aus oder spielten eine Partie Schach, und sie kümmerte sich um das Kind. Über alles wurde gesprochen, nur nicht über Natascha. Im Stillen hoffte Carla, dass sie gar nicht mehr zurückkäme. Sollte sie doch in St. Petersburg bei ihrem heimlichen Geliebten bleiben! Carla war sich sicher, dass dies der Grund war, warum sie so lange wegblieb. Ihr Bruder würde schon darüber hinwegkommen und eine vernünftige deutsche Frau finden, die gut erzogen war, wie es sich gehörte, mit Verantwortungsgefühl für die Familie. Aber sie hütete sich, dies auszusprechen. Hin und wieder redete sie mit Elfriede darüber. Aber nur, wenn sie alleine waren und vor allem Hanno sie nicht hören konnte.

Ab und an erheiterte Carla ihren Bruder mit Geschichten über Fritzchen, die sie von Elfriede gehört hatte. »Stell dir vor, kürzlich hat der Lehrer die Kinder in der Schule gefragt, welche Farbe das Wasser hätte.«

»Sag bloß, Fritz hat sich mal gemeldet?«

»Ja, stell dir vor, und der Fritz hat gesagt: ›Das Wasser hat gar keine Farbe. Bloß wenn ich meine Füße reinstelle, wird es schwarz.‹« Carla war glücklich, Leopold mal wieder lachen zu sehen.

Es war Mitte Juli, als die Idylle ein Ende hatte. Carla kam heute etwas später als gewöhnlich nach Troyenfeld. Sie hatte einen Umweg über Insterburg gemacht, um eine schon seit längerer Zeit bestellte Silberrassel für Feodora abzuholen. Leopold saß auf der überdachten Terrasse, neben ihm schlief das Kind friedlich in seinem Körbchen.

»Was ist passiert. Ist etwas mit Natascha?«, fragte Carla, als sie Leopolds ernstes Gesicht sah.

»Ich habe ihr depeschiert, dass sie sofort nach Hause kommen soll.«

»Aber warum denn? Es ist doch alles wunderbar so, wie es im Moment ist.« Carlas Gesicht war kreidebleich.

»Du scheinst es noch nicht zu wissen«, sagte Leopold ruhig. »Frankreich hat Preußen den Krieg erklärt. Wie du weißt, bin ich Reserveoffizier. Morgen muss ich in meiner Garnison in Königsberg einrücken.« Er ging jetzt unruhig auf und ab. »Ich habe Natascha vor die Wahl gestellt. Entweder sie kommt sofort zurück und bleibt in Zukunft auch hier, oder ich lasse mich scheiden.«

Für einen Moment herrschte Totenstille. »Und hat sie schon darauf geantwortet?« Carlas Stimme war nur ein Flüstern.

»Eben kam ihre Antwort. Sie ist schon auf dem Heimweg.«

Leopold war bereits in Uniform, als Carla am folgenden Tag in Troyenfeld ankam. Sie fand ihn in der Bibliothek, wo er dem Haushofmeister und der Hausdame letzte Anweisungen gab. »Ich weiß, ich kann mich auf Sie verlassen«, hörte Carla ihn sagen. »Sollte ich nicht zurückkommen, haben mein Schwager, Baron von Harvich, und meine Schwester alle Vollmachten.«

»Was redest du da?« Carla stand wie erstarrt in der Tür. »Warum solltest du nicht zurück…?«

»Es ist Krieg«, unterbrach Leopold sie ruhig. »Ich habe nur Vorsorge getroffen, falls ich falle.« Er reichte seinen Bediensteten die Hand. »Leben Sie wohl, Frau Steinle, Herr Kochta, und wir wollen doch alle hoffen auf bald.«

Carla wartete, bis die beiden die Tür hinter sich geschlossen hatten. »Von welchen Vollmachten hast du da eben gesprochen?«

»Ich habe letzte Nacht mein Testament gemacht. Man muss den Tatsachen ins Auge sehen. Es kommt schließlich vor, dass man in einem Krieg ums Leben kommt. Sollte ich tatsächlich fallen, ist alles geregelt. Feodora ist meine Alleinerbin. Wenn Natascha bei ihrer Tochter bleiben will, hat sie lebenslanges Wohnrecht auf Troyenfeld. Sollte sie nach St. Petersburg zurückkehren oder auch nur ein einziges Mal in meiner Abwesenheit dorthin fahren wollen, zahlt ihr bitte ihre Mitgift zurück.«

»Aber das musst du doch nicht«, warf Carla zaghaft ein.

»Ich wünsche es aber. Damit verliert sie alle Rechte an Feda. Ich habe euch als Erziehungsberechtigte eingesetzt. Es ist euch doch recht?«

»Aber ja, natürlich.«

»Gut«, fuhr er fort. »Wenn sie Schwierigkeiten macht, will ich, auch posthum, eine Scheidung. Die Gründe findet ihr in diesem Schreiben.« Er reichte Carla ein dickes, versiegeltes Kuvert. »Und noch eine Bitte. Öffnet es nur nach meinem Tod.«

Carla brach jetzt in Tränen aus. »Bitte, pass auf dich auf, und komm heil wieder zurück. Lass von dir hören. Wenn ich weiß, wo du bist, kann ich dir schreiben, wie es Feda geht, und überhaupt …«

»Du kannst alle Briefe an die Garnison in Königsberg schicken. Die Post wird mir von dort nachgesandt.« Er schwieg einen Augenblick. »Es wäre schön, von dir und Feda zu hören.«

In dem Moment stürmte sein Freund Hilmar von Alvenshagen herein. »Wir müssen los, alter Freund«, rief er aufgeregt. Dann erst sah er Carla, die zusammengesunken und weinend in einem Sessel kauerte. »Ja, Carla, warum weinst du denn? Wir ziehen in den Krieg.« Er strahlte. »Das ist doch ein Grund zur Freude. Wir werden die Franzosen wie die Hasen jagen.«

»Die werden die Preußen jetzt kennenlernen«, stimmte Leopold begeistert zu.

Lachend und sich gegenseitig auf die Schultern klopfend verließen sie das Schloss. Carla winkte ihnen nach, bis sie auf ihren Pferden in einer Staubwolke verschwunden waren.

Am Abend gab sie Hanno das Kuvert. »Es ist Leopolds Testament. Er hat Angst, aus dem Krieg nicht lebend zurückzukommen«, sagte sie. »Wir dürfen das Kuvert nur nach seinem Tod öffnen.«

»Ja, das ist doch wohl selbstverständlich.« Hanno sah seine Frau kopfschüttelnd an.

»Ich glaube, er weiß alles von Natascha und dem Russen, na du weißt schon.« Sie wagte das Wort Liebhaber nicht auszusprechen. »Er schien ernsthaft besorgt. Aber als Alvenshagen kam, um ihn abzuholen, war er wie verwandelt. Die beiden haben sich aufgeführt wie zwei übermütige Jungen, die zur Jagd gehen.« Sie rollte die Augen. »Sie wollen die Franzosen jagen wie die Hasen, hast du so etwas Schwachsinniges schon mal gehört? Ich glaube, mein Bruder hat den Verstand verloren.«

»Ach, wäre ich doch nur jünger …«, seufzte Hanno.

Carla sah ihn fassungslos an. »Ich glaube, du auch … Ach, gib mir einen Cognac, einen großen!«

Es sollte noch zehn Tage dauern, bis Natascha auf Troyenfeld eintraf. In dieser Zeit war Carla täglich bei Feodora, herzte und küsste sie. »Sie ist ja so süß. Am liebsten würde ich sie entführen, um sie vor ihrer Rabenmutter zu schützen«, sagte sie zu Hanno.

»Nun warte doch mal ab. Vielleicht ist Natascha ja inzwischen zur Besinnung gekommen und entdeckt plötzlich ihre Muttergefühle.« Hanno fand die Sorge seiner Frau um ihre kleine Nichte reichlich übertrieben. »Ich fühle mich in der letzten Zeit schon sehr von dir vernachlässigt«, brummte er. »Ich sehe dich ja kaum noch! Hoffentlich hat das bald ein Ende.«

»Nun übertreib man nicht«, sagte Carla lachend. »Wir frühstücken jeden Morgen zusammen, und abends bin ich auch immer da. Und wie oft hast du mich allein gelassen, um mit Kölichen Whist zu spielen oder mit deinen Freunden auf die Jagd zu gehen?«

Es war ein heißer Tag Ende Juli. Carla saß auf der Terrasse von Troyenfeld. Obwohl es schon Spätnachmittag war, war es kaum kühler geworden. Der Diener servierte ihr eine kalte Limonade. »Wünschen die Frau Baronin noch etwas?«

»Danke, Alfons. Ich bleibe noch eine Weile bei dem Komtesschen. Wenn die Hitze etwas nachgelassen hat, werde ich nach Hause reiten. Übrigens, haben Sie Nachricht, wann wir die Gräfin erwarten können?«

»Nein, seit der Abreise des Herrn Grafen ist keine Depesche mehr eingegangen.«

Mit einem Fächer versuchte Carla sich etwas Kühlung zu verschaffen. Kein Lüftchen regte sich, und in dem großen Park war außer den Schwänen, die auf dem Schlossteich ruhig ihre Bahnen zogen, niemand zu sehen. Sie sah hinab in das Pregel-Tal, wo die tief stehende Sonne den in der Ferne liegenden Fluss glitzern ließ wie eine Kette mit tausend Diamanten. Davor wogten Kornfelder, die mit leuchtenden Mohn- und Kornblumen durchsetzt waren, und auf den satten Weiden grasten Kühe. Unter den ausladenden Kastanien auf den eingezäunten Koppeln suchten die Pferde Schatten. Ab und an erhoben sich vom Rand eines kleinen Sees Kormorane, um sich gleich darauf etwas entfernt wieder im Schilf niederzulassen. Seit ihrer Kindheit liebte sie diesen Blick. Neben ihr im Körbchen lag Feodora, die zufrieden vor sich hin brabbelte und in den winzigen Händchen die silberne Rassel hielt. *Was ist es doch für ein herrliches Land, unser Ostpreußen*, dachte Carla. *Was für eine Idylle! Und am anderen Ende des Kontinents wird gekämpft, sterben Männer. Warum können die Menschen bloß nicht in Frieden leben.*

Die Hitze hatte sie schläfrig gemacht.

Plötzlich störten ungewohnte Geräusche die Ruhe. Pferde wieherten, Türen wurden geschlagen, und eine weibliche Stimme erteilte Befehle auf Russisch. Natascha war angekommen.

Die Begrüßung fiel kühl aus. »Hattest du eine gute Reise?«, fragte Carla, die ihrer Schwägerin in der Halle entgegengegangen war.

»Danke, nein. Es war entsetzlich, heiß und unbequem. Bei dieser Hitze sollte man gar nicht reisen!«

Carla ging nicht darauf ein. »Du möchtest doch sicher Fedora sehen. Sie liegt in ihrem Körbchen auf der Terrasse.«

»Erst muss ich ein Bad nehmen.« Natascha rief ihrer Zofe auf Russisch etwas zu. Wahrscheinlich sollte sie sich um das Badewasser kümmern, denn sie verschwand in Richtung der Hauswirtschaftsräume. »Wenn ich mich ausgeruht habe, werde ich meine Tochter begrüßen.«

»Nachts pflegen Kinder zu schlafen«, erwiderte Carla spitz, »aber das wirst du ja bald wissen.« Sie war außer sich vor Wut. Genau so und nicht anders hatte sie es sich vorgestellt. Natascha würde immer eine Rabenmutter bleiben.

Wie gewohnt ritt Carla am nächsten Tag wieder nach Troyenfeld. Sie fand das Kinderzimmer ausgeräumt, ein Dienstmädchen war dabei zu putzen. »Wo sind die Amme und das Kind?«, fragte sie.

»Im Seitenflügel. Dat Weinen von dem Komtesschen hat die Frau Jräfin jestört. Hat nich schlafen können«, sagte das Dienstmädchen.

»Und weißt du, wo die Gräfin jetzt ist?«

»Schläft wohl noch.«

Carla ging zu Emma in die Küche. Sie musste sofort mit jemandem reden und ihre Empörung loswerden.

»Hast wohl schon jehört?«, begrüßte die alte Mamsell sie.

»Ich koche vor Wut.« Carla sank auf einen Stuhl. »Ich bin nur froh, dass ich ihr nicht begegnet bin. Sie schläft noch.«

Dankbar nahm sie einen Schluck von der kalten Limonade, die Emma ihr hingestellt hatte. »Wahrscheinlich wäre ich geplatzt und hätte schreckliche Sachen zu ihr gesagt.«

»Der Steinle biste wohl och nich bejegnet?«

»Nein, wieso?«, fragte Carla erstaunt.

Emma atmete erleichtert auf. »Nu hör mir man jut zu.« Sie tätschelte Carlas Hand. »Ik werd dir jetzt wat sagen, wat ik eijentlich nich darf.«

Eine Magd war mit einem Korb Holz hereingekommen. »Lass man stehen«, rief ihr die Mamsell zu. »Jeh in die Kühlkammer und hol die Pastete für die Frau Jräfin.« Sie wollte nicht, dass jemand anders hörte, was sie Carla zu sagen hatte. »Die Steinle war jestern Abend hier. Janz booßig war se.«

»Warum war sie denn so wütend?«, fragte Carla erstaunt.

»Also die Jräfin hat ihr jestern jerufen und Anweisung jejeben ...« Sie blickte Carla bekümmert an. »Also die Steinle soll dir sagen, dat de dat Komtesschen nich weiter so beschettern sollst.«

»Was heißt denn beschettern?«

»Nu, sie findet, dat du dir zu übertrieben um dat Kindchen kümmerst.«

Carla war fassungslos. »Du meinst, sie hat das wirklich gesagt?«

»Ja. Die Steinle soll dir och noch ausrichten, dat et nich nötig is, jeden Tach hier zu erscheinen. Der Steinle is dat fürchterlich unanjenehm. Jottchen, war die booßig!«

Aus Carlas Gesicht war alle Farbe gewichen.

Emma goss ihr ein großes Glas Schnaps ein. »Trink dat, Kindchen, wird dir beruhijen.«

»Mich kann gar nichts beruhigen.« Carla war aufgesprungen und rannte hin und her. »Was soll ich denn jetzt machen, Emma. Ich kann mir doch von dieser Russin nicht mein Elternhaus verbieten lassen. Außerdem habe ich Leopold versprochen, ihm zu schreiben, wie es seiner Tochter geht.« Sie begann zu weinen.

»Nu nimm man erst mal mein Rotzkodder.« Emma reichte Carla ein riesiges kariertes Taschentuch. »Willste 'nen Rat?«

»Ja, natürlich.«

»Sieh zu, dat dir die Steinle heute nich über den Weg läuft. Dat erspart euch beiden eine jroße Peinlichkeit. Dann kann se dir nämlich och nischt nich jesagt haben, verstehste?«

»Ja klar.«

»Jut. Und dann kommste inne Woche dat Komtesschen wieder besuchen. Und allet, wat sonst so los is, lass ik dir durch Elfriedchen wissen.«

Hanno war nicht da, als Carla am Mittag nach Hause kam. »Der Herr Baron ist mit dem Forstmeister in den Wald geritten. Wir erwarten ihn erst am Spätnachmittag zurück«, sagte Franz, als sie das Haus betrat.

Sie erinnerte sich. Hanno hatte am Morgen davon gesprochen. Vor ein paar Tagen hatte ein schweres Gewitter große Schäden angerichtet.

»Ich werde mich eine Stunde hinlegen, Franz. Sollte mein Mann früher zurückkommen, lassen Sie mich bitte wecken.«

Die Aufregung und der Ärger über ihre Schwägerin hatten Carla so sehr mitgenommen, dass sie sofort in einen Tiefschlaf fiel.

»Frau Baronin ...« Lise, eines der Dienstmädchen, stand vor Carlas Bett. »Ik hab janz laut jekloppt, aber ...«

»Ist schon gut, Lischen. Ich habe wie eine Tote geschlafen. Ist mein Mann schon zurück?«

»Er erwartet Ihnen im Pavillon.«

»Hilfst du mir beim Ankleiden?« Sie schlüpfte in ein leichtes weißes Musselinkleid, und Lise schloss die zahlreichen Knöpfe auf dem Rücken. »Danke, Lischen, und räum noch ein wenig auf.«

Hanno saß im Pavillon unter der großen Buche, wo sie im Sommer ihre Mahlzeiten einnahmen. Willi lag zu seinen Füßen und begrüßte sie schwanzwedelnd. Vor Hanno standen große Platten mit Würsten, Schinken und Pasteten, ein Topf mit Griebenschmalz und ein Korb mit frisch gebackenem Brot.

»Komm, lang zu, mein Mädchen«, rief Hanno gut gelaunt. »Ich habe schon angefangen. So ein langer Ritt macht einen riesigen Hunger.«

»Seit wann brauchst du einen Ritt, um Hunger zu bekommen? Und wieso isst du schon so früh?« In dem Moment schlug die Uhr der Kapelle sechs Mal. »Meine Güte, ich habe ja mehr als vier Stunden geschlafen!«, rief Carla. »Ich wusste gar nicht, dass es schon so spät ist.«

Während sie aßen, erzählte Carla ausführlich von den Vorfällen auf Troyenfeld. »Was sagst du denn nun dazu?«, fragte sie, während Hanno Unmengen von belegten Broten verschlang und ab und zu Willi einen Bissen zusteckte.

»Weißt du«, sagte Hanno bedächtig und wischte sich mit einer riesigen Serviette den Mund ab. »Im Grunde hat sie recht, deine ungeliebte Schwägerin.«

Carla blickte ihn empört an. »Das ist doch wohl nicht dein Ernst? Diese Russin will mir mein Elternhaus verbieten …«

»Moment mal«, unterbrach Hanno sie. »Es ist dein Elternhaus, aber nicht dein Zuhause. Und wenn ich es richtig verstanden habe, will sie lediglich nicht, dass du täglich dort auftauchst und dich in ihre Erziehung einmischst. Vielleicht hat sie das ein bisschen ungeschickt ausgedrückt …«

»Was heißt hier Erziehung!«, fiel Carla ihm ins Wort. »Sie interessiert sich doch gar nicht für ihr Kind.«

»Aber sie ist die Mutter.«

Carla schwieg. Sie hatte von Hanno nun wirklich mehr Verständnis erwartet.

»Übrigens ist die alte Emma wirklich eine kluge Frau, das muss ich schon sagen.« Hanno hatte sich schon den dritten Verdauungsschnaps genehmigt.

»Wie meinst du das?«

»Sie hat dafür gesorgt, dass die Steinle keine Gelegenheit hatte, dich auf Nataschas Anweisung hin sozusagen rauszuschmeißen. Du weißt jetzt Bescheid, aber Natascha weiß nicht, dass du es weißt. Also wird sie denken, es sei deine Entscheidung, nicht ständig dort zu erscheinen.«

»Und was soll ich Leopold schreiben? Ich habe ihm schließlich versprochen, mich um Feda zu kümmern.« Carlas Gesicht bekam schon wieder hektische rote Flecken.

»Ich mache dir einen Vorschlag.« Hanno nahm besänftigend ihre Hand. »Einmal in der Woche besuchst du Feda, und ich werde dich dabei begleiten. Dann kann ich wenigstens verhindern, dass ihr zwei Weiber euch die Augen auskratzt.«

»Wie aufmerksam von dir«, sagte Carla spitz. »Wahrscheinlich verhinderst du damit sogar einen Mord.«

Es war Anfang August. Seit über drei Wochen hatten sie keine Nachricht mehr von Leopold erhalten. Gleich nach seiner Ankunft in der Garnison in Königsberg hatte er Hanno und Carla eine kurze Note geschickt. *»Ich bin im Stab von Onkel Edwin. Er ist, wie ihr ja wisst, seit 1868 Kommandierender General des 1. Korps. Morgen rücken wir aus. Wünscht mir Glück.«* Edwin von Manteuffel war ein Freund des alten Grafen Troyenfeld und wurde von Leopold und Carla seit ihrer Kindheit Onkel genannt.

Täglich berichteten die Zeitungen über die Siege der preußischen Armee. Jeden Morgen las Hanno Carla die neuesten Nachrichten vor. *»Am 4. August wurden die Franzosen in Weißenburg von unseren Truppen geschlagen. Es gab auf beiden Seiten schwere Verluste, auch unter unseren Offizieren.«* Er ließ die Zeitung sinken.

Aus Carlas Gesicht war alle Farbe gewichen. Entsetzt presste sie ihre Serviette vor den Mund. »Doch nicht Leopold?«, flüsterte sie.

»Nein, aber Graf Waldersee, Major von Unruh und Major von Kaiserberg. Alles Bekannte der Harvichs.«

Carla atmete erleichtert auf. »Ich schäme mich«, sagte sie leise, »aber ich bin so froh, dass Leopold nicht darunter ist.«

Einige Tage später wurden die Franzosen in Spichern besiegt, kurz darauf in Colombey-Nouilly.

»Unter dem Kommando von General von Manteuffel hat die preußische Armee einen überragenden Sieg errungen«, las Hanno Carla vor. Bei den Namen der gefallenen Offiziere fehlte der Leopolds. Wieder atmete Carla erleichtert auf.

Einmal in der Woche statteten sie Troyenfeld einen Besuch ab. Natascha begrüßte sie kühl, aber freundlich, und wenn Carla nach ein paar belanglosen Worten im Kinderzimmer verschwand, unterhielt sich Hanno angeregt mit seiner Schwägerin. Er fand sie immer noch hinreißend und die Vorbehalte seiner Frau ihr gegenüber absolut nicht nachvollziehbar. Gott, nicht jede Frau war eine Übermutter! Wenn er an seine Kindheit zurückdachte, dann hatte auch er seine Gouvernanten und Erzieher öfter gesehen als seine Mutter. Und hatte es ihm etwa geschadet? Aber er hütete sich, das laut zu sagen. Sein häuslicher Frieden war ihm heilig.

Von der Amme erfuhr Carla alles über Feodoras Entwicklung. Sie war ein ruhiges Kind, weinte wenig und begann jetzt zu zahnen. »Einmal am Tach kommt de Frau Jräfin und guckt nach dem Komtesschen. Se will wissen, ob allet in Ordnung is, und dann jeht se och schon wieder.« In der Stimme der Amme war nie ein Vorwurf. Für sie war das nicht so ungewöhnlich.

Von Emma erfuhr Carla auch nicht viel mehr. »Soweit is allet in Ordnung, Kindchen«, sagte die, »und reg dir nich so uff. Mutterliebe kannste nich erzwingen.«

Gleich nach ihren Besuchen schrieb Carla an Leopold: *»Mach dir keine Sorgen um Feda. Sie wächst und gedeiht und ist so süß, wenn sie lacht. Sie greift nach meinen Händen und quiekt dabei. Sie zahnt jetzt, was ihr ein wenig Schwierigkeiten macht. Ich habe ihr bei meinem letzten Besuch in Insterburg einen Beißring besorgt. Die Amme meint, das werde ihr das Zahnen etwas erleichtern.«* Von dem Vorfall nach Nataschas Ankunft auf Troyenfeld schrieb sie nichts. Warum sollte sie ihren Bruder damit belasten.

Endlich kam ein Lebenszeichen von Leopold. »Was schreibt er? Lies vor!«, rief Hanno, nachdem Carla das Kuvert mit zitternden Händen aufgerissen hatte.

»Liebste Schwester, lieber Hanno, als Erstes einmal: Mir geht es gut. Ich weiß, wie Du Dich um mich sorgst, Schwesterherz. Sicher erfahrt Ihr über die Zeitungen, wie siegreich wir sind. Onkel Edwin ist ein wahrer Feldherr! Aber der Krieg hat auch schreckliche Seiten. Die vielen Toten und der Anblick der verletzten und verstümmelten Soldaten sind schier unerträglich. Nach den Schlachten sieht man überall Blut, abgetrennte Gliedmaßen und vor Schmerzen schreiende Männer. Und noch eine überaus traurige Nachricht habe ich. In der Schlacht bei Colombey-Nouilly ist Hilmar gefallen. Wir haben Seite an Seite gekämpft, und er ist in meinen Armen gestorben. Seine letzten Worte galten seiner Mutter. Würdest Du ihr das bitte mitteilen, Carla? Es wird ihr ein Trost sein. Du weißt, wie sehr sie Hilmar geliebt hat.«

Carla hatte Tränen in den Augen. »Die arme Viola. Sie hat ihn vergöttert. Und er ist so fröhlich in den Krieg gezogen. Ich werde ihr nachher gleich schreiben.«

Dann las sie weiter. *»Wie schön, dass es Feda gut geht. Ich habe große Sehnsucht nach ihr und kann es kaum erwarten, sie wieder in meinen Armen zu halten. Wenn unser Siegeszug so weitergeht, kann es ja, so Gott will, nicht mehr allzu lange dauern. Bis dahin sind Deine Briefe, liebste Schwester, eine große Freude für mich. Von Natascha höre ich nicht viel. Sie kann nicht so gut Briefe in Deutsch schreiben. Ich umarme Euch, und gebt Feda einen dicken Kuss von mir. Euer Leopold. PS: Wir liegen vor Amiens. Morgen bei Sonnenaufgang beginnt die Schlacht. Wünscht mir Glück.«*

Am nächsten Tag lasen sie Hilmar von Alvenshagens Namen auf der Liste der gefallenen Offiziere. Sie waren froh, dass Leopolds Brief sie vorher erreicht hatte.

Einige Zeit darauf berichtete das *Ostpreußische Tageblatt*: *»Die preußische Armee hat die Franzosen bei Amiens erneut zurückgeworfen. Unser Siegeszug geht weiter.«* Leopold war nicht unter den Toten! Gottlob. Carla zündete jetzt täglich in der Kapelle eine Kerze an.

Es war Anfang September. Seit einigen Tagen nahmen Carla und Hanno ihre Mahlzeiten wieder auf der Veranda ein. Mittags war es noch spätsommerlich warm, aber die Abende wurden jetzt merklich kühler.

»Donnerwetter!«, rief Hanno, als er die Zeitung aufschlug. »Hör dir das an. Napoleon ist unser Gefangener.«

Er begann laut vorzulesen. *»Die preußische Armee des Kronprinzen Friedrich Karl von Preußen unter dem Oberbefehl des Generals von Moltke ist siegreich auf der ganzen Linie. In der Schlacht bei Sedan am 2. September sind die Franzosen wieder einmal vernichtend geschlagen worden. Kaiser Napoleon III. wurde gefangen genommen und auf Schloss Wilhelmshöhe in Kassel verbracht. Am 4. September wurde die Französische Republik ausgerufen.«*

Hanno schlug sich begeistert auf die Schenkel. »Ist das nicht doll«, rief er immer wieder. »Was sagst du denn dazu, Carla?«

»Ich will nur, dass Leopold gesund nach Hause kommt.« Aber das sollte noch einige Monate dauern.

Das gesellschaftliche Leben kam in diesem Herbst fast vollständig zum Erliegen. Zwar besuchte man sich nach wie vor gegenseitig auf den Gütern, aber die großen Jagden wurden alle abgesagt. In fast jeder Familie war ein Toter zu beklagen, und trotz der ständigen Siegesmeldungen war niemandem nach Feiern zumute.

Carla regte sich fürchterlich auf, dass Kaiserin Eugénie, die nach England geflohen war, ihrem Mann sechs Köche nach Wilhelmshöhe geschickt hatte, damit für sein leibliches Wohl gesorgt war. »Dieser Kerl hat uns den Krieg eingebrockt. Bei Wasser und Brot sollten sie ihn dafür schmoren lassen«, sagte sie verbittert.

Auch Charles Worth war mit seiner Familie nach England geflohen, in einem Heißluftballon, wie die *Hartungsche Zeitung* berichtete. »Da muss meine Schwägerin ja wohl vorläufig ihre alten Kleider auftragen. So schnell wird der Herr sicher nicht zurückkommen«, war Carlas süffisante Bemerkung darauf.

Bald hatte der Winter Ostpreußen fest im Griff. Weihnachten und der Jahreswechsel standen bevor. Carla musste sich wie jedes Jahr um die Geschenke für die zahlreichen Bediensteten kümmern, was sie etwas von ihrer Sorge um Leopold ablenkte. Einige Male fuhr sie mit dem Schlitten nach Insterburg, um die üblichen Präsente wie Mützen, Schals und Handschuhe zu kaufen. Für Feodora bestellte sie im Möbelhaus Glück ein Schaukelpferd und für Elfriede ein gepolstertes Fußbänkchen. Emma bekam in diesem Jahr einen Schirm. »Dein alter sieht ja aus wie eine gerupfte Krähe«, hatte Carla bei einem Besuch im Herbst auf Troyenfeld festgestellt.

»Ich muss dringend nach Königsberg«, sagte sie ein paar Tage vor Weihnachten zu Hanno. »Es fehlen mir noch einige Sachen, die ich in Insterburg beim besten Willen nicht bekomme.«

»Nichts lieber als das«, rief Hanno. »Ein bisschen Abwechslung wird uns guttun. Wir werden eine Nacht im Berliner Hof logieren.«

Drei Tage vor Heiligabend machten sie ihre Besorgungen. Für Feodora kauften sie noch ein silbernes Schieberchen, und sogar für Natascha besorgte Carla auf Hannos Rat hin etwas. »Stell dir vor, sie hat ein Geschenk für dich, und du stehst mit leeren Händen da«, erklärte er ihr. Und tatsächlich schenkte ihr Natascha ein wertvolles Armband.

Am Abend besuchten sie die Oper. Anschließend dinierten sie im Berliner Hof, wo sie Hannos Freund Horst Kölichen im Speisesaal trafen. Der hatte interessante Neuigkeiten. »Paris wird schon seit einigen Monaten belagert«, erzählte er. »Das wisst ihr ja sicher. Aber wie ich erfahren habe …« – er verfügte über außerordentlich gute Kontakte zu den höchsten Regierungskreisen in Berlin – »… will Bismarck nach einem endgültigen Sieg über Frankreich König Wilhelm zum Deutschen Kaiser ausrufen lassen. Sein Traum ist ja, wie jeder weiß, die deutsche Einheit. Ein Nationalstaat mit einem Monarchen, der die Rolle des integrierenden Staatsmannes übernimmt.«

»Und wo er weiterhin die politischen Fäden zieht, der alte Fuchs«, unterbrach ihn Hanno lachend. »Aber hast du eine Ahnung, wie das funktionieren soll bei all den eigenständigen deutschen Königen, Herzögen und Fürsten?«

»Seit längerer Zeit sind seine Diplomaten und Unterhändler schon unterwegs, um eben all diese deutschen Fürstlichkeiten dazu zu bringen, seinem Plan zuzustimmen. Wie ich höre, sind Bismarcks Leute sehr erfolgreich. Nur Bayern macht noch Schwierigkeiten. Aber seit Ministerpräsident Fürst Hohenlohe von Graf Bay-Steinberg abgelöst ist, scheinen die Verhandlungen voranzugehen.« Kölichen wartete, bis der Ober den nächsten Gang serviert hatte, dann sprach er weiter. »Man munkelt, dass Bismarck dem hoch verschuldeten König Ludwig eine stattliche Summe in Aussicht gestellt hat, wenn seine Regierung zustimmt. Aber das darf natürlich nie bekannt werden.«

»Das ist ja doll! Ein Teufelskerl, dieser Bismarck.« Hanno war begeistert.

Kölichen musste lachen. »Ein fast ebenso großes Problem wie der bayerische König ist unser König Wilhelm. Er ist überhaupt nicht begeistert, Kaiser zu werden. Bismarck versucht mit allen Mitteln, ihm die Kaiserkrone schmackhaft zu machen.« Kölichen senkte die Stimme. »Es ist noch nicht offiziell. Aber gleich nach der Einnahme von Paris soll Wilhelm in Versailles gekrönt werden, im Beisein aller deutschen Fürsten.«

»Donnerwetter, wenn ihm das wirklich gelingt, Hut ab«, sagte Hanno.

»Es wird gelingen, glaub mir. Ich habe meine Quellen. Und was ich noch interessant finde«, fuhr Kölichen fort, »Bismarck begründet die Eile für die Krönung damit, dass nach altgermanischem Ritus die Könige gleich nach dem Sieg auf dem Schlachtfeld gekrönt wurden.«

Hanno konnte sich gar nicht beruhigen. »Doll finde ich das, doll.«.

Von Leopold kam ab und zu ein kurzes Lebenszeichen. *»Ich bin versetzt worden in den Stab von General von Choltitz. Onkel Edwin wurde von der Westfront abberufen und greift die Franzosen jetzt von der Cote d'Azur aus an. Wie wir hören, ist er mit seiner Strategie sehr erfolgreich.«* Ein andermal schrieb er: *»Wir stehen kurz vor Paris. Der Krieg wird wohl bald vorbei sein.«* Es sollte noch vier Wochen dauern, bis Leopold wieder zu Hause war.

Im Januar überschlugen sich die Ereignisse. Das *Ostpreußische Tageblatt* berichtete: »Am 15. Januar 1871 besetzten nach wochenlanger Belagerung die preußischen Truppen Paris unter dem Befehl von General Dietrich von Choltitz. Die Franzosen sind vernichtend geschlagen. Wie wir soeben aus höchsten Kreisen erfahren, wird König Wilhelm I. in Anwesenheit zahlreicher Fürstlichkeiten am 18. dieses Monats im Spiegelsaal von Versailles zum Kaiser gekrönt.«

»Donnerwetter«, rief Hanno, »dann scheint Bismarck Ludwig II. und unseren Wilhelm ja überzeugt zu haben. Doll finde ich das, einfach doll!«

Einige Tage danach, Carla kam etwas verspätet zum Frühstück, rief Hanno aufgeregt: »Komm, setz dich, mein Mädchen. Unser Wilhelm ist Kaiser. Die Zeitung berichtet heute ganz groß über die Krönung. Ich werde dir vorlesen.«

Nicht nur Carla, sondern auch Franz, der unbeweglich an der Anrichte stand, hörte gespannt zu. *»Am 18. Januar 1871 um Punkt zwölf Uhr verließ König Wilhelm I. in einer einfachen Kutsche die Präfektur in Paris, um sich nach Versailles zu begeben. Vor dem Schloss empfing ihn die 1. Kompanie der Königsgrenadiere. Nachdem er die Ehrenkompanie abgeschritten hatte, empfing ihn der Kronprinz, und in Begleitung der anwesenden Fürstlichkeiten betrat er den berühmten Spiegelsaal des Schlosses. Dort waren bereits die Oberbefehlshaber, Generäle, Offiziere aus allen Waffengattungen – es waren mehr als fünfhundert – und zahlreiche hohe Beamte versammelt.«*

»Bestimmt ist Leopold auch dabei«, rief Carla.

»Na hoffentlich«, sagte Hanno, »dann wird er uns sicher viel zu erzählen haben.« Er las weiter. *»Ein militärischer Chor sang* Jauchzet dem Herrn alle Welt. *Um den Altar am*

Ende des Saales, der mit der roten Decke der 1. Garde-Infanterie-Division bedeckt war, waren Fahnen und Standarten aller kämpfenden Truppen aufgestellt. Nach dem Gottesdienst stellte der König sich inmitten der Fürstlichkeiten auf und hielt vor diesen eine Ansprache. Danach verlas Kanzler Bismarck eine Proklamation an das deutsche Volk, in der er seine Freude zum Ausdruck brachte, dass sich nun nach fünfundsechzig Jahren Kampf die Sehnsucht des deutschen Volkes nach Einheit erfüllt habe. Die Rede ist auf der folgenden Seite abgedruckt. Den Akt der Ausrufung vollzog der Schwager des Königs, Friedrich Großherzog von Baden. ›Seine kaiserliche und königliche Majestät leben hoch, hoch, hoch‹, rief er, und der ganze Saal fiel begeistert in die Hochrufe ein. Danach beugte der Kronprinz die Knie vor dem Kaiser, um ihm die Hand zu küssen. Der aber zog ihn an seine Brust und küsste ihn tief bewegt auf beide Wangen. Nachdem der Kaiser die Glückwünsche der Fürstlichkeiten entgegengenommen hatte, defilierten die Offiziere und Beamten an ihm vorbei. Dann verließ er unter den Klängen des Hohenfriedberger Marsches *die Versammlung.* Doll, wirklich doll«, rief Hanno erneut, nachdem er zu Ende gelesen hatte.

Wie jedes Jahr versank das Land im Schnee. Es war klirrend kalt. Carla fuhr immer noch jede Woche nach Troyenfeld, um Feodora zu besuchen. Sie nahm jetzt den Pferdeschlitten. Reiten war bei den verschneiten Wegen zu gefährlich. Leopold wurde nun täglich zurückerwartet. Er hatte an Natascha depeschiert, dass es ihm gut gehe und er nach der Krönung direkt nach Hause reisen würde.

Am Wochenende war Horst Kölichen mit seiner Frau Lieselotte von Insterburg nach Buchenhain herübergekommen.

»Sie fressen uns zwar die Haare vom Kopf«, sagte Carla, als sie mit Hanno allein war, »aber sie sind wirklich unterhaltsam.«

»Du hast ja recht.« Hanno musste lachten. »Sie sind beide wahrlich gute Esser.«

»Ich habe ja gar nichts dagegen, sollen sie doch essen, so viel sie wollen. Das ist ja hier so üblich. Aber nach dem zwanzigsten Ei morgens und dem fünfzehnten Königsberger Klops zum Mittag habe ich immer die schlimmsten Befürchtungen, dass Horst irgendwann einmal platzt. Und auch Lieselotte ist stark gefährdet. Stell dir bloß mal diese Sauerei vor.«

»Das wollen wir doch nicht hoffen.« Hanno war immer noch amüsiert. »Erstens ist er mein Anwalt, und ich brauche ihn noch, und zweitens ist es immer so lustig mit ihnen. Die Verdauungsschnäpse haben bisher ja das Schlimmste verhindert.«

Nachdem er zum Mittagessen wieder Unmengen verdrückt hatte, erzählte Horst Kölichen den anderen eine Geschichte aus seiner Kanzlei. »Vor ein paar Tagen war eine Frau mittleren Alters bei mir.

›Ik will mir scheiden lassen, Herr Anwalt‹, sagte sie.

›Warum?‹, frage ich. ›Gibt Ihr Mann Ihnen nicht genug Wirtschaftsgeld?‹

›Doch, doch, is jenuch.‹

›Ja schlägt er Sie denn?‹, frage ich weiter.

›Nu nee, man nich doch‹, sagt sie empört.

›Und was ist mit der Liebe?‹

›Da kann ik och nich klagen.‹

Darauf ich: ›Also dann hapert's wohl an der Treue?‹« Er musste so lachen, dass er kaum weitersprechen konnte.

»›Da, Herr Anwalt, kriegen Se ihn! Dat fünfte Kind is nich von ihm.‹« Nun brachen alle in schallendes Gelächter aus.

»Nein, diese Ostpreußen, und dieser Dialekt. Ich kann mich immer wieder totlachen«, sagte Lieselotte. »Stellt euch vor. Gestern wollte ich bei Pakuschke im Fischgeschäft einkaufen. Der Laden war geschlossen, und vor der Tür stand ein großes Pappschild, auf dem stand *Keine Fische sind nicht mehr*. Ist das nicht zum Schreien?«

Die vier saßen in der Bibliothek beim Whist, als Franz leise klopfte und auf einem silbernen Tablett eine Nachricht brachte.

»Sie ist von Leopold«, sagte Hanno. »Er ist gerade angekommen und erwartet uns morgen zum Mittagessen. Ihr kommt natürlich mit.« Er sah Horst und Lieselotte fragend an. »Es interessiert euch doch sicher, was Leopold von der Krönung zu berichten hat.«

»Nichts mehr als das«, rief sein Freund begeistert. »Mit Sicherheit hat er viel zu erzählen.«

Nach einem ausgiebigen Frühstück am nächsten Morgen – Carla hatte beim einundzwanzigsten Ei und dem siebten Leberwurstbrot, das in Horsts Magen verschwand, aufgegeben zu zählen – bestiegen sie gut gelaunt den Schlitten. Es war wieder klirrend kalt. Das Thermometer zeigte 25 Grad minus. Mit Pelzmänteln und -mützen und eingepackt in Felldecken ging die Fahrt los. Es war ein strahlender Wintertag. Die Sonne schien von einem wolkenlosen Himmel und ließ die verschneite Landschaft wie Millionen Kristalle glitzern. Es herrschte eine lautlose Stille, als hätte der Schnee alles Leben erstickt. Die kleinen Gehöfte, sonst umgeben von grünen Weiden und schattigen Pferdekoppeln schienen einen Winterschlaf zu halten, zugedeckt mit einem großen weißen Tuch. Kurt saß mit Elfriede auf dem Kutschbock. Während die Herrschaften zu Mittag speisten, wollten die beiden Elfriedes Geschwister besuchen. Später sollte Emma dazukommen, und so würde Carla Dinge erfahren, die sie sonst nicht zu hören bekäme. Eingeklemmt zwischen seinen Eltern saß Fritzchen, stocksteif und mit starrem Blick geradeaus. Gestern hatte es zu Hause einen riesigen Krach gegeben. Als Fritzchen aus der Schule kam, hatte sein Vater ihn gefragt, ob der Lehrer jetzt mit ihm zufrieden sei und er sich denn besser benehmen würde.

»Ja, Vatche«, hatte Fritz geantwortet, »der Lehrer meint, wenn alle so wären wie ich, dann könnt er die Schul gleich zumachen.«

Daraufhin bekam er von Kurt eine Ohrfeige. »Hast wohl schon wieder wat anjestellt, du Rabauke«, brüllte er. »Nuscht nich is mit Besuch bei Ohmche am Sonntag.«

Angelockt von dem Geschrei war Elfriede herbeigeeilt und hatte versucht zu vermitteln.

Doch Kurt war zu wütend. »Ich kutschiere die Herrschaften. Wat is, wenn der Jung sich wieder danebenbenimmt?«

»Aber Ohmche freut sich doch so.«

»Nee nuscht nich!«, hatte Kurt gerufen und war in die Remise gegangen, um das silberne Zaumzeug auf Hochglanz zu polieren.

Fritzchen heulte Rotz und Wasser. »Ik will aber zu mein Ohmche.«

»Nu hör mal gut zu«, versuchte Elfriede ihn zu beruhigen. »Ik werd heut Abend noch mal mit Vatche reden. Aber du weißt, der Herr Baron kann janz schön booßig werden, wenn du dir nich benimmst. Der schmeißt dir jlatt vom Schlitten innen Schnee und lässt dir da erfrieren.«

Fritzchen hatte sie entsetzt angesehen. Er zweifelte keinen Moment an ihren Worten.

»Da kann Vatche och nuscht nix machen, der muss weiterfahren. Und wenn wir abends wieder vorbeikommen, liegste da wie'n steif gefrorenet totet Kaninchen. Also wirste dir nu benehmen?«

»Ja, Muttche, ik will janz brav sein.«

Und nun saß er da und wagte nicht, sich zu bewegen. Erfrieren, nein, das wollte er ja nu man auf keinen Fall, und wie ein totes Kaninchen sein schon man gar nicht.

»Mein Gott, ist das schön!«, unterbrach Lieselotte die Stille. »Nun lebe ich schon so lange in Ostpreußen, und jedes Mal, wenn ich über Land fahre, egal zu welcher Jahreszeit, bin ich überwältigt von der Schönheit der Landschaft.«

»Ja, ja, mein Lottchen.« Horst Kölichen tätschelte seiner Frau liebevoll die roten Bäckchen. »Mein Berliner Pflänzchen wollte ja man erst gar nicht in die Provinz.«

»Nee, wirklich nicht«, erwiderte sie lachend. »Eigentlich weiß ich bis heute nicht, wie du mich rumgekriegt hast.«

»Er ist doch ein stattlicher Mann, dein Horst«, sagte Hanno grinsend.

»Wenn du mit stattlich dick meinst, dann hast du recht.« Lieselotte zwinkerte Hanno zu.

»Hoho«, rief Kölichen. »Die Gazelle, die ich mal geheiratet habe, bist du ja man auch nicht mehr.«

Lieselotte war überhaupt nicht beleidigt. Ihr rundes Gesichtchen strahlte. »Ich habe mich dir nur angepasst, mein Dickerchen, und das mit großem Vergnügen.«

Während die beiden sich liebevoll weiterneckten, hingen Hanno und Carla ihren Gedanken nach. Carla freute sich darauf, gleich ihren Bruder wieder in die Arme zu schließen.

Und Hanno dachte amüsiert daran, wie sehr er vor siebenundzwanzig Jahren, als er noch Junggeselle war, Horst um seine schöne, elegante Berliner Braut beneidet hatte. Sie war nicht sehr groß gewesen, aber gertenschlank. Nur im Laufe der Jahre war sie leider eine kleine Tonne geworden.

In der Ferne tauchte jetzt Schloss Troyenfeld auf, und Carla begann bereits aufgeregt, sich aus der Felldecke zu schälen. Kaum hatte der Schlitten angehalten, sprang sie leichtfüßig heraus und rannte die Freitreppe hinauf zu ihrem Bruder, der ihr mit ausgebreiteten Armen entgegenkam.

Natascha erwartete sie im kleinen Salon, auf dem Arm hatte sie Feodora. Sie sah in ihrem Kleid mit der Tournüre von Charles Worth hinreißend aus. Neben der kleinen, dicken Lieselotte Kölichen, die in ihrem schweren, weiten Rock und dem Umhang um die Schultern einem Kaffeewärmer ähnelte, wirkte Natascha wie eine moderne Statue. Auch Carla empfand ihre Krinoline plötzlich als ungeheuer altmodisch. Hin und wieder hatte sie in der Zeitschrift *Gartenlaube* das Modell, das Natascha trug, an einer Pariser Schönheit gesehen und es eigentlich scheußlich gefunden. Aber nun, als sie ihre Schwägerin darin sah, fand sie es plötzlich umwerfend.

Als Feodora ihre Tante erblickte, streckte sie ihre kleinen Ärmchen nach ihr aus.

»Komm her, mein Liebling«, rief Carla und nahm sie ihrer Mutter ab.

»Sie war direkt erleichtert, das Kind los zu sein, ist dir das gar nicht aufgefallen?«, fragte sie Hanno am Abend.

»Manchmal glaube ich, du spinnst«, meinte der nur. »Davon habe ich nun wirklich nichts bemerkt.«

Nachdem Feodora von allen bewundert worden war, wurde sie von der Amme abgeholt, und man begab sich zu Tisch. Das Mittagessen verlief harmonisch. Auch Natascha trug ihren Teil dazu bei. Als Horst sie nach ihrem Leben in St. Petersburg fragte, gab sie bereitwillig Auskunft und erzählte von ihrem Vater, der entgegen allen Konventionen lebte. »Er ist ein bisschen verrückt«, sagte sie lächelnd, »aber ich liebe ihn sehr.«

»Und wie sehr musst du erst Leopold lieben«, sagte Lieselotte, die keine Ahnung von den häuslichen Spannungen hatte. »Wenn du seinetwegen nach Ostpreußen gekommen bist. Mein Horst hat sich ganz schön was einfallen lassen, um mich von Berlin herzulocken. Wie gefällt es dir denn überhaupt hier?«

Carla hörte auf zu essen. Für einen Moment herrschte Totenstille.

Natascha schien eine Spur blasser geworden zu sein, als sie ruhig antwortete: »Es ist ein wenig einsam. Aber jetzt ist Leopold ja zurück. Dann wird es sicher erträglicher.«

Carlas und Leopolds Blicke streiften sich kurz, und schon wurde die zwanglose Unterhaltung fortgesetzt.

Das Essen war hervorragend. Emma hatte sich mit ihrer Kochkunst wieder selbst übertroffen. Nach einer köstlichen Suppe gab es Schleie in Dill, dann Kalbsbraten und verschiedene Sorten Wild mit diversen Beilagen und zum Nachtisch Apfeltörtchen. Als Horst sich auch noch das letzte auf der Kuchenplatte verbliebene Stück in den Mund schob, sagte Lieselotte: »Ich hoffe, du hast dein Bullrich-Salz dabei, mein Schatz. Sonst wird das ja mal wieder eine heitere Nacht.«

»Keine Sorge, Lieselotte, davon haben wir reichlich im Haus«, beruhigte Hanno sie und wandte sich dann an Horst. »Iss nur, man sieht dir an, dass es dir schmeckt.«

Carla rollte nur die Augen.

Zur Feier des Tages hatte Leopold einige Flaschen Château Lafite-Rothschild dekantieren lassen. Troyenfeld verfügte über einen exzellenten Weinkeller. Hanno hatte sein Glas erhoben. »Ein Prosit darauf, dass wir den Krieg gewonnen und vor allem dich, meinen lieben Schwager, gesund und unversehrt wieder bei uns haben.«

Alle erhoben ihre Gläser und riefen laut »Prosit«.

Die Unterhaltung wurde immer lebhafter. Leopold wollte wissen, wie die Ernte ausgefallen sei, da er noch keine Gelegenheit hatte, mit seinem Verwalter zu sprechen, und Kölichen berichtete Klatsch aus Insterburg und Umgebung.

»Wir sind alle wahnsinnig gespannt auf deinen Bericht über die Krönung«, sagte Hanno plötzlich zu Leopold. »Vor allem Horst kann es kaum erwarten, davon zu hören.«

»Einiges wisst ihr ja schon aus den Zeitungen«, setzte Leopold an. »Aber was so hinter den Kulissen passiert ist, darüber kann ich euch natürlich einiges berichten.«

Natascha hatte inzwischen die Tafel aufgehoben, und man begab sich in die Bibliothek, wo Alfons für die Herren Cognac und diverse Schnäpse und für die Damen Liköre, Kaffee und Gebäck servierte. Nachdem die Männer ihre Zigarren angesteckt hatten – eine schrecklich umständliche Prozedur, wie Carla fand –, begann Leopold zu erzählen. »Am Abend vor der Krönung herrschte noch völlige Unklarheit, ob diese überhaupt stattfinden würde. Das war eine Aufregung in der Präfektur, kann ich euch sagen.«

»Was war denn los?«, fragte Horst.

»Wilhelm weigerte sich immer noch, sich zum Kaiser krönen zu lassen.«

»Aber warum denn?« Alle sahen Leopold sprachlos an.

»Er wollte nicht den Titel ›Kaiser von Deutschland‹ tragen, aber auch nicht ›Deutscher Kaiser‹ genannt werden. Er meinte, das würden einige deutsche Fürstlichkeiten als Eingriff in ihre Reichsherrlichkeit sehen.« Leopold musste lachen. »Der arme Bismarck. Er hat mit Engelszungen auf Wilhelm eingeredet, sogar in Tränen ist er ausgebrochen.«

»Das tut er doch immer«, warf Hanno ein.

»Jedenfalls hat sich Bismarck dann in den Morgenstunden mit dem Großherzog von Baden besprochen, ihr wisst, er ist Wilhelms Schwager und hat wohl großen Einfluss auf ihn. Der hat ihn jedenfalls dann endlich überredet.« Leopold nahm einen tiefen Zug von seiner Zigarre. »Der Herzog musste den Akt der Ausrufung vollziehen.«

»Und wie hat er Wilhelm denn nun bei der Ausrufung tituliert?«, fragte Hanno.

»Er hat sich genial aus der Affäre gezogen, sage ich euch. Einfach genial. ›Seine kaiserliche und königliche Majestät lebe hoch, hoch, hoch‹, hat er gerufen, und wir sind alle eingestimmt.«

»Doll«, meinte Hanno. »Wirklich doll.«

»Aber stellt euch vor«, fuhr Leopold fort, »nach der Proklamation ist der Kaiser, ohne Bismarck eines Blickes zu würdigen, zu Moltke gegangen und hat ihm gedankt. Kein Wort der Anerkennung für den Kanzler. Eigentlich ein Affront!«

»Und wie hat Bismarck das aufgenommen?«, fragte Horst Kölichen.

»Er hat es ignoriert. Ich glaube, dass er einfach heilfroh war, dass sein Lebenstraum endlich in Erfüllung gegangen ist: die Gründung des Zweiten Deutschen Reiches. Alles andere war ihm egal.«

Alfons legte Feuerholz nach, dann erzählte Leopold weiter. »Nach der Krönungszeremonie marschierten wir – es waren wohl fünfhundert Offiziere – im Gefolge des neuen Kaisers und Bismarcks durch den Arc de Triomphe die Champs-Élysées hinunter. Alle Geschäfte waren geschlossen, und keine Menschenseele war zu sehen, und auf dem Place de la Concorde waren alle Statuen mit schwarzen Tüchern verhüllt.«

»Das klingt ja geradezu gespenstisch«, sagte Carla.

»Das war es auch. Mich hat gefröstelt und meine Kameraden auch.«

»Welchen Titel trägt denn nun offiziell unser neuer Kaiser?«, fragte Horst. »›Deutscher Kaiser‹ oder ›Kaiser von Deutschland‹?«

»Ich habe keine Ahnung. Onkel Edwin hat das Bismarck auch gefragt, und wisst ihr, was der geantwortet hat?« Leopold musste lachen. »›Wenn ich wüsste, was Wurst auf Latein heißt, würde ich jetzt auf Latein sagen: Ich wüsste nicht, was mir wurster wäre!‹«

Nun herrschte allgemeine Heiterkeit. Alle prosteten sich ausgelassen zu, und Hanno rief immer wieder: »Ein Teufelskerl dieser Bismarck. Doll, wirklich doll.«

Es begann, dunkel zu werden, und Carla drängte zum Aufbruch. »Das Thermometer ist heute Morgen gefallen. Es soll am Abend noch Schnee geben.«

»Es ist doch so gemütlich«, meinte Lieselotte, die bereits einen ordentlichen Schwips hatte, und Horst und Hanno wollten noch mehr über Paris und die Krönung hören. Aber Carla hatte Alfons bereits gebeten, den Schlitten anspannen zu lassen, und so verabschiedete man sich mit Umarmungen und Schulterklopfen sowie der Versicherung, einander möglichst bald wiederzusehen.

Als der Besuch den Schlitten bestieg, war es vollständig dunkel geworden. Es hatte zu schneien begonnen, und ein eisiger Ostwind trieb ihnen die Flocken in die Augen. In wenigen Minuten waren die Gesichter steif gefroren, und an eine Unterhaltung war nicht mehr zu denken. Es dauerte nicht lange, und Horst Kölichen und seine Frau begannen, um die Wette zu schnarchen.

»Wenn ich jemals in Gegenwart anderer solche Geräusche von mir gebe, darfst du mich erschlagen«, flüsterte Carla Hanno zu.

»Dann müsstest du ja erst mal so dick werden«, flüsterte er zurück, »aber das werde ich nicht zulassen.«

»Der Wind is mächtig aasig«, rief Kurt über die Schulter nach hinten. »Halten Se Ihnen wat vors Jesicht. Könnte sonst Erfrierungen jeben.«

Das Pfeifen des Windes übertönte bald die sägenden Geräusche, die die Kölichens von sich gaben, und aus den nahe gelegenen Wäldern drang das Heulen hungriger Wölfe. Carla drückte sich fest an Hanno. Unheimlich war das, geradezu beängstigend.

»Keine Angst, mein Mädchen. Kurt hat seine Flinte dabei. Es kann nichts passieren«, beruhigte Hanno sie.

Steif gefroren und mit Schnee bedeckt kamen sie endlich in Buchenhain an.

»Lasst uns die nassen Sachen ausziehen und noch einen Nachttrunk nehmen«, schlug Hanno vor, nachdem sie sich aus den Felldecken geschält und vom Schnee befreit hatten.

»Ja«, rief Horst Kölichen, »ein Schlubberchen heißer Grog kann jetzt nicht schaden.«

In der Bibliothek war es angenehm warm. Franz hatte den ganzen Nachmittag tüchtig eingeheizt. Auf einem Tisch standen eine Kanne dampfender Grog und eine Platte mit Wurst, Schinken, Pastete, Käse und Brot.

»Also, die ostpreußischen Winter sind wirklich eine harte Prüfung für mich«, sagte Lieselotte, die sich die klammen Finger über dem Feuer wärmte, um gleich darauf nach einem Wurstbrot zu greifen. »So eine Kälte ist man in Berlin nicht gewohnt. Aber so eine gute Leberwurst auch nicht«, fügte sie kichernd hinzu.

»Bis jetzt hast du das ja ganz gut überstanden, mein Lottchen«, erwiderte ihr Mann lachend. »Nichts schützt besser gegen die Kälte als ein bisschen Speck auf den Rippen.«

»Wisst ihr, was mir kürzlich passiert ist?«, redete Lieselotte weiter. »Letzte Woche wollte ich mit dem Zug nach Gumbinnen zu meiner Schneiderin. Als ich einstieg, war das Fenster offen. Also sage ich zu dem Mann mir gegenüber: ›Würden Sie bitte so freundlich sein und das Fenster schließen? Draußen ist es so kalt.‹ Darauf sagt er zu mir: ›Denken Se, Madamchen, dat es draußen wärmer wird, wenn ich es zumache?‹«

Alle brachen in schallendes Gelächter aus, und auch Franz, der gerade neuen heißen Grog servierte, konnte sich ein Lächeln nicht verkneifen. Doch sofort wurde er wieder ernst. »Wann wünschen die Herrschaften morgen zu frühstücken«, fragte er. »Die Mamsell würde es gern wissen.«

Hanno blickte seinen Freund fragend an.

»Um sieben Uhr, Franz«, sagte Horst Kölichen. »Wir müssen früh los. Ich habe dringende Termine.«

»Verzeiht ihr mir, wenn nur Hanno euch Gesellschaft leistet und ich ein wenig ausschlafe?«, fragte Carla. Sie wartete jedoch die Antwort gar nicht erst ab. »Franz, bitte schicken Sie gegen acht Elfriede zu mir. Ich möchte den Wochenplan mit ihr besprechen.«

Hanno warf ihr einen strafenden Blick zu. Er wusste genau, was sie von Elfriede wollte!

Der Abend endete weit nach Mitternacht, und sogar Carla war leicht beschwipst von den zahlreichen Gläsern Grog.

Am nächsten Morgen stand Elfriede mit einer großen Tasse dampfendem Kaffee vor Carlas Bett. »Ik sollte dir um achte wecken. Dachte, dat könnte dir juttun. Franz hat schon jesacht, et war feuchtfröhlich jestern Abend.«

»Das kann man wohl sagen.« Carla gähnte herzhaft und rieb sich die Augen. »Ich bin noch ganz benusselt von dem vielen Grog. Diese Kölichens können vielleicht saufen und fressen!«

»Dat kannste wohl sagen. Lischen serviert ihnen jerade die dritte Portion Eier mit Speck.« Elfriede hatte sich auf dem Bettrand niedergelassen. »Du willst natürlich wissen, wat Muttchen so berichtet hat.«

Carla nickte. »Also et jibt nüscht Besonderes nich. Keene jetrennten Betten und so …«

»Aha.« Mehr fiel Carla dazu nicht ein.

»Sie haben och nich jestritten, richtig nett isse zum Leopold jewesen, die Jnädije. Als er kam, hat se ihn erst mal feste umarmt und och später, hat Alfons jesacht.«

»So, so.« Carla nahm einen Schluck von ihrem heißen Kaffee. Sie wusste nicht, was sie dazu sagen sollte. Vielleicht hatte sie tatsächlich alles zu schwarz gesehen, wie Hanno immer meinte. »Lass mich sofort wissen, wenn sich an der neuen Idylle etwas ändert«, sagte sie nur. »Und schick mir Lischen, sie soll mir beim Ankleiden helfen.«

Mit Macht brach der Frühling über das Land herein. In wenigen Tagen schmolz der Schnee, weichte Felder und Wege auf und ließ die Überlandfahrten zu einem einzigen Abenteuer werden. Die Vögel kamen in Scharen zurück, und überall roch es nach Frühling. Die kleinen Gehöfte erwachten aus ihrem Winterschlaf, bald herrschte wieder Leben auf den Koppeln und Weiden, und die täglich wärmer werdende Sonne machte kurz darauf das Beheizen der zahlreichen Kamine überflüssig. Carla und Hanno frühstückten seit einigen Tagen wieder im Pavillon, über den die gewaltige Buche bereits die ersten Schatten warf.

»Stell dir vor.« Hanno unterbrach seine Zeitungslektüre. »Unser Kaiser Wilhelm hat verfügt, dass bis auf ihn und den Kronprinzen alle Familienangehörigen nicht mit kaiserliche, sondern weiterhin mit königliche Hoheit angesprochen werden müssen und lediglich den Titel Prinz und Prinzessin von Preußen und nicht von Deutschland tragen.«

»Wie ich Bismarck kenne, wird ihm das mal wieder völlig wurst sein«, erwiderte Carla lachend. »Genauso wie mir. Seinen Kaiser hat er ja nun.«

Hanno vertiefte sich wieder in seine Zeitung. Plötzlich rief er: »Das ist ja doll, dieser Bismarck ist wirklich ein Teufelskerl.«

»Was hat er denn nun wieder Fabelhaftes gemacht?« Carla liebte es gar nicht, wenn sie ständig bei der Lektüre der *Gartenlaube*, ihrer Lieblingszeitschrift, gestört wurde.

»Er hat tatsächlich erreicht, dass Frankreich Elsaß-Lothringen an uns abtreten und außerdem fünf Milliarden Franc Kriegsentschädigung an uns zahlen muss. Der Mann ist wirklich ein Segen für Deutschland.«

»Da hast du wohl recht«, sagte Carla, der das eigentlich völlig egal war. Im Moment interessierte sie es mehr, wie es in *Goldelse*, Eugenie Marlitts neuem Fortsetzungsroman, weiterging.

Aus Troyenfeld kamen keine beunruhigenden Nachrichten, und Hanno hatte seine Frau überredet, ihre regelmäßigen Kontrollbesuche, wie er es nannte, etwas einzuschränken. »Leopold ist ja jetzt da und wird schon dafür sorgen, dass es Feodora nicht an der nötigen Zuwendung fehlt«, versuchte er Carla zu beruhigen.

»Du hast ja recht. Ich werde mich zurückhalten, auch wenn es mir schwerfällt. Es ist schließlich ihr Leben und nicht meins.« Carla hatte sich letztlich gefügt.

Es war vier Wochen vor Feodoras erstem Geburtstag. Carla war für ein paar Tage nach Königsberg zu ihrer Freundin Irina gefahren. Bei Juwelier Gürtler lag Feodoras Geburtstagsgeschenk: ein silberner Serviettenring mit Gravur. Außerdem wollte sie sich endlich ein Kleid mit einer Tournüre anfertigen lassen. *»Es gibt hier eine junge Couturiere, Madame Yvette«* hatte Irina ihr geschrieben. *»Sie kopiert fabelhaft alle Pariser Modelle, vor allem die von Charles Worth. Aber sie ist nicht gerade billig. Dein Nadelgeld wird höchstens für einen Ärmel reichen.«* Also hatte Carla Hanno gefragt. Das war für sie selbstverständlich, wenn sie eine größere Summe ausgeben wollte. »So, so, du kannst deine Schwägerin zwar nicht ausstehen, aber ihre Kleider scheinen dir ja zu gefallen«, hatte Hanno sie geneckt. »Kauf dir, was du willst, mein Mädchen. Mir gefallen sie nämlich auch. Und die Figur dafür hast du dir ja Gott sei Dank erhalten.«

Drei sündhaft teure Modelle hatte Carla bestellt: eins aus mauvefarbenem Taft mit langen Ärmeln, einer kleinen Schleppe und, wie sie fand, einem geradezu verwegenen Dekolleté, dann ein Reitkostüm aus grünem Flanell und ein resedafarbenes Voilekleid.

»Ist es möglich, dass das Voilekleid in vier Wochen fertig ist? Ich hätte es gern zum Geburtstag meiner Nichte auf Troyenfeld?«, fragte sie Madame Yvette.

»Kein Problem«, sagte die Couturiere zuvorkommend. »Der Stoff ist vorrätig, und die Materialien für einige Bestellungen meiner Kundinnen sind noch nicht eingetroffen. In zwei Wochen können Sie zur ersten Anprobe kommen.«

Madame Yvette nahm aufwendig Maß. »Ich werde eine Büste nach diesen Maßen anfertigen«, schlug die Schneiderin vor. »Dann brauchen wir in Zukunft nur noch eine Anprobe bei der Abholung. Monsieur Worth macht das auch so.«

»Ich weiß. Meine Schwägerin, die Gräfin von Troyenfeld, kauft nur bei Worth in Paris ein«, sagte Carla unbeeindruckt. »Er fertigt alles auf ihrer Büste an.«

»Die Frau Baronin darf allerdings ihre Figur nicht verändern«, sagte Madame Yvette streng. »Leider geschieht das doch sehr häufig.«

»Keine Sorge, das wird mir nicht passieren.« Carla lachte, und Irina sagte: »Der Baron hasst dicke Frauen.«

Aber es passierte etwas anderes, das die aufwendige Anfertigung der Büste überflüssig machen sollte.

»Seine Exzellenz erwarten Frau Baronin in der Bibliothek«, sagte Franz, als Carla erhitzt von der Fahrt aus Königsberg – es war heute ein besonders heißer Tag – in Buchenhain ankam.

»In der Bibliothek, bei diesem herrlichen Wetter?«

»Seine Exzellenz haben anscheinend wichtige Post bekommen.«

Post, das kann nicht aus Troyenfeld sein, dachte Carla erleichtert. »Sagen Sie meinem Mann, ich werde mich etwas frisch machen und ihn dann zum Abendbrot im Pavillon sehen.«

»Nein, Frau Baronin, Seine Exzellenz erwarten Sie umgehend.«

»Du wolltest mich sofort sehen, sagte mir Franz. Du hast wichtige Post bekommen? Was ist passiert?«

Hanno saß hinter seinem Schreibtisch. Zu seinen Füßen lag Willi, der sie schwanzwedelnd begrüßte. Hanno hatte verschiedene Papiere vor sich ausgebreitet. »Setz dich bitte«, sagte er ernst. »Ich habe etwas mit dir zu besprechen. Es ist wichtig.«

»Bist du etwa krank?« Carla sank mit zitternden Knien in einen Sessel.

Hanno musste schallend lachen. »Nein, im Gegenteil. Ich bin voller Tatendrang, fühle mich besser denn je.«

»Ja, was ist denn los.« Sie atmete erleichtert auf. »Hat die Post dich so munter gemacht?«

»Der Brief ist von der Reichskanzlei.« Er holte tief Luft. »Wir werden für einige Jahre nach Neuseeland gehen.«

»Neuseeland? Wo liegt denn das, ist es weit weg?« Von einem Land dieses Namens hatte sie noch nie gehört.

Hanno begann, den großen Globus auf seinem Schreibtisch zu drehen. »Komm her, ich zeige dir, wo Neuseeland liegt.«

»Das ist ja am anderen Ende der Welt«, flüsterte Carla entsetzt. »Was willst du denn um Himmels willen da?«

Wie durch eine Nebelwand drang seine Stimme an ihr Ohr. »Das Deutsche Reich errichtet dort mehrere Konsulate. Ich soll eines davon übernehmen. Du wirst sehen, ein Abenteuer wird das sein. Eine neue Herausforderung. Ich habe das Nichtstun gründlich satt.«

»Aber Buchenhain …« Ihre Stimme war nur noch ein Flüstern. »… und Feda …«

»Immer Feda, Feda«, brüllte Hanno los. »Sie hat Eltern, hast du das immer noch nicht begriffen?« Er ging jetzt erregt auf und ab. »Und Buchenhain wird von Schröder bestens verwaltet. Das hast du ja wohl auch bemerkt.« Er war wütend. So sehr hatte er gehofft, dass seine Frau über diese aufregende Wendung in ihrem Leben genauso begeistert sein würde wie er. »Mein Entschluss steht fest. Ich werde das Angebot annehmen.«

Carla hatte sich erhoben. Sie schwankte leicht. *Nur nicht ohnmächtig werden*, dachte sie verzweifelt. Dann sagte sie mit fester Stimme: »Wann werden wir reisen?«

»In etwa zwei bis drei Monaten.« Hanno klang schon versöhnlicher. »Es ist ja nur für ein paar Jahre, mein Mädchen. Unseren Lebensabend werden wir mit Sicherheit in Ostpreußen verbringen.« Niemand konnte ahnen, dass er Buchenhain niemals wiedersehen sollte.

Die nächsten Wochen waren erfüllt mit Reisevorbereitungen. Carla wusste nicht viel über das Land, in dem sie die nächsten Jahre leben würden. Unzivilisierte, rivalisierende Stämme sollte es dort geben. »Mit so merkwürdigen Namen wie Maori oder so ähnlich«, erzählte sie Elfriede entsetzt. Sie hatte die schlimmsten Befürchtungen, ihr zukünftiges Leben unter lauter Wilden verbringen zu müssen. »Die bei Madame Yvette bestellen Pariser Modelle kann ich ja wohl Irina vermachen«, bemerkte sie spitz zu Hanno, dessen Begeisterung von Tag zu Tag zunahm, während ihre Stimmung sich keineswegs besserte. »Und was ist da überhaupt für ein Wetter? Vielleicht brauchen wir ja nur Lendenschurze.«

Hanno stand jetzt in ständigem Kontakt mit Berlin. »Das Konsulat ist in Dunedin, der Hauptstadt des Landes«, beruhigte er sie. »Es gibt dort bereits eine Universität. Sogar Frauen sind zugelassen. Also ganz so unzivilisiert kann es ja wohl nicht sein.« Dass die Straßen verdreckt und stinkend waren, verschwieg er ihr wohlweislich. »Das Klima soll mild sein, nie sehr heiß, im Sommer ganz selten über 30 Grad. Und die Winter sind auch mild, kaum Frost und Schnee. Mikroklima nennt man das. Also deine Pelze, Stiefel und Mützen kannst du unbesorgt einmotten, bis wir wiederkommen.« Hanno lächelte sie an. »Es erscheint auch täglich eine Zeitung, die *Otago Daily Times*, allerdings auf Englisch. Ich werde meine Sprachkenntnisse auffrischen müssen, und auch du solltest Englisch lernen.«

In aller Eile wurde ein Sprachlehrer engagiert, Herr Krüger aus Königsberg, der nun einige Stunden täglich mit Carla Vokabeln paukte, sodass ihr am Abend der Kopf rauchte. Herr Krüger bestand darauf, bei den gemeinsamen Mahlzeiten Englisch zu sprechen, was Franz komplett aus der Fassung brachte, konnte er doch nun in der Küche kaum noch erzählen, was es Neues gab. Nicht nur das Leben seiner Herrschaft, auch seins sollte sich in Zukunft grundlegend verändern. Kürzlich hatte Hanno ihn zu sich gebeten. »Wie lange sind Sie jetzt bei mir, Franz?«

»Es fehlt nicht mehr viel, dann sind es vierzig Jahre, Exzellenz.«

»Und wie alt sind Sie?«

»Ich gehe auf die siebzig.«

»Sie wissen, meine Frau und ich gehen für einige Jahre ins Ausland.«

»Jawohl, Exzellenz, das ist mir bekannt.«

»Nun, ich fürchte, die Reise und die damit verbundenen Strapazen werden für Sie zu beschwerlich sein. Es ist auch noch völlig offen, wann wir zurückkommen.« Hanno reichte seinem Diener ein Kuvert. »Das sind Ihr Zeugnis und eine Verfügung über ein Legat. Es sichert Ihnen ein Auskommen bis an Ihr Lebensende.« Hanno lächelte freundlich. »Was hoffentlich noch in weiter Ferne ist.«

Franz standen Tränen in den Augen. »Danke, Exzellenz, ergebensten Dank.«

»Was werden Sie nach unserer Abreise tun?«

»Ich werde zu meiner Schwester nach Kermuschienen ziehen, wo ich geboren bin. Sie ist Witwe und lebt schon lange allein. Sie wird froh sein, wenn ich komme.«

»Das freut mich für Sie, Franz, und seien Sie versichert: Meine Frau und ich werden Sie sehr vermissen.«

Heute war Feodoras erster Geburtstag. »Du siehst reizend aus in deinem neuen Kleid von dieser Madame Yvette«, sagte Hanno zu Carla, als sie die Kutsche bestiegen, um nach Troyenfeld zu fahren. »Ich bin sicher, damit wirst du auch in Neuseeland Aufsehen erregen.«

»Hier wäre es mir lieber.« Schmerzlich wurde Carla in diesem Augenblick bewusst, dass sie ihre kleine Nichte, die ihr so ans Herz gewachsen war, bald für lange Zeit nicht mehr in die Arme nehmen konnte.

Nach der herzlichen Begrüßung wurde Feodora von der Amme geholt, um ihren Mittagsschlaf zu halten .

»Lass uns ein paar Schritte gehen«, sagte Leopold. »Hanno und Natascha werden sich auch ohne uns eine Weile gut unterhalten.«

»Sie sieht wirklich entzückend aus, deine kleine Tochter«, sagte Carla, als sie Arm in Arm durch den prachtvollen Park schlenderten. »Und sie sieht dir so ähnlich. Nur die Augen hat sie von Natascha.« Carla musste lachen. »Die roten Haare, die deine Frau so schrecklich findet, sind wohl von dem Kosakenfürsten.« Sie blickte versonnen in das vor ihr liegende Pregel-Tal. »Ich werde euch schmerzlich vermissen, dich, Feda und mein herrliches Ostpreußen. Hoffentlich sehen wir uns irgendwann einmal wieder.«

Leopold drückte sie fest an sich. »Nun mal doch nicht den Teufel an die Wand. In ein paar Jahren seid ihr wieder hier, und dann wird meine kleine Tochter zu eurer Begrüßung ein Gedicht aufsagen können, und mein kleiner Sohn vielleicht auch, wenn es denn einer werden sollte.«

Carla blieb wie angewurzelt stehen. »Natascha ist schwanger? Wie wunderbar!«

»Ja, das finde ich auch. Wir sind sehr glücklich.«

»Du musst mir alles schreiben. Ganz ausführlich.« Mit einem Mal erlosch ihr Lächeln. »Und ich bin dann so weit weg. Am liebsten würde ich hierbleiben.«

»Lass das bloß nicht Hanno hören! Er freut sich so über seine neue Aufgabe und ist überzeugt, dass du dich inzwischen damit abgefunden hast und dich sogar auch darauf freust.«

Carla schüttelte den Kopf. »Männer sind wirklich manchmal reichlich unsensibel. Was hätte ich denn tun sollen? Mich scheiden lassen, in meinem Alter? Und als vertrocknete alte Jungfer auf Troyenfeld leben, von Natascha unerwünscht?« Sie hatte sich in Rage geredet. »Da gehe ich doch lieber mit meinem Mann zu den Wilden.« Nun musste sie schon wieder lachen. »Elfriede hatte einen kleinen Giftanschlag auf Hanno vorgeschlagen. Mit Knollenblätterpilzen. Das soll sehr wirksam sein. Natürlich nur, um ihn reiseunfähig zu machen. Aber dann habe ich in ihrem Pilzbuch nachgeschlagen und gesehen, dass so etwas auch tödlich ausgehen kann. Also die

Vorstellung, den Rest meines Lebens mit Elfriede bei Wasser und Brot im Gefängnis zu sitzen, hat mich dann doch davon Abstand nehmen lassen.«

»Ihr beide seid wirklich verrückt«, sagte Leopold amüsiert. »Komm, lass uns zurückgehen, Alfons serviert gerade den Tee, und bald wird Feda wieder wach sein.«

Schweigend gingen sie zurück zu den anderen, und Carla dachte erleichtert: *Gott sei Dank ist auch dieses Kind von ihm.* Natascha war seit über einem Jahr nicht mehr in St. Petersburg gewesen.

Die Abreise der Harvichs stand kurz bevor. Alle ihre Freunde und Nachbarn wollten sich von ihnen verabschieden. Fast täglich waren Carla und Hanno in den letzten Wochen über Land gefahren. Überall gab es Unmengen zu essen und zu trinken. »Wer weiß, was ihr bei den Wilden vorgesetzt bekommt. Langt ordentlich zu«, wurden sie immer wieder aufgefordert. Und kräftig begossen werden musste der Abschied auch. »Noch ein Schlubberchen, wer weiß, wann wir uns wiedersehen«, hieß es.

Bis vor wenigen Tagen waren sie noch im offenen Landauer gefahren. Aber dann fiel das Barometer kräftig, es wurde merklich kühler, und ein sintflutartiger Regen setzte ein. Wie jedes Jahr tobten die Herbststürme über das Land und rissen das letzte Laub von den Bäumen. Bereits am frühen Nachmittag mussten die Lampen angezündet werden, und in den Kaminen brannten die ersten Feuer. Carla, die immer ein wenig dem vergangenen Sommer nachgetrauert hatte, begann jetzt, jeden Tag zu genießen. Wie lange würde es wohl dauern, bis sie wieder den Wechsel der Jahreszeiten erleben würde, diese elementaren Kräfte der Natur, die Ostpreußen so einmalig machten und die Landschaft zu jeder Jahreszeit so anders aussehen ließen? Wie hatte Hanno gesagt? »Dort, wo wir hingehen, ist es immer warm, auch im Winter.« Sie wusste jetzt schon, dass sie alles hier schmerzlich vermissen würde.

Der Abschied von Troyenfeld war tränenreich. Selbst Feodora fing an zu weinen, als sie ihre Tante so herzzerreißend schluchzen hörte.

»Nun nimm dich mal zusammen«, sagte Hanno. »Du tust ja gerade so, als würden wir für immer auswandern.«

Auch in der Küche flossen Tränen. »Erbarmerche«, rief Emma immer wieder und wischte sich die Augen mit dem Schürzenzipfel. »Erbarmerche, Kindchen. Lass dir man nich fressen von die Wilden.«

»Wie kommst du denn darauf, dass wir unter Wilden leben werden?«, fragte Carla, die Emma beruhigen wollte.

»Dat Fritzchen hat seinen Lehrer jefracht, und der hat jesacht, in Neu… Wie heißt dat man noch?«

»Neuseeland.«

»Nu ja, da jibt et nur Wilde, und die fressen sich jejenseitig uff.«

Carla musste lachen. »So schlimm ist es dort, wo wir hingehen, nun auch wieder nicht. Wir wohnen in einer großen Stadt, Emmachen. Da gibt es eine Universität und sogar eine Zeitung. Glaubst du, dass die Wilden lesen oder gar studieren können?«

Das schien der alten Mamsell einzuleuchten, und ihr Schniefen ließ nach.

»Was macht denn deine Schlaflosigkeit?«, wechselte Carla das Thema.

»Na jeht man so.«

»Also ist es immer noch nicht besser?«

»Nee, nich so richtich.«

»Aber Doktor Grüben war doch hier. Hat er dir nichts gegeben?«

»Doch schon, ein Pulverchen.«

»Ja, und hilft es denn nicht?«

Emma senkte die Stimme. »Ik hab et nich jenommen.«

»Und warum nicht?«

Emmas Stimme war jetzt kaum noch zu verstehen. »Dat Dokterche hat jesacht, dat müsste für mindestens vier Wochen reichen. Kindchen, ik kann doch nich vier Wochen durchschlafen.«

Carla brach in schallendes Gelächter aus. »Aber, Emma, ich habe dieses Pulver auch. Du sollst doch nicht alles auf einmal nehmen, sondern nur abends vor dem Schlafengehen eine Messerspitze voll.«

»Nu, wer ik dann machen.« Sie atmete bekümmert. »Wirst mal von dir hören lassen?«

»Aber natürlich. Ich werde Elfriede schreiben, und die berichtet dir dann.« Emma hatte nie schreiben und lesen gelernt und darauf bestanden, dass ihre Tochter die Dorfschule besuchte.

»Musst all gehen?«, fragte sie erschrocken, als Carla sich erhob.

»Ja, meine gute Alte. Hanno wird sicher schon ungeduldig. Wir reisen ja morgen, und es gibt noch schrecklich viel zu tun. Leb wohl, und pass gut auf dich auf.«

Noch bis zur Halle des Schlosses hörte Carla das klagende »Erbarmerche« der alten Mamsell aus der Küche herüberschallen.

In der Auffahrt von Buchenhain standen fünf große Wagen, voll beladen mit Kisten und Koffern. Berlin hatte Hanno vorgeschlagen, einige Sachen aus dem Hausstand mitzunehmen, da das Konsulat neu eingerichtet und es sicher an gewissen Dingen fehlen würde. So waren Silber, Geschirr, Kristallgläser, Tisch- und Bettwäsche verpackt worden. Auch die großen Kandelaber und der Kristalllüster aus dem Speisesaal und sämtlicher Nippes aus Carlas Boudoir verschwanden in riesigen Kisten. Teppiche wurden eingerollt, und bald sah es auf Buchenhain aus, als würden die Harvichs ihr Heim tatsächlich für immer verlassen.

Die Nerven aller waren angespannt. Als Carla Anweisung gab, die halbe Bibliothek einpacken zu lassen, bekam Hanno einen seiner gefürchteten cholerischen Anfälle. »Bist du von allen guten Geistern verlassen«, brüllte er. »Wenn du so weitermachst, wird unser Schiff noch untergehen.«

»Du verschleppst mich in ein unkultiviertes Land«, brüllte sie zurück. »Also werde ich etwas Kultur mitnehmen.«

Nach einer hitzigen Diskussion einigten sie sich darauf, dass Carla wenigstens ihre Lieblingsbücher einpacken durfte.

Der Tag der Abreise war gekommen. Von Elfriede hatte sich Carla bereits am Vorabend verabschiedet. Sie hatten in ihrem Boudoir bei einer Flasche von Hannos bestem Rotwein gesessen.

»Der wird womöglich schlecht, bis wir wiederkommen«, hatte sie zu Hanno gesagt.

Der hatte nur müde genickt und es vermieden, ihr zu erklären, dass Rotwein mit dem Alter immer besser wurde.

»Du musst mir regelmäßig schreiben, Elfriedchen«, hatte sie immer wieder eindringlich gesagt. »Ich will alles wissen, was auf Troyenfeld passiert. Von Leopold werde ich nichts erfahren. Du kennst ihn ja. Und pass auf deine Mutter auf. Sie soll jeden Abend ihr Schlafmittel nehmen, eine Messerspitze voll. Sag ihr das noch mal.« Es war weit nach Mitternacht gewesen, als Carla todmüde ins Bett gefallen war. Sie hatte kaum geschlafen. Immer wieder war sie aufgewacht, froh, den Albträumen zu entkommen, die sie quälten. Wie würde sie die lange Seereise überstehen, und was erwartete sie am Ende der Welt. Und wann würde sie wohl in ihr geliebtes Ostpreußen zurückkehren können?

Es war ein strahlender Morgen, als sie sich mit Lischens Hilfe für die Reise ankleidete. In dem großen Spiegel über ihrem Waschtisch sah sie ein graues Gesicht, mit dunklen Schatten um die Augen. »Ich sehe ja schrecklich aus, Lischen«, rief sie. »Gib mir bitte meine Puderdose. Ich möchte nicht, dass Buchenhain mich so in Erinnerung behält.« Nachdem sie Puder und etwas Rouge aufgelegt und die Lippen nachgezogen hatte, war sie mit ihrem Anblick einigermaßen zufrieden.

Vor dem Haus hatte sich das ganze Gesinde zum Abschied eingefunden, nach Rang und Stellung nebeneinander aufgereiht. An der Spitze stand der Gutsverwalter, Herr Schröder, dann kam der alte Franz, daneben Elfriede und Kurt mit Fritzchen und den erwachsenen Söhnen. Dann kamen die Stubenmädchen, Knechte und zum Schluss die Tagelöhner. Alle sahen aus wie aus dem Ei gepellt: das Hauspersonal adrett in den gestreiften Kleidern mit frisch gestärkten Schürzen und Häubchen, Knechte und Tagelöhner hatten sauber gewaschene Gesichter und Hände, die Haare waren mit Pomade oder Wasser glatt gekämmt.

Hanno hielt eine kleine Ansprache. »Wie ihr alle wisst, werden wir für eine Weile fort sein. Es wird sich für euch nichts ändern. Herr Schröder hat die erforderlichen Befugnisse, damit hier alles beim Alten bleibt. Wir wollen Buchenhain so wieder vorfinden, wie wir es heute verlassen.« Dann gaben er und Carla jedem die Hand zum Abschied.

Als sie die Kutsche bestiegen, kam Leopold im Galopp die Auffahrt heraufgeritten. »Ich wollte euch noch einmal umarmen«, rief er. »Lebt wohl, und kommt gesund wieder.«

Mit einem lauten »Hü, hü!« der Kutscher setzte sich der Tross in Bewegung, und Leopold ritt noch ein Stück neben ihnen her. Carla blickte sich immer wieder um, und durch einen Tränenschleier konnte sie sehen, wie ihnen alle mit ihren Taschentüchern und Mützen hinterherwinkten, bis ihre Kutsche in die Lindenallee einbog und sie nicht mehr zu sehen waren.

Es dauerte fast zwei Monate, bis auf Troyenfeld die erste Nachricht von Carla eintraf.

»Mein lieber Bruder, liebe Natascha und Feodora, mein Liebling, wir sind tatsächlich lebend hier in Portsmouth angekommen, der ersten Station unserer langen Seereise. Während der gesamten Überfahrt tobten wilde Stürme, die unser Schiff zum Schliggern brachten. Mir war von der ersten bis zur letzten Stunde der Fahrt übel. Ein Arzt, Doktor Gündefeld, der mit uns reiste, meinte, ich sei seekrank, und gab mir ein Mittel, das leider überhaupt nicht half. Hanno erging es besser. Er hat mit Gündefeld Schach gespielt und ordentlich gebechert. Wir sind nun hier für ein paar Tage in einem halbwegs komfortablen Gasthaus einquartiert. Dann geht unsere Reise weiter mit einem etwas größeren Schiff von Thomas

Cook. Man gibt uns keine genaue Auskunft, wann wir in Neuseeland ankommen werden. Es kommt auf die Wind- und Wetterverhältnisse an und kann bis zu fünf Monate dauern. Na denn, prost Mahlzeit! Da die Post genauso lange braucht, kann es ewig dauern, bis Ihr die nächste Nachricht von uns bekommt. Wenn ich überhaupt alles überstehe. Mir graust vor dieser langen Zeit auf See. Hanno lässt herzlich grüßen. Gebt Feodora einen dicken Kuss von mir, und seid herzlich umarmt von Eurer Carla. PS: Leopold, sag bitte Emma und Elfriede, dass ich von mir hören lasse, wenn wir angekommen sind.«

Leopold hatte Natascha den Brief vorgelesen. »Mein Gott, meine arme Schwester«, sagte er. »Seekrankheit ist etwas Schreckliches. Ich kenne das. Man denkt, man stirbt. Und nun muss sie das noch monatelang durchstehen. Ihr wäre es ja viel lieber gewesen, Hanno hätte den Posten abgelehnt. So weit weg von zu Hause …«

»Nun, dieses Schicksal teilt sie ja wohl auch mit anderen Frauen«, sagte Natascha kühl. »Eine Frau gehört an die Seite ihres Mannes. Das hast du mir ja unmissverständlich klargemacht.«

Leopold schwieg. Er wollte dieses Thema nicht mehr diskutieren.

»Woher kommt eigentlich Carlas Hang zum Personal?«, fragte sie spitz. »Wir in St. Petersburg verkehren nicht mit unseren Dienstboten.« Es war das erste Mal, dass sie nach dem Verhältnis ihrer Schwägerin zu Emma fragte.

»Als meine Mutter im Kindbett starb, war mein Vater erstarrt in seinem Schmerz. Ich muss es leider sagen: Er interessierte sich danach nur noch für mich, den Erbgrafen.« Leopold machte eine nachdenkliche Pause. »Carla war damals gerade fünf Jahre alt. Es gab noch keine Gouvernanten und Lehrer im Schloss. Sie war ganz auf sich allein gestellt und trieb sich in den Gesinderäumen und der Küche rum. Und da hat sich Emma, die gute Seele, ihrer angenommen. Elfriede war genauso alt wie Carla, und sie haben zusammen gespielt.«

»Und das hat dein Vater zugelassen?«

»Ich sage dir doch, es war ihm egal. Und die Kinder kannten keine Standesunterschiede.« Leopolds Stimme klang jetzt scharf. »Ich bin Carla dankbar für die Liebe und Zuwendung, die sie mir gegeben hat, und genauso dankbar bin ich Emma für die Liebe und Zuwendung, die sie ihr gab.« Er holte tief Luft. »Man nennt das Herzenswärme. Aber was das ist, scheint dir ja fremd zu sein.« Er erhob sich. »Entschuldige mich. Ich werde jetzt Emma Bescheid geben. Ich weiß, sie sorgt sich um Carla.«

Natascha war wie erstarrt. So hatte er noch nie mit ihr gesprochen. Vielleicht hatte sie ihn mit ihrer Kritik an seiner Schwester gereizt. Aber sie war immer noch wütend, dass er ihr nicht mehr gestattete, allein nach St. Petersburg zu reisen. Seit einiger Zeit fürchtete sie, jemand könnte ihm die Augen geöffnet haben, dass sie nicht nur wegen ihres Vaters so sehr an ihrer Heimat hing.

Am Abend war Leopold wieder zuvorkommend und liebevoll. »Na, wie geht es meiner schönen Frau und unserem Stammhalter?«, fragte er und streichelte ihr zärtlich über den sich langsam rundenden Bauch.

Natascha war erleichtert. »Danke, es geht uns beiden gut. Der Herr strampelt schon ein wenig.« Sie sei jetzt im vierten Monat, hatte Konrad Grüben ihr gesagt und den Geburtstermin auf Anfang Mai festgelegt. Bis auf ein leichtes Unwohlsein in den ersten Wochen der Schwangerschaft fühlte sie sich sehr gut. Diesmal hatte sie das gemeinsame Schlafzimmer nicht verlassen und sich auch Leopolds Zärtlichkeiten nicht entzogen. Sie beschloss, in Zukunft vorsichtiger zu sein. Wenn der so heiß ersehnte Sohn da war, würde sie weitersehen. Immer wieder hatte Pjotr ihr in seinen Briefen versprochen, sie zu sich zu holen, wenn die Zeit dafür gekommen war. Sie erhielt regelmäßig Post aus St. Petersburg. Dann war sie besonders heiter, lachte und scherzte mit Feodora, der sie sonst wenig Beachtung schenkte. Kam jedoch längere Zeit kein Brief, wurde sie unruhig und übellaunig, was sie an den Dienstboten und manchmal auch an ihrer Tochter ausließ.

Es war an einem Nachmittag Anfang April. Noch immer hatte der Winter das Land fest im Griff. Leopold und Natascha saßen im kleinen Salon vor dem Kamin. Zu ihren Füßen spielte Feodora mit ihren Bauklötzen. Vor Kurzem hatte sie angefangen zu laufen, und ständig musste man aufpassen, dass sie nicht hinfiel.

»Hoffentlich ist der schreckliche Winter bald vorbei.« Natascha schaute von ihrem Buch auf. »Ich brauche dringend etwas Sonne.«

»Lange kann es nicht mehr dauern.« Leopold ließ die Zeitung sinken. »Das Barometer ist gestiegen. In wenigen Tagen wird es wärmer werden, und dann kommt der Frühling ja immer sehr schnell, wie du weißt.« Er war aufgesprungen. »Mein Gott, Feda, mein Liebling«, schrie er entsetzt. Das Kind hatte sich unbemerkt an einem Stuhlbein hochgezogen und wäre beinahe rückwärts in den Kamin gestürzt. »Du musst aufpassen, mein kleiner Liebling«, sagte Leopold immer wieder und drückte das Kind an sich. »Das Feuer ist gefährlich.« Er drehte sich zu Natascha. »Mein Gott, sie hätte sich verbrennen können.«

»Was regst du dich so auf«, sagte Natascha ungerührt. »Es ist doch gar nichts passiert.«

Leopold sah sie verständnislos an. »Nichts passiert, sagst du? Fast wäre sie in den Kamin gefallen, hast du das nicht gesehen?«

»Ja, aber nur fast.« Natascha vertiefte sich wieder in ihr Buch, während Leopold versuchte, das Kind zu beruhigen, das die ganze Aufregung nicht verstand.

In dem Moment klopfte Alfons und brachte die Post. »Wieder nichts von Carla«, sagte Leopold bedauernd, »aber ein Brief für dich.« Er reichte Natascha ein dickes Kuvert. »Ah, von Väterchen«, strahlte sie. »Mal sehen, was es zu Hause Neues gibt.« Nachdem sie ein paar Zeilen gelesen hatte, wurde ihr Gesicht wachsweiß. Der Brief fiel zu Boden.

»Was ist?« Leopold sah seine Frau erschrocken an. »Ist etwas mit deinem Vater?«

»Nein.« Ihre Kehle schien wie zugeschnürt. »Ein alter Freund … Er hat sich duelliert. Er ist tot.« Dann verlor sie das Bewusstsein.

Kurz darauf setzten die Wehen ein. Konrad Grüben und Erna Kubischke trafen fast gleichzeitig auf Troyenfeld ein. Entsetzt über die zu frühe Geburt des Kindes hatte Leopold nach beiden schicken lassen. Konrad Grüben sah zuerst nach Natascha. Doch die Hebamme schickte ihn wenig später fort. »Kümmer du dir mal um den werdenden Vater, der sieht jar nich jut aus«, sagte sie resolut. »Ik mach dat hier schon. Wenn ik dir brauche, lass ik dir rufen.«

»Was ist passiert?«, fragte der Arzt seinen alten Freund, als er den kleinen Salon betrat. »Was könnte die plötzlichen Wehen ausgelöst haben?«

»Du kannst doch Russisch.« Leopold hob den Brief auf, der immer noch am Boden lag, und reichte ihn Grüben. »Bitte lies.«

»Aber er ist an Natascha …«

»Natürlich, er ist in kyrillischer Schrift. Deshalb bitte ich dich ja, ihn mir vorzulesen.«

»Ich weiß nicht, Leopold …«

»Findest du nicht, dass ich ein Recht darauf habe zu erfahren, was meine Frau für Geheimnisse hat?« Er goss sich ein großes Glas Cognac ein. »Dieser Brief ist der Grund dafür, dass mein Kind vielleicht nicht überlebt.«

»Natascha mein Täubchen«, begann Konrad stockend. *»Du musst jetzt ganz stark sein. Dein Pjotr lebt nicht mehr. Wassily Kralnikow hat ihn mit seiner Frau erwischt und zum Duell mit Pistolen gefordert. Wassily war der bessere Schütze.«*

Leopold saß zusammengesunken in seinem Sessel. Aus seinem Gesicht war alle Farbe gewichen.

Sein Freund sah ihn mitleidig an. »Soll ich wirklich weiterlesen?«

»Ja, ich will alles wissen.« Seine Stimme war nur noch ein Krächzen.

»Ich weiß, Du hast ihn geliebt, mein Täubchen«, fuhr Konrad fort, *»aber ich habe Dir immer gesagt, er ist ein Tunichtgut. Niemals hätte er seine Versprechen gehalten, glaube mir. Es fällt mir nicht leicht, es Dir zu sagen, aber ich bin froh, dass es so gekommen ist. Du hast einen guten Mann …«*

»Es ist genug«, sagte Leopold. »Nun weiß ich, was ich immer geahnt habe und nicht wahrhaben wollte. Natascha hat mich nie geliebt. Mit dieser Gewissheit werde ich jetzt wohl leben müssen.«

In dem Moment stürzte Alfons herein. »Herr Graf, Sie haben einen Sohn. Er lebt!«

Kurz darauf erschien hinter ihm die Hebamme. Ihr liebes, pausbäckiges Gesicht strahlte. »En bisken misrig is et ja, dat Kleinerchen. Aber et is allet dran. Wird schon noch ein strammet Jungchen werden.« Sie reichte Leopold das in weiße Tücher gewickelte kleine Wesen. »Und rote Haare hat er och nich. Blond isser, wie du.«

Konrad Grüben hatte erst kurz nach Natascha gesehen und dann das Kind untersucht. »Deine Frau schläft jetzt, ich habe ihr ein Mittel gegeben. Die Geburt hat sie sehr erschöpft. Und mit dem Kind ist so weit alles in Ordnung«, sagte er zufrieden, als er wiederkam. »Es ist zwar noch ein wenig klein, aber das wird sich geben. Ich habe Natascha gesagt, sie soll ihm sooft wie möglich die Brust geben.«

»Was, meine Frau will selbst stillen?«

»Ja, sie hat die Amme abbestellt. Ich war auch ganz erstaunt. Ach, noch etwas. Wenn es wärmer wird, muss das Kind sooft wie möglich an die frische Luft.«

Alfons erschien unaufgefordert mit einer Flasche Champagner. »Darf ich den Herren einschenken?«, fragte er aufgeregt.

»Danke, Alfons.« Leopold lächelte. »Natürlich. Das müssen wir begießen. Und sagen Sie in der Küche und auf dem Hof Bescheid. Schnaps für alle. Der Erbgraf ist da.«

Die Männer prosteten sich zu.

»Halt die Ohren steif, alter Knabe. Nimm es nicht zu schwer. Du hast jetzt den ersehnten Erben, und Feodora ist ein kerngesundes Mädchen, das dir doch so viel Freude macht«, versuchte Konrad Leopold aufzumuntern. Er nahm seinen Freund in den Arm. »Vielleicht wird ja jetzt alles gut. Ich werde alle paar Tage nach euch sehen. Und wenn du reden willst, ich bin immer für dich da.«

Eine ganze Woche lang schloss Natascha sich mit dem Neugeborenen in ihrem Boudoir ein. Nur Olga und Konrad Grüben durften zu ihr.

»Dem Kind geht es gut«, sagte Konrad zu Leopold, der sich in einem schrecklichen Zustand befand, »und deiner Frau auch, jedenfalls gesundheitlich.«

»Was denkst du, was ich tun soll?«, fragte Leopold verzweifelt. »Wie soll es denn nun weitergehen mit uns?«

»Wenn du deine Frau behalten willst, musst du Geduld haben. Sie scheint euren Sohn zu lieben, und wie nur wir beide wissen, zieht sie nun nichts mehr nach St. Petersburg. Ich weiß nicht, ob du ihr verzeihen kannst ...« Er schwieg betreten. Wie würde er wohl in solch einer Situation reagieren? Er wusste es nicht. »Und noch einen freundschaftlichen Rat gebe ich dir, lieber Leopold. Du solltest nicht so viel trinken. Mit Alkohol wirst du deine Probleme nicht lösen.«

Über Nacht war es Frühling geworden. Die Bäume des weitläufigen Parks zeigten bereits ein zartes Grün, und auf den Beeten blühten die ersten Frühlingsblumen in bunter Pracht. Auf den im Tal liegenden Weiden grasten schon wieder Kühe, und in den Koppeln tobten die neu geborenen Fohlen mit den Mutterstuten. Leopold genoss die ersten warmen Sonnenstrahlen auf der Terrasse, auf seinem Schoß saß Feodora. Er las ihr ein Märchen von Hans Christian Andersen vor. Eng an ihn geschmiegt hörte sie aufmerksam zu, und wenn er eine Pause machte, sagte sie mit ihrem piepsigen Stimmchen: »Papa lieb, Papa ganz lieb.«

»Dein Papa hat dich auch ganz lieb, mein Herzenskind«, erwiderte er und drückte ihr einen Kuss auf ihre dunkelroten Locken.

Unbemerkt von ihnen war Natascha auf die Terrasse getreten, auf dem Arm hielt sie ihren kleinen Sohn. Regungslos beobachtete sie die rührende Szene. Dann sagte sie: »Feodora, möchtest du nicht endlich deinen kleinen Bruder kennenlernen?«

Leopold war fasziniert von ihrem Anblick. *Mein Gott, wie schön sie ist*, dachte er, als er sich erhob, um ihr die Hand zu küssen. »Ich freue mich, euch beide wohlauf zu sehen«, sagte er und nahm ihr vorsichtig das winzige Kind ab. »Schau mal, Feda, mein Liebling. Das ist Rüdiger, dein Brüderchen.« Auf diesen Namen hatten sie sich schon lange vor der Geburt geeinigt.

»Rüdi«, sagte Feodora strahlend. »Rüdi lieb.« Zärtlich streichelte sie ihm mit ihrer kleinen Hand über die blasse Wange.

Der Diener erschien, in den Händen hielt er ein Tablett mit Tee, Gebäck und Saft.

»Danke, Alfons«, sagte Natascha. »Das wird mir jetzt guttun.«

Leopold glaubte, sich verhört zu haben. Das Wort »Danke« war in ihrem Wortschatz bisher kaum vorgekommen, schon gar nicht bei der Dienerschaft.

Alfons erzählte Emma später: »Die Jnädije hat mich angelächelt. Das erste Mal, seit sie auf Troyenfeld ist.«

»Erbarmung«, war die Reaktion der alten Mamsell.

Ein paar Tage später zog Natascha wieder in das gemeinsame Schlafzimmer, zusammen mit Rüdiger. »Ich muss ihn alle drei Stunden stillen«, hatte sie zu Leopold gesagt. »Er weint auch viel. Wenn dich das stört, bleibe ich mit ihm in meinem Boudoir.«

»Als du nicht da warst, habe ich Feodora auch immer zu mir geholt, wenn sie geweint hat. Also warum sollte mich das bei meinem Sohn stören?« Es war kein Vorwurf in seiner Stimme, und Natascha ging nicht weiter darauf ein.

Über den Brief wurde nie mehr gesprochen, auch das Thema St. Petersburg war Geschichte. Natascha war wie ausgewechselt. Ab und an kam ein Brief von ihrem Vater. Dann lachte sie und berichtete Leopold, was der wieder angestellt hatte. »Es ist verrückt, mein Väterchen, total verrückt. Es schmeißt das Geld zum Fenster heraus. Gott sei Dank hat es ja genug davon.« Als der Fürst ein paar Jahre später bei einem Saufgelage starb, hinterließ er allerdings eine stattliche Summe Schulden.

Eine Kinderfrau hatte die Stelle der Amme eingenommen, da deren Dienste nicht mehr gebraucht wurden. Man hatte ihr gesagt, dass zwei kleine Kinder zu betreuen seien, aber es war eigentlich nur Feodora, um die sie sich zu kümmern hatte. Die Kinderfrau hieß Else, und Feodora schloss sie sofort in ihr Herz. Else schlief mit ihr in der Nachtkinderstube, und wenn sie sich fürchtete, weil der Uhu wieder so laut schrie oder in mondhellen Nächten riesige Fledermäuse am Fenster vorbeihuschten, kuschelte sie sich zitternd an den warmen, weichen Busen der Kinderfrau und sagte: »Elschen lieb.«

»Aber du wirst dat man nich der Mama sagen«, flüsterte Else dann. »Se wird nich wollen, dat dat Fedachen Angst hat.«

Zu Elses Erleichterung hielt Feodora dicht. Sie befürchtete zu Recht, dass Natascha einen zu engen Kontakt mit dem Dienstpersonal missbilligen würde.

An Rüdiger ließ Natascha keinen heran. Sie stillte und wickelte ihn selbst, und wenn er schrie, rannte sie hin, hob ihn auf und redete beruhigend in Russisch auf ihn ein. Auch mit Feodora sprach sie jetzt Russisch. Die war einerseits irritiert, dass ihre Mutter sich plötzlich um sie kümmerte, andererseits selig, so etwas wie Zuwendung von ihr zu erfahren.

»Quäl doch das arme Kind nicht mit dieser Sprache«, wandte Leopold manchmal ein. »Siehst du nicht, wie schwer sie sich mit der Aussprache tut.« Es tat ihm vor allem weh, wenn Natascha ungeduldig und ungerecht reagierte, sobald die Kleine nicht sofort begriff, was sie meinte.

»Es kann ihr nicht schaden, eine zweite Sprache zu lernen. Ich musste mich in ihrem Alter mit Deutsch rumquälen«, war Nataschas Antwort.

Es dauerte nicht lange, dann sprach Feodora so gut Russisch wie Deutsch.

Rüdiger blieb ein schwächliches Kind, im Gegensatz zu seiner Schwester, deren Temperament kaum zu bändigen war. Sie lief jetzt wie ein Wiesel. Ständig versteckte sie sich irgendwo in dem Schloss, am liebsten hinter den schweren Vorhängen, und freute sich, wenn Else sie verzweifelt suchte. Nur wenn Feodora die Stimme ihres Vaters hörte, kam sie freiwillig heraus. Ihn liebte sie über alles, genauso wie Rüdi, wie sie ihren kleinen Bruder nannte. Manchmal erlaubte Natascha ihr, ihn zu halten. Dann trug sie ihn vorsichtig herum und sang ihm etwas vor.

Die Jagdsaison hatte begonnen. Feodora sah ihre Eltern jetzt kaum. Entweder waren sie unterwegs auf anderen Jagden, oder das Schloss war voll mit lärmenden Gästen, die manchmal wochenlang blieben. Da blieb nicht viel Zeit für die Kinder.

»Muss ich wirklich mit nach Weischkehmen zu den Goelders?«, fragte Natascha eines Morgens. »Ich würde viel lieber bei Rüdiger bleiben. In den letzten Wochen hatte ich ja kaum Zeit für ihn.«

»Ich bitte dich! Else kümmert sich doch rührend um die Kinder.« Leopolds Stimme klang ärgerlich. Warum drehte sich immer alles um den Jungen?

»Ach, sie ist so ein Trampel. Alles muss ich ihr dreimal erklären. Schrecklich, dass man sich mit so was abgeben muss.« Da war er wieder, der Dünkel, der Leopold so fremd war.

Er war leicht verstimmt. »Also bisher ist ja alles gut gegangen, und deshalb wird es auch diesmal nicht anders sein. Übrigens wartet bei den Goelders eine Überraschung auf dich.«

»So, was soll das denn sein?« Sehr neugierig klang die Frage nicht. »Charlotta, Gustav Goelders Schwester, wird aus St. Petersburg erwartet.«

»Was, die Fürstin Kropotkin kommt?« Natascha war ganz aufgeregt. »Ich kenne sie gut. Sie ist eine sehr interessante Frau und sehr schön.« Dass die Fürstin ständig ihre Liebhaber wechselte, verschwieg sie wohlweislich.

»Also, kommst du nun mit?«

»Natürlich! Ich freue mich ja so, Charlotta zu sehen. Und die Goelders sind ja auch wirklich reizend. Vor allem Gustavs Bruder, dieser Mathias!«

»Ja, ja, der Rotschopf. Ich weiß, er macht dir immer gewaltig den Hof.«

»Ach du.« Natascha schlug ihm leicht mit ihrem Spitzentaschentuch auf die Hand. »Er ist einfach so lustig. Er bringt mich ständig zum Lachen. Und ein sehr guter Tänzer ist er auch.«

Am selben Nachmittag traf Carlas erster Brief ein.

»Dunedin, 28. Juni 1872

Ihr Lieben, vor ein paar Tagen sind wir endlich hier angekommen, ich halb tot und Hanno voller Tatendrang. Die Reise war schrecklich. Kaum ein Tag verging, an dem ich nicht seekrank war, und das über Monate. Ich sehe aus wie ein Gespenst. Dunedin liegt am Südpazifischen Ozean, habt Ihr das gewusst? Die Stadt habe ich noch gar nicht gesehen. Unser neues Heim ist etwas außerhalb, umgeben von einem verwilderten Garten, der bevölkert ist mit exotischen Vögeln. An den Bäumen hängen Früchte, die man essen kann (ich habe noch nicht gewagt, eine zu probieren!), und überall wachsen Blumen in den unglaublichsten Farben. Auf unserer Terrasse wohnt ein Papagei, der uns auf Deutsch mit ›Guten Tag, herzlich willkommen‹ begrüßt hat. Das sagt er allerdings jetzt ununterbrochen! Unser neuer Diener hat ihm das monatelang mühevoll beigebracht. Ich stehe hier inmitten unausgepackter Kisten und Koffer und weiß nicht, wo ich anfangen soll. Gott sei Dank ist auch hier kein Mangel an dienstbaren Geistern. Also werde ich das bald bewältigt haben. Eigentlich kann mich nichts mehr erschrecken nach dieser entsetzlichen Reise. Euer zweites Kind muss ja schon lange da sein. Hoffentlich bekomme ich bald von Euch eine Nachricht, ob es nun endlich der ersehnte Erbe geworden ist. Wie geht es meiner kleinen Feodora? Wenn Ihr meinen Brief bekommt, muss bereits Brunftzeit sein, und überall beginnen die Jagden. Grüßt einfach alle unsere Freunde von uns. Oh, wie ich Euch beneide! Um mich herum stehen Leute, die nicht wissen, wohin mit all den Sachen. Lasst bald von Euch hören. Ich lechze nach Nachricht aus der Heimat. In Liebe, Eure Carla.

PS: Leopold, das beiliegende Briefchen ist für Emma. Lies es ihr vor. Demnächst geht ein langer Brief an sie und Elfriede auf Reise.«

Leopold hatte gerade zu Ende gelesen, als die Hausdame leise klopfte. »Darf ich einen Moment stören, Herr Graf?«

»Selbstverständlich, Frau Steinle. Was gibt es?«

Natascha verließ grußlos das Zimmer. Hauswirtschaftliche Dinge interessierten sie nicht.

»Ich mache mir Sorgen um Emma. Es geht ihr nicht gut. Darf ich nach Doktor Grüben schicken?«

»Veranlassen Sie das sofort. Was meinen Sie denn, was ihr fehlt?«

»Hm …« Frau Steinle senkte verlegen den Blick. »Es ist wohl etwas mit der Verdauung. Sie klagt schon längere Zeit über Schmerzen im Bauch. Sie meint zwar, das würde schon vorbeigehen. Aber ich beginne mir doch ernsthaft Sorgen zu machen.«

»Lassen Sie sofort Grüben rufen.«

Frau Steinle schien noch etwas auf dem Herzen zu haben.

Leopold sah sie fragend an.

»Es ist da noch etwas«, sagte sie. »Nächste Woche erwarten wir ja einige Jagdgäste. Wenn Emma ausfällt, haben wir ein Problem. Wäre es Ihnen recht, wenn ich Elfriede bitte, einige Tage bei uns auszuhelfen? Sie kennt sich hier bestens aus, und in Buchenhain ist ja kaum etwas zu tun …«

»Eine fabelhafte Idee. Und geben Sie das Emma.« Er reichte ihr das für sie bestimmte Kuvert. »Vielleicht können Sie es ihr gleich vorlesen. Es wird sie freuen. Es ist von meiner Schwester.«

»Ah, sind die Herrschaften gut in Neuseeland angekommen?«

»Ja, Gott sei Dank!«

Natascha war zurückgekommen, auf dem Arm Rüdiger und an ihrem Rockzipfel Feodora, die freudestrahlend auf ihren Vater zulief.

Frau Steinle verabschiedete sich eilig. »Ich werde dann alles veranlassen«, sagte sie beim Hinausgehen.

»Geben Sie mir Bescheid, wie es der alten Emma geht«, rief Leopold ihr nach.

Natascha kam gar nicht auf die Idee zu fragen, was der Mamsell fehlte. Dienstboten hatten gesund zu sein, ansonsten wurden sie ausgetauscht.

Während die Kinder auf dem Fußboden miteinander spielten, sprachen Leopold und Natascha über die bevorstehende Jagd auf Troyenfeld, welche Gäste erwartet wurden und ob das schöne Wetter wohl anhalten würde.

»Wie gerne Hanno und Carla jetzt dabei wären …« Leopold blickte versonnen hinaus in den Park, wo die bunt gefärbten Bäume ihre letzten Schatten warfen. Bald, wenn die Herbststürme einsetzten, würden sie kahl sein, und der lange ostpreußische Winter begann. Er wusste, wie sehr seine Schwester das vermissen würde. Oft genug hatte sie darüber gesprochen im letzten Jahr kurz vor ihrer Abreise.

Natascha holte ihn in die Wirklichkeit zurück. »Ich brauche dringend etwas Neues zum Anziehen«, sagte sie. »Ich habe gehört, Monsieur Worth soll aus seinem englischen Exil zurück in Paris sein.«

»Du willst nach Paris reisen, nur um Kleider einzukaufen?« Leopold sah sie fassungslos an. »Es gibt doch in Königsberg diese Madame Yvette. Die schneidert alle seine Modelle fabelhaft nach. Ich erinnere mich, dass Carla …«

Natascha unterbrach ihn empört. »Ich trage keine Kopien! Das solltest du wissen.«

Die Diskussion wurde kurz unterbrochen, als Else die Kinder zum Abendessen abholte.

»Monsieur Worth hat eine Büste von mir, du erinnerst dich sicher«, fuhr Natascha fort. »Ich werde ihn in einem Brief bitten, mir Entwürfe und Stoffmuster zu schicken und meine Bestellungen daraufhin anzufertigen.«

»Tu das, meine Liebe.« Leopold dachte mit leichtem Schaudern an die Rechnungen, die er bei ihrer Hochzeitsreise an den exaltierten Schneidermeister gezahlt hatte. Aber es gab keinen Anlass zu sparen. Es waren die Gründerjahre. Die Wirtschaft boomte, und die Anlagen, die er zusammen mit Hanno getätigt hatte, warfen erkleckliche Gewinne ab. Wenn es seiner Frau Freude machte, davon einiges auszugeben, bitte sehr. Es schien sie glücklich zu machen, das war die Hauptsache.

In der Halle war Frau Steinle Konrad Grüben begegnet. »Herr Doktor«, rief sie erfreut. »Das trifft sich ja gut. Ich wollte gerade nach Ihnen schicken lassen. Der alten Emma geht es nicht gut.«

»Wo ist sie, in der Küche? Oder ist sie bettlägerig?«

»Nein, sie will sich nicht hinlegen. Sie ist in der Küche, Elfriede ist bei ihr.«

»Ich werde sofort nach ihr sehen.« Er wandte sich an Alfons, der ihm die Tür geöffnet hatte. »Sagen Sie den Herrschaften, dass ich in zehn Minuten bei ihnen bin.«

Auf der Ofenbank nah bei dem wärmenden Herd fand er Mutter und Tochter. Elfriede blickte ihn besorgt an. »Muttchen jefällt mir jar nich, Herr Doktor. Aber se will nich im Bett bleiben. Se denkt, et jet nich ohne ihr.«

»Na wo fehlt's denn, Emma? Ich habe schon von Frau Steinle gehört, dass es Ihnen nicht gut geht.«

»Ach, Dokterche …« Die alte Mamsell blickte ihn bekümmert an. »Et zwickt mir immer so in die Jedärme. Die Winde wollen nich mehr so, und och die Verdauung … Ik weeß nich …«

»Na, dann woll'n wir mal sehen.« Nach einer kurzen Untersuchung strich er ihr freundlich über die eingefallenen Wangen. »Das gefällt mir aber gar nicht. Sie haben stark abgenommen. Ich lasse Ihnen ein Pülverchen da. Nehmen Sie davon morgens, mittags und abends einen halben Teelöffel. Und sie müssen essen, damit Sie wieder zu Kräften kommen.«

Emma schüttelte bekümmert ihren mit dem weißen Häubchen bedeckten Kopf. »Ik bin ja so unappetitlich, Dokterche. Dat Essen lacht mir ja an, aber ik krieg man nuscht nich runter.«

»Ruhen Sie sich mal ein paar Tage aus. Das wird Ihnen guttun. Ich werde in den nächsten Tagen wieder nach Ihnen sehen.« Er drehte sich zu Elfriede. »Sorgen Sie dafür, dass Ihre Mutter im Bett bleibt. Sie kann unmöglich den ganzen Tag in der Küche stehen.«

»Dat jeht nich. Wer soll denn bei de Jagd kochen?« Emma rang verzweifelt die Hände.

»Nu lass man, Muttche.« Elfriede legte ihr beruhigend den Arm um die Schultern. »Ik fühl mir schon janz überflüssig in Buchenhain. Bisset dir wieder besser jeht, helf ik hier aus.«

»Wunderbar«, rief Frau Steinle, die eben die Küche betreten hatte. »Ich habe mir schon vorhin erlaubt, den Herrn

Grafen darauf anzusprechen. Er ist damit einverstanden. Übrigens, heute ist Post von der Baronin Harvich gekommen.« Sie zog das Kuvert aus ihrer Tasche. »Für Sie war auch etwas dabei, Emma.«

»Erbarmerche«, rief die Mamsell. »Wat für eine Freude.« Ihr blasses Gesicht bekam vor Aufregung rote Flecken. »Da fühl ik mir ja jleich besser. Lies vor, Elfriedchen.«

Leopold ging unruhig vor dem Ankleidezimmer seiner Frau auf und ab. »Natascha, wir müssen los. Man erwartet uns pünktlich in Weischkehmen. Was tust du da so lange?«

»Ich weiß nicht, was ich zum Anziehen mitnehmen soll.«

»Wir sind nur für drei Tage dort. Alle deine Kleider sind wunderbar. Lass Olga irgendetwas einpacken.« Er hasste es, unpünktlich zu sein. Es dauerte noch zwanzig Minuten, bis Natascha reisefertig in der Halle erschien, hinter ihr liefen zwei Lakaien, die einen riesigen Koffer schleppten und dann auf der Kutsche verstauten.

»Goelders werden glauben, dass du bis Ostern bleiben willst«, sagte Leopold lachend. Und bei sich dachte er: *Ob wohl alle Frauen so verrückt sind wie meine?*

Es war ein herrlicher Herbsttag. Die Sonne strahlte von einem stahlblauen Himmel. Sie fuhren durch goldgelb gefärbte Birkenhaine, vorbei an endlosen Stoppelfeldern und abgegrasten fleckigen Wiesen, auf denen Scharen fetter Krähen sich laut krächzend zu unterhalten schienen. Noch hielt das bunt gefärbte Laub an den Bäumen, aber bald würden, wie jedes Jahr, die wilden Herbststürme sie kahl geweht haben.

Als sie reichlich verspätet in Weischkehmen ankamen, wurden sie von Agathe und Gustav Goelder herzlich begrüßt. »Charlotta kann es gar nicht erwarten, dich zu sehen«, sagte Gustav. »Sie fürchtete schon, ihr würdet überhaupt nicht erscheinen.« Er lachte. »Und mein Bruder Mathias erst! Er will der Erste auf deiner Tanzkarte sein.«

»Euer Gepäck ist bereits auf dem Zimmer«, sagte Agathe. »Meier wird euch den Weg zeigen.« Meier war der Erste Diener auf Weischkehmen. Seinen Vornamen wusste keiner. Er hieß einfach Meier. »Wir erwarten euch in einer halben Stunde im Gartensaal zu einem Begrüßungstrunk. Dann gibt es ein frühes Abendessen. Morgen müssen wir ja zeitig auf die Pirsch.«

»Wir ziehen uns nur schnell um«, sagte Leopold, »und werden pünktlich erscheinen.«

Natascha brauchte natürlich wieder länger für ihre Toilette. Ihr vom Fahrtwind gerötetes Gesicht bedeckte sie gleichmäßig mit weißem Puder, die Augen umrandete sie schwarz und zog den Mund dunkelrot nach. Ihre von dem Hut etwas flachgedrückten Haare türmte sie zu einer Hochfrisur auf, und erst nachdem sie sich eine einzelne Locke in die hohe Stirn gezogen und noch etwas Rouge aufgelegt hatte, war sie mit ihrem Anblick zufrieden.

Leopold, der schon seit zwanzig Minuten fertig angezogen war, ging unruhig auf und ab. Er sah fabelhaft aus in seinem nachtblauen Gehrock, mit dem fein gemusterten Piquet Gilet darunter und dem weißen Plastron um den Hals. Sein Gesicht war von den täglichen Ausritten noch sonnengebräunt. Ungeduldig sah er auf seine Taschenuhr. »Wir sind spät, Natascha. Und du bist immer noch nicht fertig angekleidet.«

Natascha stand unschlüssig vor dem Kleiderschrank. »Soll ich jetzt das Grüne oder Graue anziehen?«, fragte sie seelenruhig.

»Nimm das Graue. Es steht dir besonders gut.« In diesem Moment war Leopold vollkommen egal, was seine Frau anziehen würde. Nur schnell sollte es gehen.

Natascha schlüpfte nun in ein austernfarbenes Taftkleid von Worth. Das tiefe Dekolleté und die dreiviertellangen Ärmel waren besetzt mit einer gleichfarbigen Spitze. Sie sah hinreißend aus. »Nur noch meine grauen Perlen, dann können wir gehen«, sagte sie.

Leopold stöhnte. »Na endlich!«

Als sie Arm in Arm den Gartensaal betraten, verstummten alle für einen Moment. »Was für ein Paar«, flüsterte Mathias seinem Bruder zu, um dann mit ausgebreiteten Armen auf die beiden zuzustürzen. »Die schöne Natascha. Endlich! Wir haben uns ja ewig nicht gesehen.«

»Wenn ich mich nicht irre, war es erst vor vierzehn Tagen bei den Lackners auf Gut Lindicken«, bemerkte Leopold trocken.

Mathias' Worte »Das meine ich doch, viel zu lange ist das her!« gingen im allgemeinen Begrüßungstrubel unter.

Charlotta fiel Natascha um den Hals. »Wir haben uns ja nun wirklich ewig nicht gesehen. Es müssen mindestens zwei Jahre sein ..., oder waren es drei?«

Es folgte ein Schwall russischer Sätze, der hin und wieder von Gelächter unterbrochen wurde, bis Gustav sagte: »Habt ihr Geheimnisse vor uns? Wir wollen mitlachen.«

In dem Augenblick ging die Sonne unter. Es schien, als versinke ein blutroter Ball in dem in der Ferne sich dahinschlängelnden Fluss. Die Gesellschaft strömte auf die mit wilden Rosen bewachsene Terrasse, um dieses Schauspiel zu genießen. »Mein Gott, wie das riecht«, sagte Natascha, und Agathe meinte wehmütig: »Das sind die letzten Rosen in diesem Jahr. Bald werden auch sie verbluht sein.«

Jetzt ertönte der Gong, und man begab sich in den großen Speisesaal, der nur zu den Jagden und Familienfesten benutzt wurde, wie auf fast allen Gütern. Der Tisch war üppig gedeckt mit bodenlangen weißen Tischtüchern, besetzt mit kostbarer Klöppelspitze und geschmückt mit Schalen voller bunter, betäubend riechender Rosen. Hohe Kandelaber mit brennenden Kerzen ließen Silber und Kristallgläser funkeln. Kleine weiße, von Hand geschriebene Büttenkärtchen wiesen jedem Gast seinen Platz zu. Unter Lachen und lautem Rufen – »Ja wo sitze ich denn?«, »Hermine, du sitzt neben mir«, »Klaus, komm her, du bist neben mir« und »Was für ein Vergnügen, dich als Tischdame zu haben« – fand allmählich jeder seinen ihm zugewiesenen Platz. Agathe hatte die Ehepaare weit auseinandergesetzt, was ihr manch dankbaren Blick einbrachte. Man wollte sich schließlich amüsieren! Wozu ging man sonst zu den Jagdgesellschaften? Den eigenen Ehemann hatte man ja jeden Tag neben sich bei Tisch.

»Du sitzt bei mir, Natascha«, tönte Mathias laut. »Das habe ich mir ausbedungen.« Zu Leopold sagte er: »Guck nicht so eifersüchtig. Für ein Stündchen wirst du mir deine Frau doch gönnen.«

»Pass auf, dass er dich nicht zum Duell fordert«, meinte sein Bruder lachend. »Im Umgang mit Pistolen ist er garantiert besser als du.«

Natascha schien noch blasser geworden zu sein, und auch Leopold erstarrte für einen Moment. Charlotta hielt die Luft an. *Mein Gott*, dachte sie. *Hoffentlich verlieren die beiden jetzt nicht die Contenance*. Aber nach einem kurzen Moment war der Spuk vorbei, als sei nichts geschehen.

Die Unterhaltung war lebhaft. Während Unmengen gegessen und getrunken wurden, plauderte man nach rechts, links und auch lauthals über den Tisch. Alle kannten sich, hatten gemeinsame Interessen und gleichaltrige Kinder.

»Eine hervorragende Ernte war das dieses Jahr«, rief Georg Henkiel seinem Freund Mathias Lackner zu. »Ich hoffe, bei dir auch.«

»Fabelhaft, könnte gar nicht besser sein«, brüllte der zurück, da das Stimmengewirr immer lauter wurde.

»Ich habe meinen Jungen versprochen, dass sie das nächste Mal wieder mitkommen dürfen«, sagte Amalie Lackner zu Agathe. »Sie reden immer noch von den entzückenden Fohlen, die sie beim letzten Besuch striegeln durften.«

»Die sind bis auf ein paar, die wir für die Zucht behalten haben, alle verkauft. Aber im nächsten Jahr gibt es ja wieder neue.« Die Goelders betrieben eine angesehene Pferdezucht mit Käufern aus ganz Europa.

Agathe erzählte ihrer Freundin Kunigunde von Orlov die neuesten Streiche ihres Sohnes Carl. »Die Jungen sind ja so verschieden«, sagte sie. »Carl ist ein richtiger Rabauke und Georg genau das Gegenteil. Wenn ich nicht wüsste, dass alles dran ist an ihm, würde ich denken, ich hätte eine Tochter.«

»Ja, was denn, wolltet ihr nicht noch eine Tochter haben?«, mischte sich jetzt Amalie Lackner in das Gespräch.

»Ach, allzu gern.« Agathe musste lachen. »Aber leider ist Gustav nicht so fruchtbar wie sein Bruder.«

»Der schwängert ja ununterbrochen seine Mägde«, warf Charlotta leicht angewidert ein. »Auf seinem Hof soll es von Rotschöpfen wimmeln.«

»Was sagst du da?« Leopold, der gerade zugehört hatte, wie Gustav von seiner neuen Zuchtstute schwärmte, hatte nur den letzten Satz mitbekommen.

»Du hast richtig gehört«, erwiderte Charlotta. »Mathias ist ja nicht verheiratet, wie du weißt. Er holt sich immer die hübschen neuen Mägde ins Bett. Wenn sie schwanger sind, verheiratet er sie mit einem seiner ledigen Knechte und lässt ihnen vom Möbelhaus Glück eine Kate einrichten.« Sie schlug die Augen gen Himmel. »Das sind nun meine Neffen und Nichten! Die Verwandten der Fürstin Kropotkin. Ist das nicht reizend?«

»Ich würde es volksnah nennen«, sagte Leopold, der die ganze Geschichte irrsinnig lustig fand, lachend.

»Du lachst«, sagte Charlotta in komischer Verzweiflung. »Und nicht nur du. Der ganze Landkreis amüsiert sich darüber und vor allem Herr Glück. Der hat bereits eine Standardeinrichtung für die Bedürfnisse meines Bruders. Wie ich erfahren habe, geht er nur in den Laden und sagt: ›Das Übliche‹. Herr Glück soll schon mal die Hände über dem Kopf zusammengeschlagen und gerufen haben: ›Wat schon wieder?‹«

Leopold bekam einen Lachanfall. Das war wirklich die ulkigste Geschichte, die er seit Langem gehört hatte.

Charlotta begann jetzt unverhohlen, mit ihm zu flirten. Was war das doch für ein schöner Mann, ganz nach ihrem Geschmack. Aber zu ihrer Enttäuschung ging er überhaupt nicht darauf ein. Immer wieder sah er zu Natascha hinüber, die von den beiden Goelders offensichtlich blendend unterhalten wurde.

»Natascha und du, ihr habt ja ziemlich schnell geheiratet«, sagte Charlotta. »Ganz St. Petersburg war überrascht.«

»Ich weiß. Ich musste mich so beeilen, damit sie mir keiner wegschnappt.«

»Na, da muss die Liebe ja groß gewesen sein.«

»Was heißt: gewesen. Das ist sie noch!«

Also gibt es sie doch noch, die große Liebe, dachte Charlotta. Deutlicher hatte ihr noch nie ein Mann sein Desinteresse an ihr gezeigt. Das schmälerte aber in keinster Weise ihre gute Laune. Da war doch noch der junge, kräftige Jagdgehilfe, dem sie gestern ihre Flinte zum Reinigen gegeben hatte. Ein Leckerbissen! Sie wusste, sie würde wie immer auf ihre Kosten kommen. »Ich war fast den ganzen Sommer in Zoppot«, wechselte sie nun geschickt das Thema. »Es war fabelhaft. Alle waren da, die Donnersmarcks, Dohnas, der Kaiser mit der ganzen Familie und viele Freunde aus St. Petersburg.«

»Und der Fürst, ich meine, dein Mann, war er auch dort?«, fragte Leopold.

»Nur ein paar Tage. Er hasst es, Ferien zu machen. Zu lange von St. Petersburg und seinen Geschäften weg zu sein ist ihm ein Gräuel.«

»Und er hat nichts dagegen, dass du ihn so lange allein lässt?«

»Ach« – sie schlug ihm neckisch mit ihrem Fächer auf den Arm – »ich denke, er hat eine Mätresse. Fast alle Männer haben doch eine. Nach einer gewissen Zeit jedenfalls.«

Leopold ging nicht auf ihren spielerischen Ton ein. »Meinst du? Vielleicht in Russland. Hier, würde ich sagen, hält es sich in Grenzen.«

Die Diener servierten gerade einen neuen Gang: verschiedenes Wild mit deftigen Beilagen – eine gute Gelegenheit für Leopold, sich seiner Tischnachbarin zur Linken zuzuwenden. Die Unterhaltung mit Charlotta begann ihn zu langweilen.

Von allen Seiten prostete man sich zu, und die Stimmung wurde immer ausgelassener. Als bald darauf Agathe die Tafel aufhob, waren einige der Gäste nicht mehr ganz sicher auf den Beinen. Aber das störte keinen. Das war so üblich in Ostpreußen. Die Herren begaben sich in die Bibliothek, wo Meier Cognac und Schnaps servierte. Man steckte sich genüsslich die obligatorische Zigarre an und plauderte über Politik. Auch das gehörte zu so einem Abend. Die Damen tranken im Salon Mokka und Likör und konnten nun, endlich unter sich, über das reden, was sie am meisten interessierte: Klatsch und Mode.

»Woher hast du das fabelhafte Kleid, Natascha?«, fragte Kunigunde von Orlov. »Doch nicht etwa aus Königsberg.«

»Nein, wirklich nicht!« Nataschas Ton war fast ein wenig beleidigend. »Es ist von Charles Worth aus Paris. Wir haben auf unserer Hochzeitsreise dort eingekauft.«

»Was, du warst in seinem Salon? Erzähl doch mal. Worth soll ja schrecklich exzentrisch sein«, sagte eine andere.

»Ja, das hatte ich auch gehört. Aber er war reizend, und als ich auch noch einige seiner neuesten Kreationen bestellt habe – ihr wisst, er macht jetzt kaum noch Kleider mit Krinoline, sondern mit einer Tournüre –, da war er ganz entzückt.«

Natascha wurde mit Fragen bestürmt. War sie doch eine Person, die persönlich (!) bei dem berühmtesten Modeschöpfer der Welt gewesen war – Informationen sozusagen aus erster Hand und nicht aus der *Gartenlaube* oder einer anderen Zeitschrift. Bereitwillig beantwortete sie alle Fragen. »Stellt euch vor, er hat eine Vorführdame, Mannequin nennt er sie. Die läuft mit den neuesten Modellen durch den Salon, und dann kann man danach bestellen.«

»Er ist wirklich ein Künstler, dieser Worth«, sagte Charlotta. »Ich werde ihm ewig dankbar dafür sein, dass er uns endlich von der Krinoline befreit. Mein Gott, was habe ich immer für ein Gepäck, wenn ich auf Reisen gehe. Schrecklich! Das wird ja dann bald besser werden.«

»Habt ihr schon die neue *Gartenlaube* bekommen?«, fragte Amalie. »Es gibt darin eine neue Folge von Eugenie Marlitts Roman *Goldelse*. Den müsst ihr lesen.«

Charlotta machte ein gelangweiltes Gesicht. *Goldelse*, so etwas las sie nun wirklich nicht! »Natascha, ich habe ein wunderbares Buch für dich, auf Russisch. *Krieg und Frieden* von Lew Nikolajewitsch Tolstoi, einem entfernten Verwandten meines Mannes. Du wirst es verschlingen.«

»Wie schade, dass es auf Russisch ist«, rief Kunigunde, die sich sehr für moderne Literatur interessierte.

»Sicher wird sich bald ein deutscher Verleger dafür finden«, meinte Charlotta. »Das Buch ist einfach fabelhaft. Ich konnte gar nicht aufhören zu lesen.«

»Na, hoffentlich ist bald ein deutscher Verlag interessiert.« Kunigunde war ganz aufgeregt. »Gib mir Bescheid, wenn du etwas darüber hörst.« Nachdem ein Diener Likör und Mokka nachgeschenkt hatte, fragte sie: »Wer von euch kennt *Madame Bovary*? Ich habe das Buch geradezu verschlungen.«

Einige der Damen hatten es auch gelesen, und so entspann sich eine kurze Diskussion über Emma Bovary, die Hauptperson des Buches. »Ohne Liebe geht es halt nicht«, sagte Amalie.

»Wenn ich meinen Gustav nicht so lieben würde, hätte ich vielleicht auch einen Liebhaber …«, meinte Agathe.

»Oder zwei …« Marike Grüben, die sich bereits den vierten Likör genehmigte, kicherte.

Nur Charlotta und Natascha schwiegen dazu.

Die Damen vertieften das Thema weiter.

»Na, was ich da gerade über die Frau des Apothekers gehört habe …«

»Also, die Frau vom Schuldirektor aus Insterburg ist kürzlich in Königsberg gesehen worden … in einer sehr kompromittierenden Situation!«

Währenddessen fragte Charlotta Natascha leise auf Russisch: »Wollen wir morgen mal reden, allein?«

»Gern, aber wann und wo? Es sind ja immer Leute um uns herum.«

»Lass mich mal machen, ich finde schon einen Weg.«

Kurz darauf löste sich die Gesellschaft auf. Alle mussten schließlich wieder früh raus.

Es war noch stockfinster, als ein Diener an die Türen klopfte. »Fünf Uhr«, rief er laut. »Das Frühstück ist im Gartenzimmer angerichtet. Abfahrt ist in fünfundvierzig Minuten.«

»O Gott«, stöhnte Natascha. »Mir ist, als wäre ich gerade erst zu Bett gegangen.« Mühsam befreite sie sich von dem dicken Plumeau.

»Du solltest dich etwas beeilen«, sagte Leopold, der bereits fertig angezogen vor ihr stand. »Man wird nicht auf dich warten, wenn zur Abfahrt geblasen wird.«

»Ich bin ja schon dabei.« Natascha gähnte herzhaft. »Was ist denn das für ein Lärm?« Von unten drang bereits dröhnendes Gelächter zu ihnen herauf.

»Gustav erzählt wahrscheinlich die neuesten Witze«, klärte Leopold sie auf. »Ein paar davon hat er bereits gestern Abend zum Besten gegeben. Sein Kutscher Bruno versorgt ihn ständig mit neuen Witzen. Weiß der Teufel, wo der die herhat.«

Natascha hob indigniert die Augenbrauen. Witze! Nicht zu fassen, worüber Männer sich amüsieren konnten.

Bruno hatte schon mehrere Male »Wir müssen jetzt!« gerufen, und die ersten beiden Wagen setzten sich bereits unter lauten Weidmannsheil-Rufen in Bewegung, als es Natascha gerade noch gelang, auf den letzten Wagen aufzuspringen. Auf säumige Damen wurde bei solchen Gelegenheiten keine Rücksicht genommen. Auch nicht auf russische Fürstinnen!

Es war gegen Mittag, als die Jagdgesellschaft zurückkam, glücklich und aufgedreht von all dem Erlebten. Im Gartensaal war der Tisch gedeckt. Große Terrinen mit einer dampfenden Erbsensuppe verbreiteten einen köstlichen Duft, und unter lauten Rufen – »Gott, hab ich einen Hunger!«, »Ich könnte ein ganzes Ferkel verdrücken …« oder »Hm, riecht das gut …« – setzte man sich. Nach der Suppe wurden riesige Platten mit Sülzen, Blut- und Leberwürsten, Pasteten und Geselchtem serviert, und dazu gab es reichlich Schnaps. Die Lautstärke nahm zu, man schwadronierte über das gerade Erlebte.

Als die Geschichten immer abenteuerlicher wurden, erhob sich Charlotta. »Ich werde mich jetzt verabschieden«, sagte sie laut. »Ich brauche meinen Schönheitsschlaf.« Sie blickte Natascha an. »Du siehst auch müde aus, meine Liebe. Komm mit. Ich gebe dir noch den versprochenen Roman, und dann solltest du dich auch ein wenig hinlegen. Ich fürchte, mein Bruder Mathias wird dich den ganzen Abend betanzen. Das ist anstrengend.«

Bevor einer der Herren etwas sagen konnte, waren die beiden schon durch die Tür geschlüpft.

»Das hast du fabelhaft gemacht«, sagte Natascha fröhlich und hakte sich bei Charlotta unter. »Endlich können wir mal ungestört miteinander reden.«

Die beiden Frauen machten es sich in Charlottas Reich bequem. »Hier darf niemand etwas verändern«, sagte sie. »Unsere Eltern haben mir in ihrem Testament ein lebenslanges Wohnrecht auf Weischkehmen vermacht. Ich drohe immer damit, im Alter zurückzukommen.« Sie lachte. »Verrat mich nicht, ich denke nämlich nicht im Traum daran.«

»Du weißt von mir und Pjotr?«, fragte Natascha.

»Meine Liebe, ihr wart Stadtgespräch. Außer Olga, Pjotrs Frau, wusste es jeder.« Sie füllte einige Teeblätter in ein großes Glas, das sie mit heißem Wasser aus ihrem brodelnden Samowar auffüllte. »Möchtest du auch?«

Natascha schüttelte den Kopf.

»Weißt du eigentlich, dass deine überstürzte Heirat mit Leopold einen handfesten Skandal verhindert hat? Olgas Vater – du weißt, die Familie ist mit den Romanows verwandt – hat Pjotr angedroht, ihn nach Sibirien zu schicken, wenn er die Affäre mit dir nicht beendet.«

Nataschas Gesicht war schneeweiß. »Er hat mir gesagt, er hätte ein großes Erbe zu erwarten. Dann würde er sich von Olga trennen und mich nach St. Petersburg zurückholen. Aber für eine Weile wäre es gut, wenn ich nicht in der Stadt bliebe.«

Charlotta blickte sie ungläubig an. »Und das hast du geglaubt? Ein Erbe, von wem denn? Ich fasse es nicht! Er war

Stallbursche auf dem Gut von Olgas Großeltern. Sie wollte ihn haben! Nur ihn! Ihr Vater hat ihn für sie gekauft. Das ist eine Tatsache.« Sie nahm einen Schluck von ihrem Tee. »Was meinst du denn, warum er sie geheiratet hat? Sie ist ja nun wahrlich keine Schönheit. Für diesen gesellschaftlichen Aufstieg hätte er eine Kuh geehelicht.«

»Es ist schrecklich, was du da alles sagst.« Nataschas Stimme war nur noch ein Flüstern. »Ich hätte ihn auch genommen, egal wo er herkommt.«

»Wenn du ihn vor Olga getroffen hättest, wärest du heute Witwe, meine Liebe. Du kannst wirklich froh sein, dass dieser Kelch an dir vorübergegangen ist.«

»Mich hat er geliebt!«

»Das denken die anderen, die er in all den Jahren beglückt hat, auch.«

Natascha fühlte sich elend. »Ich kann das gar nicht glauben ...«

»Ach, du armes Schäfchen.« Charlotta blickte sie mitleidig an. »Du musst ihn vergessen. Er ist es wirklich nicht wert, so um ihn zu trauern. Ich muss zugeben, er sah blendend aus, aber er war ein Parvenü, ein Charakterschwein.« Sie zündete sich einen Zigarillo an. »Bei mir hat er übrigens auch sein Glück versucht. Aber ich habe ihn sofort durchschaut.« Nach einer kurzen Pause fuhr sie fort: »Vielleicht sollte ich es dir gar nicht sagen, aber es war, als du noch in St. Petersburg warst.«

»Nein, nein«, stammelte Natascha. »Das kann nicht sein, ich kann das nicht glauben.«

»Blick den Tatsachen doch endlich ins Gesicht.« Charlotta wurde jetzt ungehalten. »Weiß eigentlich Leopold davon?«

»Ich glaube, er ahnt etwas. Aber ganz sicher bin ich mir nicht. Als ich die Todesnachricht bekam ...« Natascha war kurz davor, in Tränen auszubrechen. »... hatte ich eine Frühgeburt.«

»Aber das Kind lebt doch?«, fragte Charlotta entsetzt.

»Ja, Gott sei Dank! Rüdiger ist mein ganzer Trost. Ich liebe ihn abgöttisch.«

»Soweit ich weiß, habt ihr auch eine kleine Tochter.«

»Ach ja, Feodora.« Sie machte eine wegwerfende Handbewegung. »Ich kann nicht viel mit ihr anfangen. Sie ist Leopold so ähnlich.« Mit einem Schlag hatte Charlotta kein Mitleid mehr mit der schönen jungen Frau, die verzweifelt vor ihr saß.

»Leopold vergöttert dich, du hast zwei gesunde Kinder. Und du trauerst um einen Scheißkerl, der nichts, aber auch gar nichts wert war!« Sie nahm einen tiefen Zug von ihrem Zigarillo. »Ich gebe dir einen freundschaftlichen Rat. Besinne dich auf deine Pflichten als Frau und Mutter, und vergiss, was gewesen ist. Sonst wirst du niemals deinen inneren Frieden finden. Und noch etwas möchte ich dir sagen. Du solltest Leopold dankbar sein, dass er dich davor bewahrt hat, als gefallenes Mädchen in die Geschichte St. Petersburgs einzugehen.« Sie erhob sich. »Ich muss mich jetzt wirklich ein wenig ausruhen. Der Abend wird lang.« Sie hatte plötzlich keine Lust mehr, mit dieser Frau ihre Zeit zu verbringen. Ihr war klar, dass jedes weitere Wort sinnlos war. Sie machte keinerlei Anstalten, ihr das wunderbare Buch von Tolstoi zu geben.

Noch immer klang das laute Gelächter der Jagdgesellschaft durch das ganze Haus. Natascha war erleichtert, ihr Zimmer leer vorzufinden. Es wäre über ihre Kräfte gegangen, Leopold jetzt Rede und Antwort zu stehen. Sie war außer sich. Was hatte diese Person für Ungeheuerlichkeiten über Pjotr gesagt?! Kein Wort glaubte sie davon! Er hatte sie geliebt, nur sie. Niemand, auch nicht die Fürstin Kropotkin, würde sie jemals von diesem Glauben abbringen. Er war tot, der geliebte Mann, und sie würde wohl oder übel ihr Leben in Ostpreußen beenden müssen. Aber jetzt hatte sie ja Rüdiger. Er würde ihr alles erträglicher machen. »Diese unselige Liebe zu einem Nichtsnutz hat das Glück deiner Mutter und auch deines Vaters zerstört«, sollte viele Jahre später Charlotta einmal zu Feodora sagen.

Bald war klar, dass Emma nie wieder in ihre geliebte Schlossküche zurückkehren konnte. Kein Pülverchen half gegen das Zwicken im Bauch. Nur wenige Monate später war sie tot, und Elfriede nahm ihren Platz in der Troyenfeld'schen Küche ein – ein nahtloser Übergang, der von Natascha kaum wahrgenommen wurde. Auch Elfriedes Mann Kurt war von Buchenhain nach Troyenfeld gewechselt und hatte die Stelle des alten Kutschers übernommen.

Es war an einem eiskalten Wintertag, als Emma zur letzten Ruhe getragen wurde. Für Leopold war es selbstverständlich, an ihrer Beerdigung teilzunehmen. Auf seine zaghafte Bitte, Natascha möge ihn doch begleiten, das sei in der Grafschaft so üblich, hatte sie geradezu empört reagiert. »Verschone mich damit«, hatte sie gesagt. »Ich habe die Frau ja kaum gekannt.«

Obwohl ein eisiger Ostwind blies, der den frisch gefallenen Schnee von den Gräbern aufwirbelte, war der Friedhof des in der Nähe des Schlosses gelegenen Dorfes überfüllt. Jeder kannte Emma Jankuhn und wollte ihr die letzte Ehre erweisen. Als der große, blumengeschmückte Kranz mit einer Schleife, auf der »Schloss Troyenfeld trauert um seine treue Mamsell Emma Jankuhn« stand, neben den Sarg gelegt wurde, ging ein anerkennendes Raunen durch die Menge.

»Die Emma war ja hoch anjesehen im Schloss«, flüsterte eine alte Frau ihrer Nachbarin zu.

»Se war ja och janz intim mit dem Komtesschen und dem Jrafen, als se kleen waren«, antwortete die andere leise.

Nachdem der Pfarrer sein letztes Vaterunser gesprochen hatte, hielt Leopold eine anrührende Rede. »Liebe Leute, lasst mich ein paar Worte des Abschieds sprechen. Über vierzig Jahre war Emma Mamsell auf unserem Schloss. Es fällt mir schwer, mir die Küche ohne ihr liebes Gesicht und ihr ›Erbarmung‹, wenn eine Soße nicht so geworden war, wie sie wollte, vorzustellen. Ihre Königsberger Klopse waren einmalig.«

Elfriede schniefte in ihr großes Taschentuch.

»Sie war ein so gütiger Mensch. Ich spreche hier auch für meine Schwester – die leider nicht bei uns sein kann –, für die sie nach dem frühen Tod unserer Mutter immer ein liebes, tröstendes Wort hatte.« Leopold machte eine Pause. »Leb wohl, Emma«, sagte er zum Schluss.

Die Trauergäste begaben sich nun in den nahe liegenden Gasthof, wo es Grog und Schnaps gab. Leopold blieb noch eine Weile. Er hatte für jeden ein freundliches Wort und tröstete die noch immer schluchzende Elfriede.

»Ich gehe gern die paar Schritte zu Fuß«, sagte er kurz darauf zu Kurt, der ihn mit der Kutsche zum Schloss bringen wollte. Er wusste, die Leiche musste im Dorfgasthof ordentlich begossen werden. Dann würde die Trauer in laute Fröhlichkeit umschlagen und die ganze Nacht getanzt werden.

Das war so üblich in Ostpreußen. »Langsam tanzen trauert och«, hatte Emma zu Carla gesagt, als die sich wunderte, dass Emma am Tag nach der Beerdigung ihres »Seligen« über wund getanzte Füße klagte.

1873

Es war Mitte März. Der Winter hatte das Land noch fest im Griff. Leopold saß in der Bibliothek, als der Diener Horst Kölichen anmeldete.

»Horst, wie nett, dich zu sehen.« Leopold reichte seinem alten Freund die Hand. »Was führt dich nach Troyenfeld?«

Kölichen wärmte seine klammen Hände am prasselnden Kaminfeuer. »Leider nichts Erfreuliches«, sagte er mit besorgtem Gesicht. »Es gibt schlechte Nachrichten von der Börse.«

»Was sagst du da?« Leopold sah ihn ungläubig an. »Ich war gerade in Königsberg bei meiner Bank. Die Kurse haben schon wieder zugelegt.«

»Ich habe interne Informationen. Einige Gesellschaften sind weit überzeichnet. Es wird vor hohen Verlusten gewarnt.«

»Meinst du nicht, dass du zu schwarzsiehst?«

Kölichen schüttelte bedenklich den Kopf. »Glaub mir, ich wünschte, es wäre so. Aber ich weiß von einigen Großaktionären, die bereits ihre Gelder abziehen.« Dankbar nahm er einen Schluck von dem Cognac, den Leopold ihm eingegossen hatte. »Du weißt, ich vertrete die Interessen von Hanno. Eigentlich wollte ich mir von dir einen Rat holen, ob ich seine Beteiligungen verkaufen soll. Bis ich sein schriftliches Einverständnis habe, kann es bereits zu spät sein.« Er schwieg für einen Moment. »Meine werde ich in den nächsten Tagen jedenfalls abstoßen, und als Anwalt und väterlicher Freund würde ich es dir auch dringend anraten.« Er ging jetzt erregt auf und ab.

So ernst und beunruhigt hatte Leopold seinen Freund schon lange nicht mehr gesehen. »Du siehst zu schwarz, Horst. Mein Berater bei der Bank hätte mir mit Sicherheit etwas gesagt. Er berät mich seit Jahren hervorragend.« Auch er hatte sich jetzt einen Cognac eingegossen. »Ich werde auf keinen Fall verkaufen. Bald steht eine hohe Rechnung von Herrn Worth aus Paris ins Haus. Die möchte ich mit den nächsten Kursgewinnen bezahlen. Und für Hanno kann und will ich nichts entscheiden.«

»Gut«, sagte Kölichen resigniert. »Ich werde ihm heute sofort schreiben und kann nur hoffen, dass ich unrecht habe.«

Sie wechselten noch ein paar belanglose Worte, dann verabschiedete Kölichen sich eilig. »Ich muss noch einige Freunde und Klienten über den Stand der Dinge informieren. Wenn ich es nicht täte, würde ich mir ein Leben lang Vorwürfe machen.« An der Tür drehte er sich noch einmal um. »Gott gebe, dass ich zu schwarzsehe. Aber überleg es dir noch einmal, Leopold. Wenigstens einen Teil deiner Papiere solltest du verkaufen.«

»Gut, alter Freund. Ich denke darüber nach.« Aber Leopold dachte nicht im Traum daran. Warum um alles in der Welt sollte er diese seit einigen Jahren so herrlich sprudelnde Geldquelle nur auf vage Gerüchte hin selbst zum Versiegen bringen?

Es war am 13. Mai, einem herrlichen Frühlingstag. Eine Woche zuvor war die Lieferung aus Paris eingetroffen, und zu

Nataschas Entzücken war ein Kleid schöner ausgefallen als das andere. »Heute ist Väterchens Geburtstag«, hatte sie am Morgen gesagt. »Ihm zu Ehren werde ich das fliederfarbene Satinkleid anziehen. Die Farbe hat er immer besonders an mir geliebt.« Tatsächlich sah es zu ihrem porzellanfarbenen Teint und den nachtschwarzen Haaren umwerfend aus.

Die Familie saß auf der Terrasse und genoss die ersten warmen Sonnenstrahlen. Natascha war mit ihrem Stickrahmen beschäftigt, während Leopold beobachtete, wie Feodora versuchte, ihrem Bruder das Laufen beizubringen. Sie stand hinter ihm und hielt ihn mit beiden Händen. »Fein, wie du das machst, Rüdilein, fein«, rief sie entzückt. »Schau mal Papa, Rüdi kann schon laufen.«

Wie unterschiedlich sie doch sind, unsere Kinder, dachte Leopold. *Feodora ist wild und ungestüm und von strotzender Gesundheit und Rüdiger so zart und blass.*

»Feda ist ein roter Teufel und Rüdiger ein blonder Engel«, hatte Natascha kürzlich gesagt. Im Grunde hatte sie recht, nur ihr Ton gefiel Leopold nicht. Er verstand nicht, was sie gegen ihre Tochter hatte, dieses entzückende Wesen, das alles tat, um ihrer Mutter zu gefallen. Wieder durchflutete ihn eine Welle tiefer Gefühle für seine Kinder. Er liebte Rüdiger sehr, aber Feodora war sein Herzenskind.

Alfons' Stimme riss ihn aus seinen Gedanken. »Herr Graf, die Post.« Auf der zusammengefalteten Zeitung lag ein dickes Kuvert.

»Endlich, ein Brief von Carla«, rief Leopold aufgeregt und legte die Zeitung achtlos beiseite. Er begann vorzulesen.

»*Dunedin, 15. Januar 1873*

Meine Lieben zu Hause, während ich schreibe, ist bei Euch in Ostpreußen noch tiefster Winter. Ich sehe Nata-

scha vor mir, wie sie in ihrem traumhaften grauen Samtkleid mit der Tournüre auf dem Schlossteich mit Dir, meinem lieben Bruder, und Euren Gästen Schlittschuh fährt und Alfons Euch Glühwein und heißen Grog serviert, um Euch aufzuwärmen. Ach, wie ich das vermisse! Aber wenn ihr diesen Brief lest, ist schon wieder Frühling, der Teich längst aufgetaut, und die Schwäne ziehen dort ihre Bahnen. Rüdiger beginnt sicher bereits zu laufen …«

Leopold unterbrach seine Lektüre. »Ist das nicht erstaunlich, es ist, als könnte sie hellsehen«, sagte er lachend und deutete auf seinen Sohn, der auf wackeligen Beinchen, quiekend vor Vergnügen und nun ohne Hilfe seiner Schwester auf ihn zutappte. Fast hätte er die ausgestreckte Hand seines Vaters erreicht, aber kurz davor fiel er um und fing vor Schreck an zu schreien.

Wütend schmiss Natascha ihren Stickrahmen auf den Boden und rannte zu dem weinenden Kind. »Könnt ihr nicht aufpassen, du und deine blöde Tochter«, schrie sie. »Es hätte ja sonst etwas passieren können.«

Leopold erstarrte. »Bitte, mäßige dich, Natascha!«, sagte er zornig. »Der Junge wird noch öfter in seinem Leben hinfallen, und du wirst niemandem die Schuld daran geben können.« Feodora drückte sich ängstlich an ihren Vater.

»Komm auf meinen Schoß, mein Liebling«, sagte Leopold tröstend. »Deine Mutter hat es gewiss nicht böse gemeint. Sie war nur ein wenig erschrocken. Ich werde dir jetzt den Brief von deiner Tante Carla vorlesen.«

Während Natascha versuchte, ihren Sohn von weiteren Gehversuchen abzuhalten, fuhr Leopold fort. *»Während ich mir also vorstelle, wie ihr Euch im Schnee vergnügt, sitze ich beim Schreiben dieses Briefes in meinem üppig blühenden*

Garten, umgeben von Magnolienbäumen mit übergroßen Blüten, verschiedenfarbigen Orchideen, Pflanzen, die einen betörenden Duft verströmen, aber deren Namen ich immer noch nicht kenne, und laut zwitschernden Vögeln. Mein Papagei begrüßt mich immer noch mehrmals täglich mit ›Guten Tag und herzlich willkommen‹ und weigert sich hartnäckig, etwas Neues dazuzulernen. Die Stadt Dunedin ist trotz allen Fortschritts ziemlich schrecklich. Die Straßen sind verdreckt, es stinkt nach Unrat, einfach grauenhaft. Allzu oft zieht es mich nicht dorthin. Dafür ist das Land voller Naturschönheiten: baumhohe Farne, immergrüne Buchen …«

In dem Moment stürzte Horst Kölichen herein. Bleich sank er auf einen Stuhl. »Ihr wisst es offensichtlich noch nicht?« Er wischte sich mit seinem Taschentuch das schweißnasse Gesicht ab.

»Sag schon, was ist passiert. Ist jemand gestorben?« Leopold nahm Feodora von seinen Knien. »Ruf Alfons, mein Herz«, sagte er, »und bitte ihn, Onkel Horst eine Erfrischung zu bringen.«

»Ein Schnaps wäre mir lieber«, stöhnte Kölichen.

»Ja, um Gottes willen, was ist denn los?« Auch Natascha sah ihn jetzt gespannt an.

»Die Börse ist zusammengebrochen. Die Kurse fallen ins Bodenlose. Ich hoffe, du hast meinen Rat beherzigt …«

Leopold sah ihn entsetzt an. »Nein, ich …«

»O Gott, die meisten Banken sind bereits zahlungsunfähig! Auch das Geld von Hanno ist weg!«

Niemand von ihnen ahnte, dass die Euphorie der Gründerjahre endgültig vorbei war.

Während der ganzen Zeit stand Alfons bewegungslos an der Tür. Am liebsten hätte er sich unsichtbar gemacht. Aber keiner nahm von ihm Notiz. Was redeten die denn da? Eingestürzte Kurse, zahlungsunfähige Banken …, und warum regten der Graf und Herr Kölichen sich so furchtbar auf? Und vor allem: Was hatten die Harvichs damit zu tun, so weit weg am anderen Ende der Welt. Er konnte es nicht erwarten, die Sache mit Elfriede und Kurt zu besprechen, vielleicht hatten die eine Ahnung, was das bedeutete.

Am Abend saßen sie zusammen in der Küche. Aber auch Elfriede und Kurt waren ratlos. Wo sollte das viele Geld von der Bank denn hingekommen sein. Hatte es jemand gestohlen? Zur Beruhigung tranken sie einige Schnäpse und kamen dann zu der Überzeugung, dass das alles nicht so schlimm sein könne. Börse, einstürzende Kurse, Banken, die kein Geld mehr haben sollten – das war zu abstrakt für sie, einfach unverständlich. Leicht beschubbert gingen sie zu Bett, aber alle hatten in dieser Nacht einen unruhigen Schlaf.

Als Leopold am nächsten Vormittag zu seiner Königsberger Bank kam, waren die Schalter geschlossen. Vor dem Gebäude protestierte eine aufgebrachte Menge und schrie laut ihre hilflose Wut heraus. Leopold war schlagartig klar, dass es sinnlos war, überhaupt aus der Kutsche auszusteigen. Er war wie betäubt. »Bring mich in den Club«, wies er Kurt an. Was er jetzt brauchte, war ein großes Glas Cognac!

Auf dem Weg durch die Stadt sah man überall Grüppchen von laut diskutierenden Menschen. Gesprächsfetzen wie »Mein ganzes Vermögen ist weg …«, »Wie konnte so was bloß passieren …« oder »Man muss doch etwas unternehmen können …« drangen an Leopolds Ohr. Im Club, sonst ein Ort voller Leben, herrschte eine gedrückte Stimmung. In der Halle saßen einige Herren, die leise das Entsetzliche diskutierten. Jeder schien von diesem Ereignis betroffen zu sein. An der Bar traf Leopold seinen Freund Götz von Orlov, der ein großes Glas Cognac vor sich stehen hatte und daneben die halb leere Flasche. »Du siehst aus, als könntest du auch einen Schluck gebrauchen«, sagte er und schob Leopold ein volles Glas hinüber. »Seit wann weißt du es?«

»Kölichen kam gestern Nachmittag nach Troyenfeld. Ich hatte die Zeitung noch nicht gelesen ...«

»Und warst du schon bei deiner Bank?«

»Ja, eben, die Schalter sind geschlossen.«

»Vor Wochen hat Kölichen mich schon gewarnt«, sagte Orlov. »Widerstrebend habe ich einige Beteiligungen verkauft, nur weil Marisa mich so gedrängt hat. Aber leider eben nicht alle.«

»Bei mir war er auch.« Leopold nahm einen großen Schluck. »Und meine Frau hat mich leider nicht gedrängt.« Er lachte unfroh. »Geld hat man, aber man redet nicht darüber. Also habe ich nichts verkauft und ihm auch noch abgeraten, Hannos Papiere abzustoßen.« Er schüttelte verzweifelt den Kopf. »Was war ich doch für ein Idiot!«

Die Bar wurde immer voller, und alle redeten nur über ein Thema: den Zusammenbruch der Börse.

»Kurbjeweit hat sich erschossen.« In der Tür stand Kölichen. Er sah um Jahre gealtert aus.

Für einen Moment war es in dem Raum totenstill. Dann redeten alle aufgeregt durcheinander. »Um Gottes willen, seine arme Frau!«, rief jemand betroffen.

»Wie schrecklich, die sechs kleinen Kinder«, sagte ein anderer. Das Drama bekam plötzlich noch ein anderes Gesicht!

»Ich werde Land verkaufen müssen«, sagte Leopold zu Orlov. »Ich habe große Verpflichtungen.« Mit Schrecken dachte er an die horrende Rechnung von Charles Worth, die gerade begonnenen aufwendigen Verschönerungsarbeiten am Schloss und den geplanten Sommerurlaub in Zoppot.

»Glaubst du im Ernst, es gibt in diesen Zeiten jemanden, der Land kauft?« Sein Freund sah ihn ungläubig an. »Das wage ich zu bezweifeln.«

Kölichen trat jetzt zu ihnen. »Ich habe dich hier vermutet, Leopold«, sagte er. »Hast du bei deiner Bank noch etwas erreichen können?«

»Nein, kurz bevor ich dort ankam, wurden die Schalter geschlossen.«

»Ich habe es befürchtet. Die Katastrophe ist noch schlimmer, als die größten Pessimisten vorausgesagt haben.« Mit fahrigen Bewegungen steckte sich Kölichen eine Zigarre an. »Hannos Vermögen ist auch weg. Hätte ich doch bloß eigenmächtig entschieden! Ich weiß nicht, wie ich es ihm beibringen soll.«

»Du hast deine Pflicht getan, lieber Horst«, versuchte Leopold ihn zu beruhigen. »Wenn jemand Schuld hat, dann bin ich es. Ich werde ihm heute sofort schreiben und alles auf mich nehmen.«

Orlov bestellte die zweite Flasche Cognac, und als Leopold Stunden später nach Troyenfeld zurückfuhr, hatte ihn der Alkohol seine Sorgen für den Moment vergessen lassen.

Kurt saß bei Elfriede in der Küche. Auch Alfons war dazugekommen. »Et muss wat Furchtbaret passiert sein«, sagte Kurt betrübt. »Janz Könichsberch is in heller Uffregung.«

»Na wat denn nur, erzähl schon.« Elfriede goss drei Gläser voll mit Schnaps.

»Alle reden vonne Börse, die zusammenjebrochen is. Allet Jeld is weg.«

»Na hab ik es euch jestern nich schon jesacht«, warf Alfons ein.

»Aber wie jeht denn sowat?« Elfriede sah die beiden sprachlos an.

»Weß ik och nich. Als wir zur Bank kamen, war se jedenfalls jeschlossen, und davor lauter wütende und brüllende Menschkes«, antwortete Kurt.

»Erbarmerche«, war alles, was Elfriede dazu einfiel.

»Der Jraf hat mir jar nich erst anhalten lassen. Ik musste jleich weiter zum Club fahren. Janz jrün war er umme Nase.«

»Ja und dann?«, fragten Emma und Alfons gleichzeitig.

»Ein Rein und Raus war det in dem Club, kann ik euch sagen. Alle waren fürchterlich uffjeregt. Der Kutscher von Kölichen hat erzählt, dat der Jetreidehändler Kurbjeweit sich erschossen hat.«

»Nu nich doch.« Elfriede schlug sich entsetzt die Hände vor's Gesicht. »Und allet wejen dieser Börse?« Sie verstand die Welt nicht mehr.

»Und beschlaucht haben se sich!«, fuhr Kurt fort. »Der Baron Orlov und unser Jraf konnten kaum noch stehen, als se aus'm Club kamen.«

»Ach Jottchen«, stöhnte Elfriede. »Sind wir denn nu arm?«

Das konnte sich Kurt nun wirklich nicht vorstellen. »Reg dir man nich uff, Elfriedchen«, meinte er beruhigend. »Janz so schlimm wird et schon nich werden.«

Natascha verlor kein Wort über Leopolds erbärmlichen Zustand, als er aus Königsberg zurückkam. Sie fragte auch nicht, wie hoch seine Verluste seien. Sie tat, als wäre nichts geschehen. Leopolds bedrückte Miene ignorierte sie. Aber entgangen sein konnte es ihr nicht, dass das ganze Land in heller Aufregung war. Täglich berichteten die Zeitungen in großen Lettern über Firmenzusammenbrüche, Bankenpleiten und Selbstmorde ehemals vermögender Geschäftsleute. Sie glaubte keinen Augenblick daran, dass auch sie von dieser weltweiten Depression betroffen sein könnten.

Leopold war erleichtert, dass er Nataschas Mitgift bisher nicht angerührt hatte. Das Geld würde ihnen über die nächste Zeit hinweghelfen. Einige Tage später bestellte er den Haushofmeister zu sich. »Nehmen Sie Platz, Herr Kochta. Wir haben einiges zu besprechen.« Zu dem Diener, der bewegungslos an der Tür stand, sagte er: »Alfons, lassen Sie uns bitte allein.«

Mit beleidigter Miene zog Alfons sich zurück.

»Sie wissen, dass wir in einer großen Wirtschaftskrise stecken?«

»Selbstverständlich, Herr Graf, das ist mir natürlich nicht entgangen.« Schließlich las er jeden Tag die von seinem Herrn entsorgten Zeitungen.

»Wir werden uns in der nächsten Zeit ein wenig einschränken müssen«, fuhr Leopold fort.

Kochta rutschte unruhig auf seinem Stuhl hin und her. Würde er jetzt etwa seine Stellung verlieren?

»Auf Ihre Dienste möchte ich auf keinen Fall verzichten«, sagte Leopold beruhigend, »aber ich möchte Sie bitten, mir eine Aufstellung zu machen, wie viele Bedienstete wir eigentlich haben. Ich denke, auf einige der Lakaien und Dienstmädchen können wir verzichten. Auch der Förster scheint mir mehr an Gehilfen zu beschäftigen als notig.«

Kochta nickte. »Ich werde mich sofort darum kümmern, Herr Graf.« Er hatte sich erhoben.

»Ach, noch etwas«, sagte Leopold. »Die Arbeiten am Seitenflügel werden bis auf Weiteres eingestellt. Nur die zerbrochenen Fensterscheiben müssen ersetzt werden. Die Innenarbeiten lassen wir ruhen, bis die Börse sich erholt und die Lage sich beruhigt hat. Ich hoffe, dass der Spuk bald vorbei ist.«

Zu der Zeit ahnte noch niemand, dass die Depression mehr als zwanzig Jahre andauern sollte. Vorerst jedoch ging alles weiter wie gewohnt. Es gab eine hervorragende Ernte, die Kühlkammern waren bis unter das Dach gefüllt, und auch das gesellschaftliche Leben wurde wieder aufgenommen. Ab und an kam Kölichen, dann zog Leopold sich mit ihm in die Bibliothek zurück, und sie berieten hinter verschlossenen Türen, wie es weitergehen sollte.

»Im Moment habe ich noch keinen finanziellen Engpass«, sagte Leopold bei einem seiner Besuche, »aber irgendwann werde ich Land oder ein Stück Forst verkaufen müssen.«

»Zum jetzigen Zeitpunkt kann ich davon nur dringend abraten.« Kölichen schüttelte bedenklich den Kopf. »Alle versuchen zu verkaufen, die Preise sind im Keller. Das Überangebot … du verstehst?«

»Wie geht es in Buchenhain? Ich habe Schröder eine Weile nicht gesehen.«

»Ich komme gerade von ihm. Er sagt, das Gut trage sich von allein. Da keine Diener und Stubenmädchen mehr gebraucht werden und Elfriede und Kurt bei dir in Lohn und Brot sind, kommt er mit dem, was erwirtschaftet wird, gut zurecht. Er hat feste Kunden aus Insterburg für Eier, Hühner, Wild und Getreide. Damit sind die laufenden Kosten gedeckt.«

»Ein guter Mann, dieser Schröder«, sagte Leopold. »Was für ein Glücksfall für Hanno und meine Schwester.«

Hin und wieder fuhren Leopold und Natascha für ein paar Tage nach Königsberg. Sie logierten im Berliner Hof, machten tagsüber Besorgungen, und abends gingen sie in ein Theater, die Oper oder sahen Freunde. Sie waren ein auffallend schönes Paar. Überall, wo sie erschienen, erregten sie Aufsehen. Wenn Natascha in einer ihrer hinreißenden Worth-Kreationen in ihrer Loge Platz nahm, begann man zu tuscheln, und alle Operngläser wurden auf sie gerichtet. Man versuchte, ihre Kleider und ihren Schminkstil zu kopieren, und keiner, auch nicht die missgünstigsten Frauen, konnte leugnen, dass sie eine außergewöhnlich schöne Frau war. Aber sie hatte keine Freundinnen. Während ihrer ersten Jahre auf Troyenfeld waren die Frauen in ihrem Umfeld sehr um sie bemüht. Man lud sie zu Spielrunden, Tee- und Spielnachmittagen mit den Kindern ein. Man forderte sie auf, an gemeinnützigen Veranstaltungen teilzunehmen, aber fast immer sagte sie ab, erfand fadenscheinige Ausflüchte. Und irgendwann blieben die Einladungen aus. Bald war sie als arrogant und dünkelhaft verschrien. Solche Frauen brauchte man nicht in Ostpreußen. Nur Marisa von Orlov und Agathe Goelder bemühten sich noch eine Weile um sie, Leopold zuliebe.

Es war während eines Kindergeburtstags auf Weischkehmen, als es auch mit ihnen zum Bruch kam. Auf Leopolds Drängen hatte Natascha zugesagt. »Für die Kinder wird es ein großer Spaß sein«, sagte er. »Die Lackner-Jungen werden sicher kommen und Antonia Henkiel mit Johannes und Ida. Die ist in Fedas Alter. Unsere Tochter braucht doch mal eine Spielgefährtin.«

»Sie hat schließlich ihren Bruder«, murrte Natascha, aber Leopold ließ sich nicht beirren. »Ich meine, du könntest auch mal eine Abwechslung brauchen.«

Als sie auf Weischkehmen ankamen, war das Fest schon in vollem Gang. Auf der überdachten Terrasse, wo die wilden Rosen in voller Blüte standen, saßen die Mütter bei Kaffee und Kuchen, während ein Haufen Kinder im Garten herumtobte. Nachdem Feodora die Damen artig mit Knicks und Handkuss begrüßt hatte, mischte sie sich unter die spielenden Kinder. Rüdiger drückte sich ängstlich an seine Mutter.

»Komm, mein Junge.« Agathe nahm ihn an die Hand. »Ich bringe dich zu den anderen. Du willst doch nicht den Nachmittag mit uns alten Tanten verbringen.«

Widerstrebend ließ er sich mitziehen. Die lärmenden Jungen machten ihm Angst. So etwas war er nicht gewohnt.

»Schau mal, Natascha«, rief Antonia Henkiel erfreut. »Unsere Mädchen scheinen sich schon angefreundet zu haben.«

»Sieht so aus.« Natascha warf nur einen kurzen Blick hinüber zu den beiden, die sich, etwas entfernt von den Jungen, auf einer Bank lebhaft unterhielten.

Auch den Damen gingen die Themen nicht aus. Agathe war im siebten Monat schwanger.

»Was meinst du«, fragte jemand. »Wird es diesmal ein Mädchen?«

»Ich kann es nur hoffen.« Agathe rollte die Augen. »Noch so einen Rabauken wie Carl überlebe ich nicht.«

»Wenn es nun eine Tochter wird, wie soll sie dann heißen?«

»Gustav wünscht sich eine Clara. So hieß seine verstorbene Mutter.«

Die Frauen wandten sich anderen Themen zu. Wie immer bei solchen Gelegenheiten wurde heftig geklatscht. Marike Grüben wusste wieder das Neueste aus Insterburg, und Antonia berichtete von ihrem Kutscher Heinrich, dem sie zu Weihnachten einen neuen Schirm geschenkt hatte. »Vorigen Sonntag beim Kirchgang hat es fürchterlich geschüttet«, erzählte sie, »und als Heinrich in die Kirche kam, war er völlig durchnässt. ›Wo hast du denn deinen neuen Schirm, den ich dir geschenkt habe?‹, frage ich ihn. Und wisst ihr, was er geantwortet hat?« Sie konnte vor Lachen kaum weiterreden. »›Da isser ...‹, und zieht ihn knochentrocken unter der Jacke raus! ›Wenn ik ihn benutz, dann isser ja man nich mehr neu.‹«

»Das ist ja herrlich!« Auch Agathe musste lachen und hielt sich ihren dicken Bauch. »Das muss ich nachher Gustav erzählen. Er liebt solche Geschichten.«

»Wisst ihr, welche Anzeigen ich kürzlich im *Ostpreußischen Tageblatt* gelesen habe?«, warf Marisa ein. »Zu komisch, sage ich euch. Eine lautete: ›Eine Kuh, die jeden Tag kalben kann, steht preiswert zum Verkauf.‹ Und: ›Tüchtige Schweinemagd zum Mästen gesucht.‹ Sind das nicht herrliche Stilblüten?«

Alle brachen in Gelächter aus, nur Natascha schien nicht sonderlich amüsiert. Sie hatte keinen Sinn für diese Art von Humor, und die meisten Leute, über die gesprochen wurde, kannte sie nicht. Ihre Gedanken schweiften nach St. Petersburg zu ihrem Vater. Schon längere Zeit hatte sie nichts von ihm gehört.

»*Maman*«, riss Feodora sie aus ihren Gedanken, »darf ich Ida mal besuchen? Sie wohnt in Klein Darkehmen.«

Bevor Natascha antworten konnte, hörte sie Rüdiger laut weinen. Sie stieß ihre Tochter zur Seite und rannte mit gerafften Röcken zu den Jungen. »Weichei, Lackaffe, Heulsuse«, rief einer, was einen erneuten Tränenschwall bei Rüdiger auslöste.

»Was fällt dir ein, du Bauerntrampel«, schrie Natascha.

»Carl«, mischte Agathe sich ein. »So benimmt man sich nicht einem Gast gegenüber.«

»Er will nichts mitmachen«, sagte Carl trotzig. »Und wie der überhaupt angezogen ist!«

Agathe musste innerlich lachen. Neben ihren Rabauken sah Rüdiger in seinem Samtanzug mit dem weißen Rüschenhemd wirklich etwas exotisch aus. »Entschuldige dich gefälligst bei Rüdiger«, sagte sie ungewohnt streng. »Los, gib ihm die Hand.«

Carl verschränkte seine Hände auf dem Rücken. Er dachte gar nicht daran, sich zu entschuldigen.

»Das ist nicht nötig«, schrie Natascha. »Wir gehen, sofort!« Dann versetzte sie Feodora eine schallende Ohrfeige. »Weißt du nicht, dass du auf deinen Bruder aufpassen sollst?« Sie war außer sich.

»Nun nimm dich mal zusammen, Natascha!« Agathe hatte schützend die Arme um das zitternde Mädchen gelegt. »Es ist nichts Schlimmes passiert. Und wenn hier jemand eine Ohrfeige verdient hat, ist es mein Sohn, den du als Bauernlümmel bezeichnest.« Ihre Stimme war schneidend. »Ich glaube, es ist wirklich besser, wenn du gehst.«

Mit Entsetzen hatten die anderen Gäste die peinliche Szene verfolgt.

»Ich brauche jetzt einen Schnaps, trotz meines Zustandes«, stöhnte Agathe, als die Troyenfeld'sche Kutsche mit den heulenden Kindern abgefahren war. »Diese Frau ist wirklich nicht ganz bei Trost. Sie kann doch ihren Jungen nicht sein Leben lang in Watte packen. So was wie heute wird ihm bestimmt noch öfter passieren.«

»Ihre Wut an dem armen Mädchen auszulassen ist ja wohl der Gipfel«, fand Antonia und drückte ihre Ida fest an sich.

Und Marisa meinte: »Diese Frau muss sehr unglücklich sein. Warum bloß? Leopold und die Kinder können einem leidtun.«

Ein paar Tage später wussten ganz Insterburg und Umgebung von dem Vorfall auf Weischkehmen, und man war sich einig, die »Russin« passte nicht hierher.

Zwei Monate später starb Agathe Goelder bei der Geburt ihrer Tochter Clara. Trotz Leopolds Drängen ging Natascha nicht mit zur Beerdigung und ließ sich mit Unwohlsein entschuldigen, was ihr vor allem von den Frauen ein Leben lang übel genommen wurde.

Gustav Goelder war untröstlich, und auf Weischkehmen fand für lange Zeit kein gesellschaftliches Leben mehr statt.

Der Rhythmus der Jahreszeiten bestimmte das Leben in Ostpreußen, auf den Gütern wie auf den Schlössern, nicht nur gesellschaftlich, sondern auch kulinarisch. Lebensmittel wurden nicht eingekauft, man war autark. Die eigene Landwirtschaft versorgte die Küche mit allem, was man zum Leben brauchte. Der riesige Troyenfeld'sche Gemüse- und Obstgarten unterstand Herrn Brieske, der mit einer Schar von Helfern Erbsen, Kohl, Karotten, Gurken und Bohnen zog. Elfriede und ihre Küchenmädchen waren damit beschäftigt, das, was nicht sofort gegessen wurde, für den Winter einzumachen. Aus den Beeren kochte sie köstliche Marmeladen, die ganze Regale in ihrer Vorratskammer füllten. Äpfel wurden zu Saft gepresst und die besonders guten für den Winter eingelagert. Zweimal im Jahr wurde geschlachtet, und die unterirdischen Kühlkammern waren immer gefüllt mit Würsten, Schinken, Pasteten und Sülzen. Das auf den Jagden geschossene Wild kam zum Teil sofort auf den Tisch und eine nicht unbeträchtliche Menge in die Kühlkammern für den langen Winter. Der Rest wurde an die Jäger und Jagdgehilfen verteilt. Um das leibliche Wohl der Familie und auch das seiner Gäste, die ständig das Schloss bevölkerten, musste sich Leopold keine Sorgen machen, denn das gesellschaftliche Leben fand weiterhin statt wie bisher.

Über den Eklat auf dem Kinderfest in Weischkehmen wurde nicht mehr gesprochen, aber man lud Natascha zu keinem der zahlreichen Damenkränzchen mehr ein. Ihr Fernbleiben auf Agathes Beerdigung hatte sie auch die letzten Sympathien gekostet. Sie vermisste es auch nicht. Sie ließ sich ständig russische Literatur aus St. Petersburg schicken, verschlang die Bücher mehrmals und beschäftigte sich viel mit Rüdiger. Er war ein verhätscheltes, verwöhntes Kind, sehr zart für sein Alter und immer ein wenig ängstlich. Als er mit fünf sein erstes Pony bekam, hatte er Angst, darauf zu reiten. Lieber fuhr er mit seinem Ponywagen im Schlosspark herum.

Feodora dagegen hatte in dem Alter mit ihrem Pony bereits kleine Hindernisse übersprungen und mit sechs darum gebeten, ein richtiges Pferd zu bekommen, auf dem sie ihren Vater auf seinen täglichen Ausritten begleiten konnte. Wenn ihre Eltern nicht zu Hause waren, saß sie bei Elfriede in der

Küche, die ihr von ihrer Tante Carla erzählte. »So wie du jetzt hat se immer hier jesessen bei meinem Muttche«, sagte Elfriede. »Und ik hab so Mitleid mit ihr jehabt. Keen Muttchen nich, dat arme Ding! Und ihr Vatje hat sich nich jekümmert. Dem war nur der Erbe wichtich.« Heimlich dachte sie, dass es ja jetzt fast genauso war, nur umgekehrt.

Wenn Elfriedes Sohn Fritz aus der Schule kam, er war etwas älter als Feodora, tobten die beiden Kinder im Gemüsegarten herum und aßen Obst von Herrn Brieskes Sträuchern und Bäumen, oder sie spielten Verstecken in dem riesigen Gewächshaus.

»Aber dat ihr mir nich ins Schloss jeht!«, hatte Elfriede streng gesagt – zu Recht fürchtete sie, wenn Natascha erfuhr, was ihre Tochter für einen unstandesgemäßen Umgang hatte, würde sie diesen sofort untersagen.

Feodora hatte zuerst widersprochen. »Aber warum denn nicht, Elfriedchen? Ich will Fritzchen die Speicher zeigen. Es ist dort so gruselig, und allein macht es keinen Spaß.«

Also musste Elfriede deutlicher werden. »Ihr wollt doch weiter zusammen spielen …?«

»Ja doch, ja«, riefen beide.

»Nu, wat meinst, wat deine Mutter, die Jräfin, dazu sacht?«

»Aber sie weiß es doch gar nicht«, sagte Feodora. »Sie ist doch gar nicht da. Und Else sagt nichts, die ist lieb.«

»Aber Olga. Glaubste nich, dat die ihr …?«

Das leuchtete Feodora ein. Olga berichtete ihrer Mutter alles, was im Schloss passierte. Sie war ihr bedingungslos ergeben.

Elfriede wusste nun, die Kinder würden sich an ihre Anordnung halten.

Als Feodora sechs Jahre alt wurde, war es mit der Freiheit vorbei. »Die Kinder sind jetzt in einem Alter, in dem sie einen Lehrer brauchen«, sagte Natascha eines Tages. »Und Feodora muss endlich anständige Manieren beigebracht bekommen. Wir sollten dafür zusätzlich eine Gouvernante einstellen, die mit den Kindern auch Französisch spricht.«

»Findest du das nicht ein wenig früh?«, warf Leopold ein.

»Schließlich soll sie sich einmal standesgemäß verheiraten«, erwiderte Natascha. »Und wie es im Moment aussieht, können wir ihr statt einer Mitgift ja wohl nur eine anständige Erziehung mitgeben.« Es war das erste Mal, dass sie eine Bemerkung über Leopolds finanzielle Situation machte.

»Nun, bis unsere Tochter ins heiratsfähige Alter kommt, fließt noch viel Wasser den Pregel hinunter.« Leopold lachte gequält. »Bis dahin kann noch viel passieren.« Damit sollte er recht behalten.

Zu Feodoras Erleichterung nahm die Suche nach geeigneten Lehrkräften einige Wochen in Anspruch. Aber schließlich wurde ein Student aus Königsberg namens Richard Seidel verpflichtet, der die Kinder in Lesen, Schreiben, Rechnen und Geografie unterrichten sollte. Die Gouvernante hieß Julia von Pulkendorf, ein ältliches Fräulein mit hervorragenden Referenzen, die von den Kindern bald heimlich Julchen genannt wurde. Sie war klein und zierlich. Ihre grauen Haare, zu einem Dutt zusammengesteckt, waren immer von einem Spitzenhäubchen bedeckt. Wenn sie lachte, sah ihr verhärmtes Gesicht fast jung aus, und man konnte ahnen, dass sie einmal sehr hübsch gewesen sein musste.

Von nun an war Feodoras Leben reglementiert. Vormittags hatte sie Unterricht bei Herrn Seidel, und dann aß sie gemeinsam mit dem Lehrer und der Gouvernante im kleinen Speisezimmer zu Mittag. Hier erteilte Fräulein von Pulkendorf Benimmunterricht, am Anfang auf Deutsch, später auf Französisch. »Feodora, würdest du bitte das Messer richtig halten?«, »Rüdiger, zappel nicht so herum. Bitte halte dich gerade«, »Feodora, man spricht nicht beim Essen und schon gar nicht mit vollem Mund«, »Rüdiger, würdest du bitte die Suppe nicht so schlürfen?« So ging es in einem fort. Nachmittags hatten beide Kinder Klavierunterricht bei Herrn Seidel, eine Stunde Französisch bei der Gouvernante, und wenn Rüdiger längst maulend zu seiner Mutter gelaufen war, musste sich Feodora noch mit Sticken und Malen herumplagen. Anfänglich war sie aufmüpfig, fühlte sich ihrer Freiheit beraubt und vermisste ihren Spielgefährten Fritz. Aber bald begann ihr das Lernen Spaß zu machen.

Es dauerte nur einige Tage, da hatte Julia von Pulkendorf begriffen, wie die Rollen in diesem Haus verteilt waren. Die Gräfin, schön, voller Dünkel, herrisch und nur interessiert am Wohlergehen ihres Sohnes, hatte hier das Sagen. Der Graf war ein schwacher Mann, einer Frau verfallen, die ihn nicht liebte, und versuchte, seiner Tochter die Zuwendung zu geben, die sie von ihrer Mutter nicht bekam. *Er sieht gut aus, dieser Mann*, dachte sie, *aber er hat traurige Augen.* Fräulein von Pulkendorf entging auch nicht, dass Leopold zu viel trank und sich öfter mit Freunden zum Bakkarat zurückzog. Wohin das führen konnte, wusste sie nur zu gut. Die Eskapaden ihres eigenen Vaters, seine Trunksucht und Spielschulden hatten sie zu dem gemacht, was sie heute war – eine ältliche Gouvernante.

Fräulein von Pulkendorf gelang es bald, Feodoras Herz zu gewinnen. Sie lobte sie für ihre schnelle Auffassungsgabe, tröstete sie, wenn ihr etwas misslang, und streichelte ihr liebevoll über die Wange, wenn Natascha in ihrer Gegenwart Rüdiger herzte und küsste und für sie kein nettes Wort übrig hatte. Julia von Pulkendorf begann, dieses kleine, aufgeweckte Kind zu lieben, und entwickelte gegen die Mutter eine starke Abneigung. Selbstverständlich ließ sie Natascha das nicht spüren. Sie war auf das Gehalt angewiesen. Irgendwann wollte sie mit ihrem Ersparten einen ruhigen Lebensabend verbringen.

Die Abendessen fanden grundsätzlich im großen Speisesaal statt. Auch wenn Gäste eingeladen waren, nahmen Herr Seidel und die Gouvernante daran teil. Die Kinder aßen dann allein mit Else, die sie anschließend zu Bett brachte. Es war üblich, dass man sich am Abend umkleidete. Natascha erschien immer in großer Toilette, und Fräulein von Pulkendorf tauschte ihre grauen Flanellkleider gegen schwarze aus Taft oder Seide, manchmal verziert mit hohen Spitzenkrägen. Auf den locker frisierten Haaren lag ein schwarzes Spitzentuch, und in den Ohren steckten dezente Perlen. Sie war eine tadellose Erscheinung und in den folgenden Jahren für Leopold eine interessante Gesprächspartnerin, außerordentlich belesen, interessiert an Kunst, Musik und Politik. Sie verehrte Bismarck und verfolgte alle seine politischen Entscheidungen. Ab und zu ließ auch Natascha sich dazu herab, an den Gesprächen teilzunehmen, spielte nach dem Abendessen eine Partie Whist mit oder sang, von Herrn Seidel auf dem Klavier begleitet, sentimentale russische Lieder.

Leopold wollte abends immer als Erstes über die Fortschritte seiner Kinder unterrichtet werden.

»Ihre Tochter ist außergewöhnlich sprachbegabt. Sie begreift sehr schnell und lernt spielerisch«, hatte Fräulein von Pulkendorf gleich zu Anfang begeistert geschwärmt.

»Das kann ich nur bestätigen«, hatte Herr Seidel gesagt. »Das Alphabet kann sie bereits auswendig. Erstaunlich nach so kurzer Zeit.« Aber als er Nataschas versteinertes Gesicht gesehen hatte, fügte er schnell hinzu: »Auch Rüdiger ist ein sehr gelehriger Schüler. Er ist trotz seines jungen Alters fleißig bei der Sache.« Das stimmte zwar nicht ganz, aber er hatte schnell begriffen, dass einseitiges Lob für die Tochter bei der Gräfin nicht gut ankam. Und auf keinen Fall wollte auch er diese Stellung, die ihm ein weiteres Jahr an der Universität ermöglichen würde, so schnell wieder verlieren.

Wie jedes Jahr war der Winter mit Macht über das Land hereingebrochen. Die mannshohen Buchsbäumchen im Park waren vom Schnee verhüllt und sahen aus wie stumme weiße Wächter. Überall im Schloss brannten die Kamine, die von Dienern Tag und Nacht in Betrieb gehalten wurden. Bereits am frühen Nachmittag brach die Dämmerung herein, und die Lampen mussten angezündet werden.

Fräulein von Pulkendorf und Feodora saßen im Kinderzimmer, ganz nah am prasselnden Feuer, und wärmten sich die klammen Hände und Füße. Sie hatten ihren täglichen halbstündigen Spaziergang im Schlosspark hinter sich.

»Ich werde Alfons bitten, uns einen heißen Tee zu bringen«, sagte die Gouvernante. »Und wenn deine Finger aufgetaut sind, zeige ich dir, wie man ein Monogramm stickt.«

Sie hatte Feodora vorgeschlagen, ihren Eltern zu Weihnachten ein von ihr besticktes Taschentuch zu schenken.

Aus dem großen Salon klang leises Klaviergeklimper herüber. Rüdiger absolvierte seine ungeliebte Klavierstunde bei Herrn Seidel.

»Hast du denn gar keine Freunde?«, fragte Fräulein von Pulkendorf, nachdem Alfons den Tee serviert und den Raum wieder verlassen hatte.

»Doch«, sagte Feodora. »Ida Henkiel. Aber die wohnt in Klein Darkehmen, und ich sehe sie nur ganz selten.«

»Und hier in der Nähe des Schlosses gibt es niemanden?«

»Doch«, flüsterte Feodora jetzt. »Aber das darf ich nicht verraten.«

»Warum denn nicht, ist das ein Geheimnis?« Die Gouvernante lächelte amüsiert.

Feodora nickte ernst. »Elfriede hat gesagt, niemand im Schloss darf das wissen.«

»Elfriede, die Mamsell, ist deine Freundin …?«

»Nein … ja … auch.« Und nach einem kurzen Zögern fügte sie hinzu: »Wenn du mich nicht verrätst, sage ich es dir.«

»Großes Ehrenwort. Ich sage nichts!«

»Es ist Fritzchen, der Sohn von Elfriede.« Ihre Stimme war kaum noch zu hören.

»Und warum darf das keiner wissen?«

»Elfriede meint, Maman würde es nicht wollen …«

Da könnte sie recht haben, dachte die Gouvernante. *Freundschaften hatten standesgemäß zu sein, um von den Eltern geduldet zu werden.* »Vermisst du deinen Spielkameraden denn sehr?«, fragte sie Feodora.

»Manchmal schon ...«

»Und du hast ihn wohl schon lange nicht mehr gesehen?«

Das Kind lief jetzt rot an. »Du verrätst mich auch wirklich nicht?«

»Nein, ganz bestimmt nicht. Mein Ehrenwort gilt.«

»Vorgestern, als du mit Maman in Insterburg warst, bin ich zu Elfriede in die Küche gegangen. Und da war Fritzchen und hat Hausaufgaben gemacht.«

»Ah, er geht in die Schule?«

»Ja, im nächsten Dorf. Er will Gendarm werden!« Feodora war mächtig stolz darauf, einen Freund zu haben, der so einen fabelhaften Beruf anstrebte.

»Das ist wirklich großartig. Und habt ihr dann ein wenig zusammen gespielt?«

»Ja.« Wieder flüsterte Feodora. »Der Teich hinter der Scheune ist zugefroren. Wir sind dort hin und sind Schlittschuh gelaufen. Aber als Elfriede euren Schlitten gehört hat, ist sie schnell gekommen und hat mich geholt.«

Fräulein von Pulkendorf lachte laut auf. »Deshalb hast du so rote Backen gehabt, als wir ankamen. Und ich hatte ein schlechtes Gewissen, weil du gestern auf deinen Spaziergang verzichten musstest.« Sie machte ein verschwörerisches Gesicht. »Jetzt hör mal gut zu. Deine Eltern gehen übermorgen für einige Tage zu den Orlovs auf die Saujagd. Dann kannst du nach dem Mittagessen raus und mit Fritz spielen, wenn du mir versprichst, mich nicht zu verraten.«

»Danke, danke.« Feodora fiel ihrer Gouvernante um den Hals.

»Und noch etwas. Bei Dunkelheit bist du wieder zu Hause.«

»Ja, ja!« Das Kind war glücklich. Es hatte eine Verbündete!

Der Gouvernante war klar, dass sie damit ihre Stellung riskierte. Aber sie konnte nicht anders. Sie hatte zu großes Mitleid mit dem Kind.

1879

Fast acht Jahre lebten die Harvichs jetzt in Neuseeland. Alle sechs Monate kam ein dicker Brief von Carla. *»Wir haben viele neue Freunde gefunden«*, schrieb sie. *»Unsere Nachbarn, eine Familie Wakerfield, sind reizende Engländer. Sie leben schon in der zweiten Generation hier, und so haben wir Land und Leute bestens kennenlernen können.«* Aber immer wieder klang bei Carla ihr Heimweh nach Ostpreußen durch. *»Hanno wird bald fünfundsechzig, und ich hoffe doch, dass er sich irgendwann entschließt, seinen Posten aufzugeben und wieder nach Hause zu gehen. Im Moment sieht es aber leider noch nicht danach aus …«*

Feodora, die längst selbst die Briefe ihrer Tante lesen konnte, hatte von den Hauslehrern, die jedes halbe Jahr wechselten, alles über das ferne Neuseeland erfahren. Überhaupt waren Geografie und Geschichte ihre Lieblingsfächer, während die Bemühungen der Gouvernante, sie für Sticken, Häkeln und sonstige damenhafte Beschäftigungen zu begeistern, nicht sehr erfolgreich waren.

Julia von Pulkendorf, nun schon fast drei Jahre Gouvernante der Kinder, war von Troyenfeld nicht mehr wegzudenken. Beiläufig hatte sie erwähnt, dass ihre Mutter eine entfernte Cousine der Kaiserin sei, nicht aber, dass diese seit der Familientragödie eine monatliche Zuwendung ihrer kaiserlichen Verwandtschaft erhielt. »Sie lebt in einem Damenstift in Königsberg, und ich würde sie gern ab und an besuchen«, hatte sie Leopold gebeten.

Selbstverständlich wurde ihr das gewährt, und wenn sie von ihren Besuchen zurückkam, unterhielt sie die Gesellschaft mit harmlosen Tratschgeschichten. »Können Sie sich vorstellen, die Kaiserin kann Bismarck nicht leiden. Neulich hat sie meiner Mutter geschrieben, sie belausche immer im Alten Palais von ihrem Schlafzimmer aus mit einem langen Hörrohr die Konferenzen des Kaisers mit Bismarck. Das Arbeitszimmer ist direkt neben ihrem Schlafgemach.«

Das interessierte sogar Natascha. »Und was erfährt sie da so?«

»Im Moment ist sie empört über Bismarcks Idee, eine allgemeine Krankenversicherung einzuführen. Sie hat vor, ihrem Mann das auszureden.«

»Ich kann mir nicht vorstellen, dass sie einen so großen Einfluss auf den Kaiser hat«, sagte Leopold.

»Na hoffentlich nicht«, erwiderte die Gouvernante. »Meine Tante ist reichlich alt und gegen jeden Fortschritt. Ich finde das fabelhaft, was Bismarck macht.« Sie lachte. »Die Antipathie ist übrigens gegenseitig, er nennt sie eine alte Fregatte.«

Ein anderes Mal berichtete sie: »Demnächst feiern der Kaiser und die Kaiserin goldene Hochzeit. Meine Mutter ist zu den Feierlichkeiten im Jagdschloss Hubertusstock eingeladen. Aber leider wird sie absagen müssen. Sie fühlt sich nicht in der Lage zu reisen.«

Das wurde allgemein bedauert. Sicher hätte Fräulein von Pulkendorf wieder amüsante Geschichten darüber zu berichten gehabt.

Feodora liebte ihre Gouvernante. Sie vertraute ihr all ihre kleinen Geheimnisse an, und immer, wenn sie in Geografie ein neues Land kennenlernte, rief sie begeistert: »Wenn ich groß bin, Julchen, dann will ich dahin reisen. Nur reisen will ich.«

»Wenn du groß bist, Fedachen, wirst du heiraten und Kinder bekommen«, war zunächst die Antwort von Fräulein von Pulkendorf. Sie war schließlich dafür da, das Kind auf sein späteres Leben vorzubereiten.

Aber Feodora wurde dann immer wütend. »Das will ich aber nicht. Das weißt du doch!«

Fräulein von Pulkendorf unterließ es bald, Feodora klarzumachen, dass Heiraten und dem Manne untertan zu sein nun einmal das Schicksal der Frauen ihrer Zeit war. *Solang es Träume gibt …*, dachte sie dann jedoch immer. Feodora erinnerte sie nur zu gut an sie selbst. Auch sie hatte aufmüpfige Ideen gehabt, als sie jung und das Vermögen der Familie noch nicht verspielt war. Ihre Brüder studierten, und sie hatte den Wunsch geäußert, einen Beruf zu erlernen. Ihre Eltern waren entsetzt gewesen. »Das Kind ist wohl total verrückt geworden«, hatte ihr Vater getobt und den Hausarzt, Medizinalrat Doktor von Scheyern, zu Rate gezogen.

»Frauen haben im Gegensatz zu Männern eine zarte Gesundheit …«, dozierte der in Gegenwart von Julia, »… und durch ihre monatlich wiederkehrende Behinderung eine starke Anfälligkeit. Ein Studium halte ich für absolut unangebracht.«

Ihr Vater fühlte sich in seiner Meinung bestätigt. Er war überzeugt, seine Tochter litte außerdem an geistiger Verwirrung. »Ein Studium setzt Reife voraus, und Reife bei Frauen ist nicht wesensgemäß. Du wirst dich also standesgemäß verheiraten, und damit basta!«

Von ihrer Mutter hatte Julia keine Hilfe zu erwarten. »Wie kommst du nur auf solche absurden Ideen«, sagte sie immer wieder. »Frauen sind dazu da, zu heiraten, ihren Männern zu dienen und Kinder großzuziehen.« Wohin das führte, lebte ihre Mutter ihr vor. Sie durfte keine eigene Meinung haben und verleugnete sich bis zur Selbstaufgabe, was hin und wieder zu hysterischen Zuständen führte. Dann wurde sie zur Kur geschickt, was eine kurze Besserung brachte. Und alles ging wieder von vorne los.

Als das Vermögen und auch ihre Mitgift verspielt waren, verweigerte Julia eine Ehe mit einem wesentlich älteren Mann. Kurz darauf erschoss sich ihr Vater. Sie war frei und nahm ihr Leben selbst in die Hand.

Von all dem hatte Feodora keine Ahnung, und Julia dachte nicht daran, das fröhliche Kind mit ihrem Schicksal zu belasten. Sie würde noch früh genug den Ernst des Lebens kennenlernen.

Auf dem Schloss herrschte eine strenge Hierarchie. Niemals hätte Elfriede, die Mamsell, zusammen mit den Küchenmädchen gegessen. Sie aß in einem Zimmer mit Alfons, dem Ersten Diener, und mit der Hausdame Frau Steinle, die wiederum nicht mit den Stubenmädchen aß. Lakaien und Stubenmädchen saßen im Nachbarraum und Küchenmädchen und der Rest des Gesindes in der Gesindestube. Normalerweise betrat eine Gouvernante selten die Wirtschaftsräume, aber Feodora bestand darauf, dass sie Elfriede kennenlernte. »Sie ist mit meiner Tante Carla befreundet und immer so lieb zu mir. Ich will, dass du sie auch nett findest.«

Da Julia von Pulkendorf jeglicher Dünkel fremd war, fiel es ihr nicht schwer, Elfriede zu mögen. Sie war eine Seele von Mensch mit einem Herz aus Gold, das hatte die Gouvernante sofort erkannt. Außerdem liebte sie Elfriedes ostpreußischen Dialekt. Herzerfrischend fand sie das.

Von der Mamsell erfuhr sie nun alles über Carla und deren Schicksal, über Emma, die für Carla so etwas wie ein Muttersatz gewesen war, und darüber, wie es dazu kam, dass Elfriede von Kindheit an Carlas Vertraute war. »Nie nich hat se dat Komtesschen rausjehängt, och nich, als se erwachsen war«, erzählte Elfriede. »Mein Muttche hat ihr so jern jehabt.«

Wenn Feodora bei den Gesprächen nicht dabei war, beschwerte sich Elfriede bitter über Natascha. »Isset nich schrecklich. Dat is doch keene Mutter nich. Nie nich isse zu dem Fedachen wie zum kleenen Jrafen.«

Julia wusste längst, dass Elfriede ihre Informationen täglich von Alfons und Else bekam. »Wie sich im Leben allet wiederholt«, sagte Elfriede bekümmert. »Dem armen Kindchen jeht es ja fast so wie damals Carla. Och keene richtige Mutter nich.«

Auch Elfriede bekam regelmäßig Post aus Neuseeland. Einmal, bei einem ihrer Besuche in der Küche, fand die Gouvernante sie vor einem leeren Blatt Papier, an ihrem Federkiel kauend. »Ach, Frollein von Pulkendorf, Sie kommen ja wie jerufen. Ik muss endlich an Carla schreiben und bin schon janz bedripst, weil ik nich weeß, wo ik anfangen soll.« Sie sah ganz unglücklich aus. »Wissen Se, schreiben is nich so janz meine Stärke nich.«

Die Gouvernante musste lachen. »Soll ich das vielleicht für Sie übernehmen?«

Elfriede strahlte. »Wenn Se dat machen könnten …«

Und so begann ein reger Briefwechsel zwischen Carla von Harvich und Julia von Pulkendorf, immer adressiert an Elfriede.

Es war Anfang April. Das Frühjahr kündigte sich mit wilden Stürmen an. Seit einigen Tagen schmolz der Schnee, und die Buchsbäumchen im Park verloren ihr geheimnisvolles Aussehen. Der Pregel führte bereits Hochwasser, und bald würden die Wiesen im Tal überflutet sein. Noch war es kalt und ungemütlich, und die Kamine im Schloss würden wohl auch noch eine Weile brennen müssen.

Natascha und Leopold saßen im kleinen Salon. Sie erwarteten Doktor Grüben. Natascha hatte nach ihm schicken lassen. Rüdiger litt unter leichtem Fieber, und sie wollte sichergehen, dass es nichts Ernstes war. Als sie die eiligen Schritte des Arztes auf dem Gang hörte, atmete sie erleichtert auf. »Da bist du ja endlich«, rief sie. »Wir warten schon ewig auf dich.«

»Es wird doch wohl niemand sterbenskrank sein«, sagte Konrad Grüben lachend. »Vorgestern, als ich mit dir Schach gespielt habe, Leopold, waren doch noch alle gesund.«

»Nein, so schlimm ist es nicht«, erwiderte Leopold. »Rüdiger hat nur etwas erhöhte Temperatur …«

»Na, dann kann ich mich ja erst mal ein wenig aufwärmen.« Er hielt seine klammen Finger an das Kaminfeuer. »Und einen heißen Grog könnte ich auch vertragen.« Er schüttelte sich. »Es ist immer noch saukalt. Der Wind ist eisig, sage ich euch, und die Wege sind völlig aufgeweicht. Mein Pferd ist kaum vorangekommen. Zeitweise stak es knöcheltief im Matsch.«

»Wie sollte es auch anders sein«, warf Leopold ein. »So ist es doch jedes Jahr. Um diese Jahreszeit sollte man möglichst das Haus nicht verlassen.«

Nun lachte Grüben aus vollem Hals. »Du hast gut reden, mein Lieber. In solchen Zeiten denke ich auch manchmal, den falschen Beruf gewählt zu haben.«

Konrad Grüben hatte kurz nach Rüdiger gesehen. »Das Kind ist leicht erkältet«, sagte er, als er zurückkam. »Zwei bis drei Tage Bettruhe und mittags und abends eine kräftige Brühe, mehr kann man in solchen Fällen nicht tun.«

Es hatte heftig zu regnen begonnen. »Willst du nicht mit uns essen und abwarten, bis sich das Wetter beruhigt?«, schlug Leopold seinem Freund vor. »Wenn du jetzt reitest, wirst du dir den Tod holen, und das kann ich nicht zulassen.«

Ein wenig später begab man sich gemeinsam zu Tisch. Die Unterhaltung beim Essen war äußerst lebhaft. Der neue Hauslehrer Herr Kranz, ein Medizinstudent im ersten Semester, war entzückt, mit Doktor Grüben über seinen angestrebten Beruf zu plaudern, und Fräulein von Pulkendorf sprach wieder begeistert über Bismarck und seine geplanten Reformen. Auch Natascha beteiligte sich lebhaft an der Unterhaltung. Man merkte ihr die Erleichterung über Grübens Diagnose an. Sie lebte in ständiger Angst, Rüdiger könnte etwas zustoßen.

»Ich werde mich jetzt auf den Heimweg machen und euch dem Whistspiel überlassen«, sagte Grüben, als es aufgehört hatte zu regnen. »Marike bekommt mich ja kaum noch zu sehen. Drückt mir die Daumen, dass ich nicht im Modder stecken bleibe.«

»Willst du nicht doch lieber über Nacht …?« Leopold hatte den Satz noch nicht zu Ende gesprochen, als Alfons klopfte. »Eine Depesche für die Frau Gräfin ... aus St. Petersburg.«

Niemand sprach, während Natascha mit zitternden Händen den Umschlag öffnete. Ihr blasses Gesicht verlor den Rest Farbe. »Mein Vater ... Väterchen ... hatte einen Herzanfall. Man rät mir dringend, nach St. Petersburg zu kommen.«

»Wir können morgen reisen, wenn du willst. Ich werde dich selbstverständlich begleiten.« Leopold legte den Arm um ihre Schultern. »Reg dich nicht auf, Liebes. Es wird schon nicht so schlimm sein.«

»Aber Rüdiger ... er ist krank, ich kann ihn in seinem Zustand doch nicht allein lassen.«

»Er ist in keinem ›Zustand‹«, mischte Doktor Grüben sich ein. »Er hat eine leichte Erkältung. Else ist mit vielen Geschwistern groß geworden, da war immer einer krank. Sie hat also mit so etwas Erfahrung und wird sich rührend um euren Sohn kümmern. Und ich werde, wenn dich das beruhigt, täglich nach ihm sehen. Wenn ihr zurück seid, ist er wieder wie neu.«

»Gut, ich werde Olga Anweisung geben, sofort zu packen«, willigte Natascha ein.

»Nimm dieses Pulver, es wird dir zu einer ruhigen Nacht verhelfen«, sagte Grüben, bevor er sich verabschiedete. »Die Reise wird anstrengend werden.«

An ein Kartenspiel dachte an diesem Abend niemand mehr. Es entstand eine hektische Betriebsamkeit. Kurt wurde aus dem Bett geholt und von Leopold angewiesen, die sechsspännige Kutsche reisefertig zu machen. »Wir brechen im Morgengrauen auf. Nimm die schnellsten Pferde, und pack genügend Felldecken und Plaids ein, es kann noch empfindlich kalt werden.«

Bevor Kurt sich an die Arbeit machte, fragte er: »Wann, denken der Herr Jraf, werden wir zurück sein?«

»Ich weiß es nicht«, sagte Leopold, »aber ich denke, falls der Fürst wieder wohlauf ist, bleiben wir nicht allzu lange. Es kommt auch auf die Straßenverhältnisse an. Du weißt, es ist Tauwetter ...«

Kurt war so schlau wie vorher.

»Ach noch etwas, Kurt«, rief Leopold ihm nach, als er sich zum Gehen wandte, »nimm einen zweiten Kutscher mit. Ihr müsst euch beim Fahren abwechseln. Wir wollen so wenig Station wie möglich machen.«

Kaum einer im Schloss machte in dieser Nacht ein Auge zu. Es herrschte große Unruhe. Diener riefen Lakaien Befehle zu, Kleiderkisten wurden durch die Gänge geschleift und auf der großen Kutsche verstaut, und in der Küche war Elfriede mit einer Schar Küchenmädchen damit beschäftigt, Körbe mit Essen und Getränken zu füllen. »Erbarmerche«, rief sie immer wieder, »kann einem sowat nich früher jesacht werden.«

Auch für Kurt und seinen Gehilfen wurde Proviant eingepackt. »Zieh dir bloß warm an, Kurtchen«, ermahnte Elfriede ihren Mann. »Ik will dir jesund wiederhaben. Und sauf nich so ville bei die Kosaken.« Die ständig betrunkenen Bediensteten des russischen Fürsten waren ihr noch in guter Erinnerung.

Völlig übernächtigt bestieg Natascha am nächsten Morgen die Kutsche. Die ganze Nacht hatte sie an Rüdigers Bett gewacht, die heiße Stirn gekühlt und ihn wieder zugedeckt, wenn er sich unruhig hin und her wälzte. Gegen Morgen wurde er ruhiger, und auch das Fieber schien gesunken zu sein. Rüdiger schlief fest, als sie sich von ihm verabschiedeten wollte. Sie weckte ihn nicht. »Bis bald, mein Liebling«, flüsterte sie und küsste ihn leicht auf die Stirn. Mit leiser Stimme gab sie Else letzte Anweisungen. »Ich mache dich dafür verantwortlich, wenn dem Kind etwas zustößt«, sagte sie drohend. »Also pass auf, dass es keinen Zug bekommt und brav seine Brühe trinkt.«

»Mach ik, Frau Jräfin, ik kümmer mir schon.«

Widerstrebend verließ Natascha die Nachtkinderstube. Einen kurzen Moment blieb sie vor Feodoras Zimmertür stehen, aber dann ging sie eiligen Schrittes weiter, was Else später voller Empörung in der Küche berichtete.

Die Pferde scharrten bereits ungeduldig mit den Hufen, und auf dem Kutschbock saßen dick vermummt die beiden Kutscher. Nachdem Leopold dem Haushofmeister Kochta letzte Anweisungen gegeben hatte, fuhren sie unter Peitschenknallen und Kurts lautem »Hü, Hü« los.

Sie erreichten St. Petersburg nach sieben Tagen. Nur zum Pferdewechsel hatten sie Station gemacht und sich ein paar Stunden ausgeruht.

Als sie völlig übermüdet im Orlowski'schen Palais ankamen, empfing sie Graf Zerbelov, Fürst Orlowskis Schwager.

»Onkel Nikolai!« Natascha fiel ihm um den Hals. »Wir sind so schnell wie möglich gekommen, kaum geschlafen haben wir. Wie geht es Väterchen, wo ist er, ich hoffe, er ist wieder wohlauf?« Sie war erschöpft auf eine Récamière gesunken. »Ich habe mir ja solche Sorgen gemacht.«

Der alte Herr setzte sich neben sie. Betrübt sah er sie an. »Dein Vater ist tot, mein Täubchen. Er war noch ein paar Tage in tiefer Bewusstlosigkeit, und dann ist er friedlich eingeschlafen.« Für den Moment fand er diese Erklärung ausreichend.

»Nein«, schrie Natascha. »Nein, das darf nicht sein.« Sie begann laut zu schluchzen.

Der Graf gab dem Diener ein Zeichen, aus dem brodelnden Samowar einen Tee aufzugießen, dem er einen kräftigen Schuss Rum zugab. »Hier, mein Täubchen, trink das, es wird dir guttun.« Er strich Natascha beruhigend übers Haar. »Dein Vater hat ein wunderbares Leben gehabt«, sagte er tröstend.

»Ja«, stimmte ihr Onkel zu. »Er hat es in vollen Zügen genossen, und so, wie er gelebt hat, ist er auch gestorben.«

Natascha begriff nicht, was die Männer da sagten. Alles rauschte an ihr vorüber, nichts konnte sie in diesem Moment trösten. »Mein Väterchen, so lange habe ich es nicht mehr gesehen …« Im ganzen Palais war ihr Wehklagen zu hören, und erst nach Stunden fiel sie erschöpft in einen tiefen Schlaf.

Der Zug der Kondolenzbesuche riss nicht ab. Natascha hatte ihre Contenance wiedergefunden. Aufrecht, ganz in Schwarz, außer ihren großen Perlen in den Ohren ohne jeden Schmuck und das Gesicht zur Hälfte mit einem Spitzenschleier bedeckt, nahm sie die Beileidsbezeugungen der St. Petersburger Gesellschaft entgegen. Wenn alte Freunde oder Bekannte kamen, schlug sie den Schleier zurück, und es gab niemanden, der nicht beeindruckt war von ihrer ungewöhnlichen Schönheit.

Am Tag vor der Beerdigung meldete der Diener den Fürsten und die Fürstin Kropotkin.

»Charlotta, wie schön, dich zu sehen.« Auf Nataschas Gesicht erschien das erste Mal, seit sie in ihrer Heimatstadt war, ein Lächeln. Die Frauen umarmten sich.

»Du bist ja noch schöner geworden, seit ich dich das letzte Mal gesehen habe«, rief der Fürst. An Leopold gewandt sagte er: »Kann ich Sie gleich einmal kurz allein sprechen? Es gibt da eine Sache …«

»Aber natürlich, Zerbelov erwähnte vorhin schon so etwas. Wollen wir in die Bibliothek gehen? Soweit ich weiß, erwartet er uns dort.«

Bevor der Fürst sich zum Gehen wandte, sagte er: »Natascha, mein Täubchen, ich bin untröstlich. Du hast deinen Vater verloren, der dich abgöttisch geliebt hat, und ich meinen besten Freund.«

»… und seinen besten Saufkumpan«, bemerkte Charlotta trocken, als Leopold und der Fürst außer Hörweite waren. Sie sah Natascha an. »Du hast deinen Vater verloren, das ist traurig und tut mir auch sehr leid für dich. Aber er ist gestorben, wie er gelebt hat.«

Den Satz hatte Natascha doch schon einmal gehört! »Wie meinst du das, Charlotta?«

»Nun, hat man es dir nicht gesagt? Er hat sich zu Tode gesoffen! Als man ihn fand, übrigens neben einer jungen, besonders hübschen Hure, war er besinnungslos betrunken. Aus diesem Rausch ist er nicht mehr aufgewacht.«

Natascha war nicht sehr überrascht. Insgeheim hatte sie so ein Ende immer befürchtet. »Weißt du, Charlotta«, sagte sie, »so ein Tod passt zu meinem Väterchen. Könntest du ihn dir vorstellen: alt, gebrechlich und ohne seine Musik und seinen Wodka? Ich bin sehr traurig, aber ich glaube, so, wie es gekommen ist, hätte er es sich bestimmt gewünscht.«

Während die beiden Frauen bei Tee und Gebäck plauderten, hatte Leopold ein ernstes Gespräch mit Graf Zerbelov und Fürst Kropotkin. »Wie Sie sicher wissen, lieber Troyenfeld, ist Natascha Alleinerbin meines Schwagers«, begann Zerbelov.

Leopold nickte.

»Nun, seit bekannt wurde, dass Fürst Orlowski so plötzlich verstorben ist, stehen seine Gläubiger Schlange.«

»Das ist ja äußerst bedauerlich ...« Leopold wusste nicht, was er dazu sagen sollte. Über Nataschas Erbe hatte er noch keinen Augenblick nachgedacht.

»Zu meinem größten Bedauern muss ich Ihnen mitteilen, dass so gut wie kein Bargeld vorhanden ist. Wir haben alle Konten überprüft, er hatte nichts als Schulden bei den Banken. Was schlagen Sie vor, sollen wir veranlassen? Das Palais veräußern? Nur Sie als Nataschas Ehemann sind dazu befugt, uns die Vollmachten zu erteilen.«

»Ja, tun Sie das, und tilgen Sie damit die Verbindlichkeiten meines Schwiegervaters.«

Zerbelov legte Leopold ein bereits vorbereitetes Schriftstück zur Unterschrift vor. »Wir haben nichts anderes erwartet«, sagte er. »Gleich nach der Beisetzung werden wir die nötigen Schritte einleiten.«

»Wollen Sie es Natascha sagen, oder soll ich es tun?«, fragte Fürst Kropotkin.

»Nein, im Moment ist ihr Schmerz zu groß. Ich werde sie später darüber in Kenntnis setzen.«

Die Beerdigung am nächsten Tag erlebte Natascha wie in Trance. Die endlosen orthodoxen Liturgien, dazu die schwermütigen Gesänge und die vielen weinenden Menschen – alles schien ihr plötzlich unerträglich. Mit dem Tod ihres Vaters war das letzte Band zu ihrer Heimat zerschnitten. Plötzlich sehnte sie sich nach Troyenfeld, Rüdiger und sogar nach Feodora.

Gleich nach der Trauerzeremonie drängte sie zum Aufbruch. »Ich will nach Hause, Leopold. Ich habe Sehnsucht nach Troyenfeld und meinen Kindern.«

Leopold war überglücklich. Würde sich ihr Leben doch noch zum Guten wenden? Aber als sie in Troyenfeld ankamen, war das Glück für immer vorbei. Alles sollte noch viel schlimmer werden.

Zwei Tage nach Leopolds und Nataschas überstürzter Abreise nach St. Petersburg herrschte große Erleichterung auf Troyenfeld. Als Doktor Grüben zu seiner täglichen Visite kam, begrüßte ihn Fräulein von Pulkendorf freudestrahlend. »Rüdiger geht es ja so viel besser«, rief sie. »Er hat kaum noch erhöhte Temperatur, und seine Suppe hat er ohne Murren gegessen.«

»Da bin ich aber froh«, sagte der Arzt erfreut. »Ich sehe nur mal kurz nach ihm.«

Als er sich wenig später verabschiedete, gab er der Gouvernante noch einige Anweisungen. »Rüdiger soll noch einen Tag das Bett hüten. Dann darf er aufstehen. Aber lassen Sie ihn die nächsten Tage noch nicht nach draußen. Dieses Wetter ist gefährlich und Rüdiger, wie Sie wissen, äußerst anfällig.«

»Ich passe schon auf«, sagte Julia von Pulkendorf lächelnd. »Wir wollen uns doch nicht den Zorn der Gräfin zuziehen.«

»Gott bewahre!« Der Arzt lachte. »Vorsichtshalber schaue ich übermorgen noch einmal vorbei.«

Als er zwei Tage später auf Troyenfeld eintraf, empfing ihn Fräulein von Pulkendorf mit besorgtem Gesicht. »Seit gestern klagt der Junge über Ohrenschmerzen, und das Fieber ist wieder gestiegen. Er will auch nichts essen, er sagt, dass er nicht schlucken kann.«

»O mein Gott!« Grüben sah sie entsetzt an. »Hat er rote Flecken?«

»Im Gesicht habe ich nichts entdecken können.«

Während sie zu der Kinderstube eilten, fragte Grüben: »Wo ist Feodora, hat sie auch irgendwelche Beschwerden?«

»Sie hat die ganze Nacht bei Rüdiger verbracht, zusammen mit Else. Auch sie wollte heute Morgen nichts zu sich nehmen. Sie klagt über Bauchweh.«

»Hat sie Fieber?«

»Wir haben bei ihr noch nicht gemessen.« Die Gouvernante machte ein schuldbewusstes Gesicht. »War das fahrlässig von mir, hätte ich das tun sollen?«

Außer Atem waren sie vor Rüdigers Nachtkinderstube angekommen. »Beten Sie, dass das, was ich befürchte, sich nicht bewahrheitet«, sagte der Arzt ernst. »Gleich werde ich mehr wissen.«

In dem Zimmer herrschte eine stickige Luft. Die Vorhänge waren zugezogen, und eine flackernde Kerze auf dem Nachttisch verbreitete ein spärliches Licht. Es dauerte einen Moment, bis Doktor Grüben sich an die Dunkelheit gewöhnt hatte. In dem schmalen Bett lagen eng aneinandergeschmiegt die beiden Kinder. Rüdigers Augen waren geschlossen, seine blonden Locken klebten an seinem Kopf, und sein Atem kam stoßweise. Feodora streichelte ihm zärtlich die Wangen. »Rüdi ist so heiß, Onkel Konrad«, sagte sie leise. »Er hat Hals- und Ohrenweh.«

»Ich weiß, Fedachen.« Grüben strich ihr über die Stirn. Auch sie hatte hohes Fieber.

Else zupfte ihn am Ärmel. »Dokterche«, flüsterte sie kaum hörbar. »Mir is janz mulmich. Wissen Se noch, dat Ilschen …«

»Mach die Vorhänge auf«, antwortete Grüben, ohne darauf einzugehen. »Ich muss etwas sehen, wenn ich die Kinder untersuche. Und dann hilf mir beim Ausziehen. Ich kann sonst keine genaue Diagnose stellen.«

Fräulein von Pulkendorf lehnte an der Tür. Sie war wie gelähmt. *Bitte, lieber Gott*, betete sie im Stillen, *lass es nicht diese schreckliche Krankheit sein. Bitte, lieber Gott!*

»Bei unserem Ilschen hat et jenauso anjefangen«, hatte Else ihr am Morgen angsterfüllt erzählt. »Scharlach heeßt dat. In unserem Dorf sin janz viele Kinderchens daran jestorben. Unser Ilschen och. Ik hab ihr jepflegt, bis zum Schluss hab ik ihr jepflegt.« Sie war in Tränen ausgebrochen. »Ach Jottchen, wat mach ik bloß. Ik hab der Frau Jräfin doch versprochen …«

»Nun sieh mal nicht zu schwarz, Else«, hatte die Gouvernante versucht, sie zu beruhigen. »Gleich kommt Doktor Grüben, und vielleicht ist ja alles gar nicht so schlimm.«

Das Beten hatte nichts genützt. »Es ist Scharlach«, sagte Doktor Grüben, nachdem er beide Kinder gründlich untersucht hatte. »Es gibt schon mehrere Fälle im Landkreis.« Er schüttelte bekümmert den Kopf. »Das wird wieder viel Leid über die Menschen bringen.«

»Deck sie gut zu«, wies er Else an. »Dann mach für eine halbe Stunde die Fenster weit auf. Es muss frische Luft herein.« Zu der Gouvernante sagte er: »Ich muss mit Ihnen sprechen, allein.«

Im kleinen Salon, Alfons hatte dort bereits Tee serviert und einen Imbiss vorbereitet, erfuhr sie das ganze Ausmaß der Katastrophe. »Beide Kinder haben Scharlach«, eröffnete Grüben der entsetzten Frau. »Die Diagnose ist eindeutig. Hohes Fieber, geschwollene Lymphen, kleine rote Pusteln …«

»Aber ich habe gar keine gesehen …«

»… am ganzen Körper. Im Gesicht findet man sie kaum«, fuhr er fort. »Symptomatisch sind auch die Hals- und Schluckbeschwerden, Bauchschmerzen …« Er nahm einen Schluck Tee. »Feodora hat sich wahrscheinlich bei Rüdiger angesteckt.«

»Und was sollen wir jetzt tun?«

»Sie muss sofort von ihm getrennt werden. Außer Else darf niemand zu ihnen. Niemand, haben Sie mich verstanden. Auch Sie nicht!« Er sah ihr an, dass ihr das gar nicht recht war. »Else ist immun, sie hatte seinerzeit auch die Symptome der Krankheit. Ansonsten gibt es nichts, was wir tun können. Eine Medizin gibt es nicht. Das Einzige, was wir über Scharlach wissen, ist, dass die Krankheit extrem ansteckend und leider sehr oft tödlich ist.«

»Aber wir müssen die Eltern benachrichtigen. Ich kann doch nicht die ganze Verantwortung allein tragen!« Aufgeregt rannte Fräulein von Pulkendorf hin und her und wischte sich dabei mit ihrem Spitzentaschentuch die Tränen weg.

»Meine Freunde sind vermutlich irgendwo auf der Landstraße zwischen Riga und St. Petersburg, wie wollen Sie sie erreichen? Wir können im Moment wirklich nichts tun, außer hoffen und beten, dass die Kinder wieder wohlauf sind, wenn sie zurückkommen«, sagte Grüben.

»Ja, glauben Sie denn, dass es Hoffnung gibt?«

Obwohl der Doktor keineswegs davon überzeugt war, sagte er: »Sie wissen doch, die Hoffnung stirbt zuletzt. Sorgen

Sie dafür, dass Else meine Anweisungen befolgt. Wir werden jetzt zu ihr gehen, und ich werde ihr sagen, was zu tun ist.«

»Wie lange kann es dauern, bis die Kinder über den Berg sind?« An etwas anderes wollte Fräulein von Pulkendorf einfach nicht denken.

»Die Krankheit dauert gewöhnlich zwölf bis vierzehn Tage. Bis dahin werden die Troyenfelds hoffentlich zurück sein.«

Nachdem Grüben Else gesagt hatte, was zu tun sei, verließ er niedergeschlagen das Schloss. »Ich werde zweimal täglich vorbeischauen«, versprach er der verzweifelten Gouvernante beim Abschied. »Und machen Sie sich nicht so große Sorgen.« Die Zuversicht, die er gerade noch ausgestrahlt hatte, empfand er selbst in keinster Weise. Im Gegenteil, er befürchtete das Schlimmste.

Fräulein von Pulkendorf empfing Leopold und Natascha in der Halle. Sie war ganz in Schwarz gekleidet, die Augen waren vom Weinen rot und verquollen.

»Was ist passiert?«, fragte Leopold nach einer kurzen Begrüßung. »Ist Ihre Frau Mutter verstorben?«

»Nein …«

»Ich laufe schnell zu Rüdiger«, rief Natascha. Sie interessierte sich nicht für Familiengeschichten ihrer Angestellten. Aber nach ein paar Schritten blieb sie wie angewurzelt stehen. Langsam drehte sie sich um. Ihre Augen waren vor Schreck weit aufgerissen, und ihre Stimme war nur ein Krächzen. »Wer ist es denn dann …?«

Fräulein von Pulkendorf schlug die Hände vors Gesicht. »Es tut mir ja so leid«, schluchzte sie, »so unendlich leid. Rüdiger ist tot.«

Leopold fing seine Frau im letzten Moment auf. Sie hatte das Bewusstsein verloren.

Leopold stand am Fenster des kleinen Salons und starrte in den Park. Er sah nicht die blühende Pracht der ersten Frühlingsblumen und das zarte Grün der Büsche und Bäume. Für ihn war die Welt stehen geblieben. Nur einen Moment lang hatte er ein Gefühl der Erleichterung verspürt, als er hörte, dass Feodora lebte. Fast schämte er sich dafür. »Was ist passiert?«, fragte er tonlos, ohne sich umzudrehen, die Gouvernante, die zusammengesunken in einem Sessel kauerte.

»Im ganzen Landkreis herrscht eine Scharlachepidemie. Unzählige Kinder sind daran gestorben.« Sie schluchzte leise. »Wie durch ein Wunder hat Feodora überlebt.«

»Wo ist sie, wie geht es ihr?« Seine Stimme klang jetzt etwas lebendiger. »Kann ich sie sehen?«

»Doktor Grüben hat ihr noch zwei Tage Bettruhe verordnet, er will sichergehen, dass sie ganz gesund ist und niemanden mehr ansteckt.«

»Sie ist doch wohl nicht allein! Wer kümmert sich denn um sie?«

»Nein, nein, um Gottes willen«, rief Fräulein von Pulkendorf aufgeregt. »Else ist … war … Tag und Nacht bei den Kindern.« Sie schluchzte auf. »Sie ist jetzt bei Feodora. Else ist immun gegen diese Krankheit, sie hat selbst in ihrer Kindheit Scharlach gehabt, sagt der Arzt.« Sie konnte nicht aufhören zu weinen. »Else hat sich rührend um beide gekümmert, aufgeopfert hat sie sich.«

In dem Moment stürmte Konrad Grüben herein. »Leopold, mein armer Freund, es tut mir so unendlich leid.« Die Männer umarmten sich schweigend. »Ich höre, ihr seid gerade angekommen.«

Leopold nickte.

»Wir wussten nicht, wo und wie wir euch erreichen können«, fuhr Grüben fort. Er blickte sich suchend um. »Wo ist Natascha. Wie hat sie es aufgenommen?«

»Bei der Todesnachricht hat sie das Bewusstsein verloren. Sie ist in ihrem Boudoir.«

»Eine schreckliche Krankheit ist das. Wir Ärzte sind machtlos, es gibt immer noch kein Medikament dagegen.« Grüben schlug sich verzweifelt die Hände vor die Brust. »Glaub mir, ich leide mit euch und den armen anderen Eltern. Manche haben bis zu drei Kinder verloren. Ich bin so froh, dass wenigstens Feodora es überstanden …«

»So, bist du das? Ich bin es nicht!« Unbemerkt hatte Natascha den Raum betreten. In ihrem kalkweißen Gesicht glühten die Augen wie schwarze Kohlen. Wie von Sinnen schlug sie jetzt mit beiden Fäusten auf den Arzt ein. Ihre Stimme überschlug sich. »Gib mir meinen Sohn wieder. Ich will ihn wiederhaben, sofort.«

»Maman.« Eine kleine, zarte Gestalt, barfuss und nur mit einem Nachthemd bekleidet, stand zitternd in der Tür, hinter ihr war Else mit vor Entsetzen geweiteten Augen. »Maman, hast du mich denn gar nicht lieb?«

Für einen Moment waren alle wie gelähmt. Dann stürzte Natascha, ohne das Kind zu beachten, auf Else zu, die erschrocken zurückwich. »Geh mir aus den Augen«, schrie sie. »Hättest du besser aufgepasst, würde mein Sohn noch leben. Ich will dich nie mehr sehen!«

»Mäßige dich, Natascha!« Die Stimme des Arztes war schneidend. »Niemand hat Schuld an Rüdigers Tod, am allerwenigsten Else. Sie hat den größten Anteil daran, dass deine Tochter noch lebt.«

Wortlos verließ Natascha den Salon. Sie ließ eine entsetzte Gesellschaft zurück, die nicht wusste, wie sie den hemmungslos weinenden Vater und seine sich verzweifelt an ihn klammernde Tochter trösten sollte.

Es wurden acht Tage Trauergeläut und eine vierwöchige Landestrauer angeordnet. An einem strahlenden Frühlingstag wurde unter Anteilnahme der ganzen Grafschaft Rüdiger auf dem Troyenfeld'schen Friedhof zu Grabe getragen. Der Pastor hatte eine ergreifende Rede gehalten und ein vierstimmiger Chor das *Ave Maria* von Mozart gesungen. Lautes Schluchzen und Weinen begleitete die Zeremonie. Feodora war in Tränen aufgelöst, ihr Vater hielt sie fest im Arm. Natascha stand aufrecht und tief verschleiert am Grab. Erst als der kleine, weiße, mit Lilien bedeckte Sarg in die Erde gelassen wurde, schwankte sie leicht. Dann schlug sie ihren Schleier zurück, warf eine weiße Rose hinterher und rief ihrem Sohn auf Russisch ein Lebewohl nach. Ihr Gesicht sah wie gemeißelter Marmor aus, tränenlos, versteinert. Dann schlug sie den Schleier wieder über ihr Gesicht, drehte sich um und ging langsam zurück zum Schloss. Ihren Mann und ihre Tochter ließ sie allein am offenen Grab zurück, um die endlosen Beileidsbezeigungen der Trauergäste entgegenzunehmen. Zu dem Empfang der Gäste im Schloss erschien Natascha nicht.

Man verabschiedete sich bald, die Stimmung war zu gedrückt. Auch im Gasthof, wo das Gesinde geladen war, wollte keine rechte Stimmung aufkommen, und was ganz ungewöhnlich war: An diesem Abend wurde nicht getanzt.

Leopold bat seinen Freund Grüben nicht, ihm die letzten Worte seiner Frau zu übersetzen. Es interessierte ihn nicht mehr. Mit seinem Sohn war auch die Liebe zu seiner Frau gestorben.

Das Mitgefühl der ganzen Grafschaft gehörte Leopold und Feodora. Für Natascha hatten die meisten nur Verachtung übrig. Wie konnte eine Frau sich nur so benehmen! Und die Geschichten, die durch die Schlossmauern nach außen drangen, waren nicht dazu angetan, ihre Meinung über sie zu ändern. Sie blieb für immer die Fremde, die Russin, herz- und gefühllos.

Als Else weinend mit ihrem geschnürten Bündel bei Elfriede in der Küche erschienen war, hatte die fast einen Herzanfall bekommen. »Wat hat se dir? Rausjeschmissen?« Ihr gewaltiger Busen wogte vor Empörung auf und ab. »Du sollst schuld sein am Tod von dem kleenen Jrafen?« Elfriede verstand die Welt nicht mehr. »Du, die du dir aufjeopfert hast für die beeden Kleenen? Nu nee nich, ik kann et nich jloben.« Sie goss zwei große Gläser randvoll mit ihrem besten Likör. »Trink dat mal, Elschen«, sagte sie. »Du musst dir beruhigen und ik och.«

Frau Steinle war dazugekommen und kurz darauf Fräulein von Pulkendorf, die am ganzen Leib vor Aufregung und Wut zitterte. »Diese Frau hat den Verstand verloren«, sagte sie. »Ich verstehe ja ihren Schmerz. Aber was sie da eben ihrer armen Tochter angetan hat ... Und der Else die Schuld an Rüdigers Tod zu geben ... Nein, das ist wirklich die Höhe.« Nachdem auch sie zur Beruhigung ein Glas Likör getrunken hatte, erfuhr Elfriede das ganze Ausmaß der schrecklichen Szene.

»Errbarrmunk«, rief sie immer wieder. »Dat arme Fedachen!« In allen Einzelheiten musste Fräulein von Pulkendorf erzählen, wer was gesagt hatte, und nicht nur Elfriede, auch Frau Steinle war entsetzt.

Else war in Tränen aufgelöst. »Wo soll ik denn jetzt hin. Zu Hause ham se doch jar keenen Platz nich mehr für mich?«

»Du bleibst erst einmal hier«, entschied Frau Steinle, »und machst dich in der Küche nützlich. Ich nehme das auf meine Kappe.«

»Und ich werde Doktor Grüben bitten, sich nach einer Stelle für dich umzusehen«, mischte sich Fräulein von Pulkendorf ein. »Außerdem werde ich den Grafen bitten, dir ein erstklassiges Zeugnis auszustellen. Du hast es wirklich verdient.«

»Danke«, sagte Else, die immer noch schluchzte. »Aber ik hab doch dat Fedachen so lieb, dat arme Kleinerchen.«

»Ich bin ja auch noch da«, beruhigte sie Fräulein von Pulkendorf. »Mich wird die Gräfin nicht so schnell los.«

Bald darauf fand Doktor Grüben für Else bei einer kinderreichen Insterburger Familie eine Stelle, wo sie den Rest ihres Lebens verbringen sollte. Der Hauslehrer Herr Kranz war zum Wintersemester nach Königsberg zurückgekehrt, und man machte keine großen Anstrengungen, einen Ersatz für ihn zu finden. So übernahm, ohne dass viel darüber gesprochen wurde, die Gouvernante die Pflichten des Hauslehrers. Feodora war jetzt neun Jahre alt, konnte lesen, schreiben, rechnen und sprach fließend Französisch und Russisch. Es machte Fräulein von Pulkendorf große Freude, dieses aufgeweckte und liebe Kind für Dinge zu interessieren, die sie selbst begeisterten.

Der Tod Rüdigers und das plötzliche Verschwinden von Else, die für sie mehr Spielgefährtin als Dienstmädchen gewesen war, hatten Feodora in eine vorübergehende Schwermut fallen lassen. Albträume plagten sie, und oft lag sie nachts wach, war sie es doch nicht gewohnt, allein zu schlafen. Sie litt unter Appetitlosigkeit, ihre tizianroten Locken verloren ihren Glanz, und sie sah blass und elend aus. Sie war in sich gekehrt, sprach nur, wenn man das Wort an sie richtete, und saß stundenlang an Rüdigers Grab. Es war zweifelsohne allein das Verdienst der Gouvernante, dass Feodora nach einigen Monaten wieder zu dem fröhlichen Kind wurde, das sie früher einmal war.

Wenn Fräulein von Pulkendorf von den Besuchen bei ihrer Mutter aus Königsberg zurückkam, berichtete sie von Theater- und Opernerlebnissen, spielte Feodora auf dem Klavier die gerade gehörten Arien vor und erklärte ihr das Libretto. Sie erzählte ihr von Mozart, dem Wunderkind, das bereits in jungen Jahren so herrliche Musik geschrieben hatte, und von seinem traurigen, viel zu frühen Tod in bitterer Armut. Wenn sie vierhändig am Klavier Sonaten von Beethoven spielten, erfuhr Feodora, dass der Meister diese geschrieben hatte, als er taub und nicht mehr fähig war, sie selbst zu hören. All das faszinierte sie, und dann berichtete sie ihrem Vater, was sie wieder Aufregendes gelernt hatte.

Sie liebte ihn innig. Ihre Bemühungen, ihrer Mutter zu gefallen, hatte sie aufgegeben. Ihr Verhältnis zueinander war distanziert, kühl, aber nicht unfreundlich. Man nahm gemeinsam die Mahlzeiten ein, machte höflich Konversation, und dann ging jeder seiner Wege. Feodora hatte begriffen, dass ihre Mutter sie nicht liebte, und sich, wenigstens nach außen hin, damit abgefunden. Fräulein von Pulkendorf tat alles, um ihr die Mutter zu ersetzen, und Leopold war ihr dafür unendlich dankbar.

Immer seltener kamen Gäste in das früher so belebte Schloss. Die freudlose Atmosphäre des Hauses und Nataschas mürrische Art, wenn Freunde vorbeikamen, ließen auch die, die sonst tage- oder wochenlang geblieben waren, schnell wieder abreisen. Und bald kam niemand mehr. Auch Einladungen zu Gesellschaften und Jagden lehnte Natascha ab und erwartete von Leopold, dass auch er nicht hinging.

Dem früher so geselligen und fröhlichen Mann schien alle Energie und Freude abhandengekommen zu sein. Er begann wieder zu trinken und zu spielen. Immer öfter fuhr er nach Königsberg, von wo er erst Tage später mit rotgeränderten Augen zurückkam, nervös und gereizt, dass sogar Feodora ihm aus dem Weg ging. Wenn er bereits am Tag zu viel trank, stand Natascha, die seit Rüdigers Tod immer ganz in Schwarz gekleidet war, auf und verschwand wortlos mit ihrem Stickrahmen bis zum nächsten Tag in ihrem Boudoir. Schleichend nahm das Unglück seinen Lauf.

Von all dem erfuhr Carla im fernen Neuseeland wenig. Sie korrespondierte zwar regelmäßig mit ihrem Bruder und mit Fräulein von Pulkendorf, aber keiner wagte ihr die ganze Wahrheit zu schreiben. »Et regt ihr nur uff, und tun kann se nuscht nich!«, hatte Elfriede gesagt, wofür die Gouvernante volles Verständnis hatte.

Zwei Jahre waren seit dem Tod von Rüdiger vergangen. Fräulein von Pulkendorf saß bei Elfriede in der Küche. »Wie soll das bloß weitergehen?«, fragte sie unglücklich. »Wie wird das nur alles enden?«

Alfons hatte mal wieder gelauscht und alles sofort an Elfriede weitergegeben: An diesem Morgen war Horst Köchen unerwartet auf Troyenfeld erschienen. Er schien äußerst erregt und bemerkte nicht, dass Alfons die Tür der Bibliothek hinter ihm nicht ganz schloss. »Ich muss ernsthaft mit dir reden, Leopold«, hatte er gesagt. »Deine Spielleidenschaft wird euch bald ruinieren.«

»Nun übertreib man nicht, alter Freund. Du weißt doch, wie das ist. Mal verliert und mal gewinnt man.«

»Du scheinst jedenfalls öfter zu verlieren.« Die Stimme Kölichens war lauter geworden. »Es kursieren Schuldscheine von dir in Königsberg über erhebliche Summen. Wie willst du die jemals einlösen?« Er hatte kurz geschwiegen und dann gesagt: »Ich als dein väterlicher Freund und Vermögensberater fühle mich verpflichtet, dich zu warnen. Wie willst du das Schloss mit all seinen Bediensteten, die bei dir in Lohn und Brot stehen, erhalten, wenn du nur noch Schulden hast, und was ist mit der Mitgift für Feodora?« Dann hatte er offensichtlich die offene Tür bemerkt, sie geschlossen, und Alfons konnte nur noch bruchstückhaft verstehen, dass über den Verkauf eines größeren Stück Landes gesprochen wurde.

Auf Alfons' Bericht hin hatte Elfriede mehrmals »Errbarrmunk« gerufen und schon drei Gläser Likör geleert.

»Ich habe noch eine andere Sorge«, sagte Fräulein von Pulkendorf betrübt. »Feodora ist nur noch mit Erwachsenen zusammen. Das ist nicht gut für das Kind.«

»Ja, ja, seit mein Fritzchen uff Gendarm lernt, is dat Armerchen janz alleene.« In dem Moment läutete die Glocke am Tor der hinteren Schlossmauer »Ik kiek mal schnell, wer dat is«, sagte Elfriede. »Bin jleich wieder da.« Kurz darauf kam sie zurück, vor ihr lief ein kleines Mädchen. Es sah ordentlich aus, trug ein sauberes geblümtes Kleid, auf dem Kopf einen mit Kornblumen besetzten Strohhut und unter dem Arm ein Bündel mit seinen Habseligkeiten. »Dat is Irma ... wie heeßt man noch weiter?«

»Irma Kaldereit.«

»Und woher bist?«

»Aus Pillkallen.«

»Und wie alt bist?«, setzte die Mamsell ihr Verhör fort.

»Fast vierzehn.«

»Dat Marjellchen sucht ‘ne Stellung.« Elfriede sah Fräulein von Pulkendorf auffordernd an.

»Ja, und was soll ich da tun? Wir haben doch gerade …, nun, Sie kennen ja hier die Situation.«

Elfriede tat, als hätte sie die Worte der Gouvernante nicht gehört. »Nu setz dir erst mal«, sagte sie zu dem verängstigten Kind und stellte eine Tasse Milch und ein großes Stück Kuchen vor ihm auf den Tisch. »Nu iss mal, bist ja janz mickrich.«

Während Irma den Kuchen hinunterschlang, betrachtete Fräulein von Pulkendorf das junge Mädchen. Es hatte ein hübsches Gesicht mit einer kleinen Stupsnase, blonde, zu dicken Zöpfen geflochtene Haare und einen offenen Blick. Obwohl drei Jahre älter als Feodora, war Irma wesentlich kleiner. *Richtig verhungert sieht es aus, das arme Ding, wahrscheinlich hat es nie genug zu essen bekommen*, dachte sie.

Nachdem Irma den letzten Bissen hinuntergeschluckt hatte, fing sie an zu reden. »Ik such Arbeit. Mein Muttchen hat mir wegjeschickt. ›Bist jetzt alt jenug, für dir selbst zu sorgen‹, hat se jesacht.« Ihr Blick wurde flehend. »Bitte schicken Se mir nich weg. Ik brauch nur janz wenig zu essen und ‘ne Schlafstelle, jar keenen Lohn nich. Janz fleißig will ik sein. Ik kann kochen …«

»Dafür bin ik hier zuständig«, warf Elfriede ein.

»… nähen kann ik, stopfen, putzen, allet, wat ik zu Hause och jemacht hab. Ik bin die Älteste von dreizehn Jeschwistern …« Erschöpft hielt sie inne.

Frau Steinle hatte die letzten Worte gehört. »Eines der Dienstmädchen ist schwanger. Irma könnte Feodoras Zimmer und Sachen in Ordnung halten. Was meinen Sie, Fräulein von Pulkendorf, können wir ihr das auch zutrauen?«

»Eine wunderbare Idee!«

»Aber Lohn bekommst du vorerst noch nicht«, fuhr die Hausdame fort. Leopold hatte ihr gerade gesagt, dass das Personal erneut verringert werden müsse.

»Ik brauch doch nuscht nich.« Irma strahlte, und Elfriede flüsterte der Gouvernante zu: »Dat löst vielleicht ihr Problemchen. Und wenn se fleißig is, werd ik ihr ab und an 'nen Dittchen zustecken.«

»Wer bist du denn?« Feodora war, erhitzt vom Ausritt mit ihrem Vater, in ihr Zimmer gestürzt, um sich für das Mittagessen umzuziehen.

Irma, die auf den Knien lag, um den Boden zu putzen, war aufgesprungen. »Irma, ik bin Irma, dat neue Dienstmädchen.« Sie knickste mit hochrotem Kopf.

»Du siehst ja ulkig aus.« Feodora betrachtete interessiert das kleine Mädchen, das ihr in dem gestreiften Kleid und der riesigen Schürze irgendwie verkleidet vorkam. »Die Sachen sind dir ja viel zu groß.«

»Frau Steinle sacht, ik wär noch en bisken mickrich, aber dat wird schon.«

»Was bist du, ›mickrich‹?« Feodora lachte laut auf. »Ich glaube, du bist einfach zu klein und zu dünn.« Während sie ihr Kleid aufknöpfte, fragte sie weiter: »Seit wann bist du denn auf Troyenfeld?«

»Seit heute Morgen.« Irma trat von einem Fuß auf den anderen. »Frau Steinle hat mir anjewiesen …«

In dem Moment kam die Hausdame herein. »Ach, ihr habt euch schon kennengelernt. Feodora, das ist Irma. Sie wird in Zukunft dein Zimmer und deine Sachen in Ordnung halten.« Dann wandte sie sich an Irma. »Das ist Feodora Komtess von Troyenfeld.«

Irma knickste erneut. »Weeß schon«, sagte sie.

»Na, nun mach dich nützlich«, rief die Hausdame streng. »Häng das Kleid auf, und bürste es aus. Die Schuhe müssen geputzt und der Schrank muss aufgeräumt werden.«

»Wo schläft Irma?«, fragte Feodora plötzlich.

»Im Gesinderaum bei den anderen Mädchen, wo sonst.«

»Ich möchte, dass sie hier schläft. Else hat auch bei mir geschlafen.«

»Ich weiß nicht, ob das den Herrschaften recht ist. Und wo soll sie überhaupt …?« Sie blickte sich suchend um.

»Ik kann auf dem Boden schlafen«, sagte Irma schnell. »Dat macht mir nuscht nix aus, wirklich.«

»Sehen Sie, Frau Steinle«, sagte Feodora altklug, »das wäre ja wohl geklärt.« Sie nahm ein rosafarbenes Musselinkleid aus dem Schrank. »Kannst du mir bitte hinten die Knöpfe schließen, Irma?«, sagte sie, ohne weiter auf die Hausdame zu achten.

»Ich hoffe, du machst deine Sache gut«, wandte sich Frau Steinle an Irma und verließ den Raum.

»Wie alt bist du?«, fragte Feodora.

»Fast vierzehn, jnädijes Frollein Komtesschen.«

»Ich bin fast zwölf«, flunkerte Feodora. »Aber für vierzehn bist du ziemlich klein.«

»Zu Hause sind man alle nich so jroß.«

»Wer sind alle. Wie viele seid ihr denn?«

»Na nu, Muttche und Vatche und dreizehn Kinderchens, mit mir.«

»Was, dreizehn?!« Feodora blieb vor Staunen der Mund offenstehen. Eine Familie mit so vielen Kindern, das musste ja lustig sein. »Ich hatte nur einen Bruder. Er ist gestorben, an Scharlach. Seitdem bin ich ganz allein.« Beinahe hätte sie auch von Else erzählt, aber Irma rief mitleidig: »Ach Jottchen, dat is aber firchterlich traurig.«

»Ja sehr, ich habe ihn schrecklich lieb gehabt. Er hieß Rüdiger und ist nur sieben Jahre alt geworden.« Sie machte eine Pause. »Wieso bist du nicht zu Hause geblieben?«

Irma verlor langsam ihre Scheu. »Wir sind zu ville zu Hause. Muttche hat mir wegjeschickt. Ik soll nun man selbst für mir sorgen.«

Jetzt war Feodora entsetzt. Es gab also noch mehr Mütter, die ihre Kinder nicht liebten. Ob ihre Mutter ihr das auch antun würde? Sie musste gelegentlich mit Julchen darüber sprechen.

In dem Moment steckte Fräulein von Pulkendorf den Kopf zur Tür herein. »Feodora, wir warten mit dem Essen auf dich.«

»Ich komme, Julchen.« In der Tür drehte sie sich noch einmal zu ihrem neuen Dienstmädchen um. »Bis nachher, Irma, du musst mir dann weitererzählen.«

»Ihr scheint euch ja schon gut zu verstehen, Irma und du«, sagte die Gouvernante, als sie gemeinsam hinunter zum Speisesaal gingen.

»Ja, sie ist nett, und stell dir vor, ihre Mutter hat sie von zu Hause weggeschickt, ist das nicht schrecklich?«

»Ja, so etwas gibt es.« Die Gouvernante strich ihr zärtlich über das Haar. »Aber es wäre besser, wenn du bei Tisch nicht darüber sprechen würdest. Du weißt, deine Mutter interessiert sich nicht sonderlich für das Schlosspersonal.«

Instinktiv hatte Feodora begriffen, dass sie über Irma besser nicht sprach, und das sollte auch so bleiben. Es dauerte Jahre, bis ihre Mutter erfuhr, dass es eine Irma im Schloss gab, die auch noch Vertraute ihrer Tochter war. Zum ersten Mal in ihrem Leben erfuhr Feodora, dass Kinder, kaum älter als sie, arbeiten mussten, weil es für sie zu Hause nicht genug zu essen gab. Seit ihrer Geburt war sie umgeben von Dienern, Lakaien und anderen dienstbaren Geistern – eine Selbstverständlichkeit, über die sie noch nie nachgedacht hatte. Erst durch Irma sollte sie erfahren, dass es auch ein anderes Leben gab.

Feodoras Tage waren weiterhin streng reglementiert. Vormittags hatte sie drei Stunden Unterricht bei Fräulein von Pulkendorf, bei gutem Wetter ritt sie mit ihrem Vater oder dem Stallmeister aus; allein zu reiten, war ihr strengstens untersagt! Nach dem gemeinsamen Mittagessen mit ihren Eltern und der Gouvernante hielt sie eine Stunde Mittagsruhe, dann ging es weiter mit Klavier-, Zeichen- oder Sprachunterricht. Wann immer es ging, stahl sie sich zu Elfriede in die Küche, wo sie meistens Irma antraf, die sich dort nützlich machte, wenn bei Feodora nichts zu tun war. »Is en jutes Kind, dat Irmchen«, sagte Elfriede immer wieder zu Frau Steinle. »Se hilft mir, wo se kann, und für dat Komtesschen isse direkt ein Sejen.« Fräulein von Pulkendorf hatte ihr berichtet, dass Feodora keine Albträume mehr hatte, seit Irma bei ihr schlief, und ihre abendlichen Tabletts kamen neuerdings immer leer in die Küche zurück, was Elfriede große Freude bereitete.

Außer bei besonderen Anlässen nahm Feodora ihr Abendessen allein auf ihrem Zimmer ein. Ein Dienstmädchen brachte ihr dann ein von Elfriede liebevoll angerichtetes Tablett, was sie eine Stunde später fast unberührt wieder in die Küche trug.

Als Irma Feodora am ersten Abend das Essen brachte, sagte diese: »Setz dich zu mir, Irma. Und bitte iss auch etwas. Allein schmeckt es mir nicht.«

Irma ließ sich schüchtern auf der Stuhlkante nieder. »Ik weeß nich … jnädjes Frollein … Komtesschen.«

»Also, jetzt hör mir mal gut zu.« Feodora biss in ein mit Pastete belegtes Brot. »Hör auf mit dem jnädijes Frollein und so … Wenn wir allein sind, kannst du Feda zu mir sagen.« Sie nahm eine zweite, dick mit Leberwurst bestrichene Scheibe. »Wenn andere Leute dabei sind« – und damit meinte sie vor allem ihre Eltern – »sag von mir aus Komtess Feodora. Meine Mutter legt Wert darauf, weißt du.«

»Jern, jnädijes … Feda.« Irma war dieses Mädchen unheimlich. Es war so ganz anders, als ihre Mutter ihr die Menschen auf dem Schloss beschrieben hatte.

»Warst du in der Schule?«, fragte Feodora.

»Nee, mein Muttche hat jearbeitet, und ik hab mir um die Kinderchens jekümmert.«

»Mein Freund Fritz, du weißt, der Sohn von Elfriede, war in der Schule. Er wird Gendarm.« Feodora machte ein Gesicht, als wäre das allein ihr Verdienst. »Warum isst du denn gar nichts?« Nun erst bemerkte sie, dass Irma noch keinen Bissen gegessen hatte.

»Ik trau mir nich …«

»Nun nimm schon.« Feodora reichte ihr ein Schinkenbrot, und langsam verlor Irma ihre Scheu. Sie langte kräftig zu, und bald war die Platte leer. Sie redeten und redeten und hörten auch nicht auf, als Feodora in ihrem Bett und Irma auf der Bank neben dem Kachelofen lag. Es war seit Langem die erste Nacht, in der Feodora tief und traumlos durchschlief. Ein paar Tage später gab sie Frau Steinle Anweisung, ein zweites Bett in ihr Zimmer stellen zu lassen.

Feodora las viel, und oft erzählte sie Irma abends Geschichten aus ihren Büchern. »Schade, Irmchen, dass du nicht lesen und schreiben kannst«, sagte sie eines Tages.

»Find ik ooch, aber is ja nu man so.«

»Was hälst du davon, wenn ich es dir beibringe?« Feodora war ganz aufgeregt. »Dann könntest du deiner Mutter mal einen Brief schreiben.«

»Die kann ja ooch nich lesen.«

»Egal.« Feodora ließ sich nicht so schnell von ihrer Idee abbringen. »Dann schreibst du halt mir mal.«

Sofort holte sie Papier und Federhalter und begann, Irma die ersten Buchstaben des Alphabets beizubringen. Nach ein paar Monaten konnte Irma bereits ein paar Sätze schreiben.

»Das heißt nicht ik, sondern ich«, dozierte Feodora. »Und ooch heißt auch.«

Ganz allmählich lernte Irma, sehr zum Erstaunen von Fräulein von Pulkendorf und Elfriede, so zu sprechen, wie man schrieb. Aber immer wieder verfiel sie in ihren Dialekt, vor allem, wenn sie aufgeregt war. Aber den typischen Singsang der ostpreußischen Sprache, den verlor sie ihr Leben lang nicht.

Schloss Troyenfeld verfiel immer mehr. Die beiden Seitenflügel waren schon lange geschlossen, Bilder und kostbare Möbel daraus verkauft, und der verbliebene unverkäufliche Rest begann langsam zu vermodern. Auch aus dem bewohnten Mittelteil des Schlosses verschwanden nach und nach

Uhren, Spiegel, Teppiche und wertvolle Gemälde. Der einstmals so gepflegte Park verwilderte. Die früher zu kunstvollen Figuren gestutzten Buchsbäumchen wucherten in alle Himmelsrichtungen, und die großen Rasenflächen waren von Unkraut bewachsen, das bereits begann, sich auf den Wegen auszubreiten. Es gab keine Gärtner mehr, und auch das übrige Personal war bis auf wenige alt Gediente entlassen. Herr Kochta, der Haushofmeister, hatte sich schon vor zwei Jahren verabschiedet. Er war einer Kündigung zuvorgekommen und hatte eine Stellung auf Schloss Trachtenburg in Allenstein angenommen. Auch Frau Steinle hatte gekündigt, nur Fräulein von Pulkendorf, Alfons, Elfriede und Irma hielten noch die Stellung, unterstützt von einigen Mägden des zum Schloss gehörenden Gutes. Dank der guten Ernten und des tüchtigen Gutsverwalters, Herrn Schindler, gab es immer reichlich zu essen, und vom Verkauf von Milch, Fleisch, Eiern und Getreide konnten die wenigen Löhne bezahlt werden.

Die Einzige, die sich in dieser Zeit keine großen Sorgen machte, war Feodora. Sie kannte nur einen Kummer: den seelischen und körperlichen Verfall ihres Vaters. Sie musste hilflos mit ansehen, wie der einstmals so schöne Mann mehr und mehr dem Alkohol verfiel. Schon längst ritt sie allein aus, war stundenlang mit ihrem Wallach unterwegs, und schießen konnte sie bald wie ein Mann. Herbert, einer der Jäger hatte es ihr beigebracht, zum Entsetzen von Fräulein von Pulkendorf. »Das ist doch nun wirklich nichts für eine junge Dame«, meinte sie. »Und das willst du doch schließlich einmal werden.«

»Aber ich will auf die Jagd gehen, und dazu muss man schießen können, Julchen. Das siehst du doch ein, oder?«, sagte Feodora lachend, und tatsächlich kam bald darauf eine Einladung nach Weischkehmen zur Eröffnung der jährlichen Jagdsaison: die erste seit langer Zeit.

»Was meinst du, Natascha, sollten wir nicht annehmen? Die Goelder-Jungen sind in Fedas Alter, und auch wir könnten wieder einmal eine Abwechslung brauchen«, sagte Leopold beim Mittagessen.

Feodora blickte ihre Mutter flehend an. »Bitte, *Maman* ...« Sie drehte sich zu ihrem Vater. »Bitte, Papa, sag nicht ab. Vielleicht ist auch Ida Henkiel da, ich habe sie so schrecklich lange nicht mehr gesehen.«

»Nun, was meinst du, Natascha?« Leopold blickte seine Frau fragend an.

»Ich komme auf keinen Fall mit. Aber wenn ihr gehen wollt, bitte.« Sie machte eine kurze Pause. »Es ist ja ziemlich egal, wo du dich betrinkst.«

Mit versteinerter Miene ließ Leopold sein Besteck sinken, während Feodora und Fräulein von Pulkendorf es nicht wagten, den Blick zu heben. Dann wischte er sich mit seiner riesigen Serviette den Mund ab und erhob sich. »Würdet ihr mich bitte entschuldigen, mir ist der Appetit vergangen. Ich werde gleich eine Note nach Weischkehmen schicken, dass Feodora und ich allein kommen, und das mit dem größten Vergnügen.«

Fräulein von Pulkendorf vermeinte den Stein zu hören, der ihrem Schützling von der Seele fiel.

Als sie in Weischkehmen ankamen, war Ida Henkiel zu Feodoras Enttäuschung nicht da. »Sie besucht eine Schule für höhere Töchter in Königsberg«, erzählte ihr Georg Goelder, worauf sein Bruder Carl meinte: »Die Arme, das ist sicher gruselig langweilig.«

Aber bald war Idas Abwesenheit vergessen. Die Goelder-Jungen und ihre Freunde akzeptierten Feodora sofort aufgrund ihrer Reit- und Schießkünste, und auch in puncto Wildheit stand sie ihnen in nichts nach. »Du bist in Ordnung«, sagte Carl bereits am ersten Abend, und Feodora war so glücklich wie nie zuvor in ihrem Leben.

Nach dem Abendessen wurde wie üblich getanzt, und Feodora flog von einem Arm in den anderen. Ein älterer Herr – er stellte sich als Heinrich von Harden vor – forderte sie mehrmals zum Tanzen auf.

»Der olle Harden ist ja ganz wild auf dich«, neckten sie die Goelder-Brüder, aber Feodora dachte sich nichts dabei. Sie wollte tanzen, mit wem war ihr egal.

Als sie abfuhren, musste ihr Vater den Goelders versprechen, mit seiner Tochter auch zur weihnachtlichen Hasenjagd zu kommen.

Wieder einmal hatte der Winter das Land fest im Griff. Das Thermometer zeigte minus fünfundzwanzig Grad, an den Fenstern wuchsen dicke Eisblumen, die an manchen Tagen gar nicht abtauten, und meterhohe Schneewehen machten die täglichen Ausritte unmöglich. Schon am Mittag mussten die Lampen angezündet werden, und Feodora hatte beschlossen, sich die Zeit damit zu vertreiben, Irma das Rechnen beizubringen.

»Findste wirklich, dass dat sein muss?«, fragte Irma ohne große Begeisterung.

»Rechnen zu können kann niemandem schaden, auch dir nicht«, meinte darauf Feodora, und Irma wusste, wenn die sich etwas in den Kopf gesetzt hatte, gab es keine Widerrede. Also wurden jeden Abend Zahlen geübt und zusammengerechnet, bis Irma der Kopf rauchte.

Leopold war wieder nach Königsberg gefahren. Er hatte sich von Kurt mit dem Schlitten nach Insterburg bringen lassen und von dort den Zug genommen. Das bedeutete, dass mit seiner Rückkehr in den nächsten Tagen nicht zu rechnen war.

Fräulein von Pulkendorf nahm zusammen mit Natascha den Nachmittagstee im kleinen Salon ein. Der Kamin strömte eine wohlige Wärme aus, und Elfriedes frisch gebackene Kekse verbreiteten einen köstlichen Duft.

»Haben Sie Lust auf eine Partie Schach?« Fräulein von Pulkendorf blickte Natascha fragend an.

In dem Moment klopfte Alfons und riss im gleichen Moment die Tür auf. »Sie haben Besuch«, rief er fröhlich. »Die Baronin von Harvich ist wieder da.«

»Carla!« Ungewohnt herzlich ging Natascha ihrer Schwägerin mit ausgebreiteten Armen entgegen. »Seit wann bist zu zurück, ist etwas passiert? Wir haben keine Nachricht von dir bekommen?«

»Ein Brief an euch ging mit dem Schiff vor mir ab. Er muss wohl verloren gegangen sein.« Jetzt erst erblickte Carla die Gouvernante, die sich still im Hintergrund gehalten hatte. »Und Sie müssen Julia sein. Wie schön, dass wir uns endlich persönlich kennenlernen.«

Natascha sah sie erstaunt an.

»Wir korrespondieren seit längerer Zeit«, sagte Carla. »Julia hat Elfriede das Schreiben abgenommen. Du weißt sicher, das ist nicht so ganz ihre Stärke.«

Alfons hatte Carla geholfen, sich von Pelz, Mütze, Schals und Stiefeln zu befreien. »Ist das herrlich«, rief sie. »Kälte und Schnee! Ihr glaubt gar nicht, wie sehr ich das all die Jahre vermisst habe. Hanno wird sicher ganz neidisch sein.«

»Ist er nicht mitgekommen?«, fragte Natascha erstaunt.

»Nein, er bleibt noch ein Jahr, um den neuen Konsul einzuarbeiten. Dann kommt er nach. Er wollte es zwar nicht zugeben, aber auch ihn hat das Heimweh in der letzten Zeit arg geplagt.«

Alfons hatte Carla Tee eingegossen, und sie stellte sich mit dem Rücken vor das prasselnde Feuer. »Wenn ich aufgetaut bin, müsst ihr mir erzählen, wie es euch geht. Wo sind überhaupt mein Bruder und Feodora? Sie muss ja schon eine kleine Dame sein.«

Nataschas Miene versteinerte sich. »Leopold ist schon seit Tagen in Königsberg. Wahrscheinlich verspielt er endgültig unser letztes Geld.«

»Was sagst du da?« Ihre Schwägerin blickte sie entsetzt an.

»Weißt du das nicht? Wir sind ruiniert. Hat Fräulein von Pulkendorf dir das nicht geschrieben?«

»Nein, das habe ich nicht. Ich fand, das stünde mir nicht zu.« Hätte sie Carla schreiben sollen, dass ständig schwarz gekleidete Männer erschienen, die erst mit Leopold in der Bibliothek verschwanden und bald darauf mit einem Gemälde, einem wertvollen Teppich oder einer Uhr in ihrer Kutsche wieder abfuhren? »Elfriede wollte Sie nicht beunruhigen, Carla.«

Carla war in einen Sessel gesunken. Die Teetasse zitterte in ihren Händen. »Das ist ja schrecklich. Ich hatte keine Ahnung«, flüsterte sie. »Wie konnte das nur passieren?«

»Wenn es Ihnen recht ist, werde ich jetzt Feodora holen. Sie ist auf ihrem Zimmer. Sie wollen sie doch sicher sehen?«

»Ja, ja, natürlich. Ich kenne sie ja nur als ganz kleines Kind.«

Nachdem Carla Feodora begrüßt hatte, war sie zu Elfriede in die Küche gegangen. Die fiel ihr weinend um den Hals. »Carlachen, wo kommst du denn her?«, rief sie. »Dat ik dat noch erleben darf!«

Dort lernte Carla auch gleich Irma kennen.

»Irmchen, komm her. Dat is die Baronin von Harvich, die Schwester von unserm Jrafen.«

Irma machte artig einen Knicks.

»Von dir habe ich schon gehört. Du sollst so fleißig sein, hat mir das Fräulein von Pulkendorf geschrieben.«

Irma lief rot an.

»Musst dir jar nich schenieren, Irmchen«, sagte Elfriede. »Is ja wahr. Ohne dir würd ik dat hier jar nich mehr schaffen.« Besorgt sah sie Carla an. »Hast sicher schon jehört, wat hier los is.«

»Gib mir einen Schnaps, Elfriede.« Carla seufzte. »Meine Wiedersehensfreude ist reichlich getrübt. Ich hatte ja von nichts eine Ahnung. Warum habt ihr mir denn gar nichts davon geschrieben?«

»Hätte es denn wat jenützt? Nee! Und ändern hättest du ooch nischt nich können.«

Nach und nach erfuhr Carla das ganze Ausmaß der Katastrophe. Das erste Mal in ihrem Leben war sie wütend auf ihren Bruder.

»Wie soll es denn hier bloß weitergehen?«, fragte sie ihn, als er ein paar Tage später aus Königsberg zurückkam, wie üblich in einem desolaten Zustand.

»Ich weiß es nicht, Carla.« Zusammengesunken, in den zitternden Händen ein volles Glas Cognac, saß er ihr im kleinen Salon gegenüber. »Du siehst ja, wie es hier aussieht. Es gibt nicht mehr viel zu verkaufen, ich bin hoch verschuldet.«

»Mein Gott, Leopold, wie konnte es nur so weit kommen. Und was ist mit Feodoras Mitgift?«

»Mitgift ... du bist gut. Es ist nichts mehr da, gar nichts.« Er nahm einen großen Schluck aus seinem Glas. »Bis zu Rüdigers Tod waren wir glücklich. Ja, du wirst es nicht glauben, sogar Natascha hatte sich sehr verändert. Aber dann ...« Er blickte Carla mit todtraurigen Augen an. »Ich fand nur noch Trost im Alkohol ...«

»... und im Spiel, ich weiß«, fiel Carla ihm ins Wort. »Aber wie konntest du Troyenfeld so verkommen lassen und vergessen, dass du eine Tochter hast. Wie willst du sie verheiraten, ohne Mitgift – außer einem verrotteten Schloss?« Ihre Stimme bebte vor Empörung. »Mein Gott, hätte ich das nur gewusst! Ich wäre viel früher nach Hause gekommen.«

»Ich sollte mich erschießen«, flüsterte Leopold.

»Und wozu soll das gut sein?«, schrie Carla aufgebracht. »Sich einfach davonzustehlen ist ja wohl der Gipfel der Verantwortungslosigkeit!«

»Ich schäme mich so.« Leopold schlug die Hände vors Gesicht. »Die Gläubiger sitzen mir im Nacken, Fräulein von Pulkendorf hat schon seit Monaten kein Gehalt mehr bekommen. Was soll ich bloß tun, kannst du mir helfen, Carla?«

»Du weißt, dass auch wir bei dem Zusammenbruch der Banken unser Vermögen verloren haben. Um finanzielle Dinge habe ich mich nie gekümmert. Aber wir werden eine Lösung finden.« Sie erhob sich. »Ich fahre jetzt nach Hause. Ich muss eine Nacht darüber schlafen. Morgen sehen wir weiter.«

Carla fand in dieser Nacht keinen Schlaf. Sie machte sich selbst die größten Vorwürfe. Hätte sie doch nur auf ihre innere Stimme gehört und wäre früher zurückgekommen. Von Jahr zu Jahr war sie unruhiger geworden, hatte Hanno gedrängt, endlich seinen Abschied zu nehmen. Aber er hatte sie immer wieder vertröstet. Bis sie sich zu seinem Entsetzen entschloss, allein zu reisen.

»Bist du von allen guten Geistern verlassen?«, hatte er getobt. »Das kommt überhaupt nicht infrage, das erlaube ich nicht, und damit basta!«

Aber sie ließ nicht locker. »Ich habe solche Sehnsucht nach Ostpreußen«, sagte sie immer wieder. »Nach meiner kleinen Nichte und meinem Bruder. Aus ihren Briefen erfahre ich kaum, wie es ihnen wirklich geht. Bitte, Hanno, lass mich reisen.«

Und irgendwann gab er auf. »Also gut, dann fahr du vor«, hatte er resigniert gesagt. »Ich verspreche dir, in einem Jahr bin ich auch auf Buchenhain.«

Und tatsächlich, noch in ihrem Beisein schrieb er sein Abschiedsgesuch nach Berlin. Und so war sie glücklich mit dem größten Teil ihres Hausstandes vorausgereist.

Zu ihrer großen Freude fand sie das Gut in bestem Zustand vor. Herr Schröder, inzwischen verheiratet und gesegnet mit einer Schar von Kindern, hatte hervorragend gewirtschaftet. Trotz des horrenden Verlustes bei der Weltwirtschaftskrise würde sie keine finanziellen Sorgen haben. Aber keinesfalls langte das Geld, um die Spielschulden ihres Bruders zu tilgen oder gar Troyenfeld vor dem weiteren Verfall zu retten.

Ihre ganze Sorge galt nun Feodora. Was war sie doch für ein entzückendes Mädchen geworden. Natürlich hatte sie im Laufe der Jahre Fotografien von ihr geschickt bekommen. Aber seit der letzten Aufnahme war einige Zeit vergangen, und statt des schüchtern wirkenden Kindes in einem weißen Spitzenkleid stand plötzlich ein junges, hochgewachsenes Wesen vor ihr, im Reitkostüm, mit zerzausten Locken und roten Wangen, das ihr wild und ungestüm um den Hals fiel. »Tante Carla«, hatte Feodora gerufen, »wo kommst du denn so plötzlich her? Was für eine Freude! Du musst mir alles über Neuseeland erzählen. Wenn ich erwachsen bin, will ich reisen, nichts als reisen.« Viel mehr hatten sie bisher nicht miteinander reden können, zu sehr war Carla damit beschäftigt gewesen, sich auf Buchenhain wieder häuslich einzurichten.

Blass, mit dunklen Rändern unter den Augen kam sie am Tag nach dem Gespräch mit Leopold wieder nach Troyenfeld. Als Erstes sprach sie mit Fräulein von Pulkendorf. Die beiden Damen spazierten Arm in Arm durch den verschneiten Park. »Ich muss etwas mit Ihnen besprechen, Julia«, begann Carla. »Ich möchte, dass Feodora auf eine angesehene Schule für höhere Töchter kommt. Ich weiß, Sie haben alles für sie getan. Aber sie muss mit gleichaltrigen Mädchen ihrer Gesellschaftsschicht zusammenkommen, in den Kreisen verkehren, in die sie einmal einheiraten soll.«

»Ich verstehe Sie, Carla. Ich bin ganz Ihrer Meinung. Das Kind verwildert hier total. Aber die wirtschaftlichen Verhältnisse Ihres Bruders … Sie werden ja wohl wissen, wie es um Troyenfeld bestellt ist …« Sie zögerte weiterzusprechen.

»Ich weiß, meine Liebe, es ist kein Pfennig Geld mehr da. Ich werde die Kosten übernehmen.«

»Wie großzügig von Ihnen. Das freut mich sehr für Feodora. Ich habe sie nämlich sehr lieb gewonnen in all den Jahren.« Nach einer kurzen Pause fügte sie hinzu: »Ich werde mich sofort um eine neue Stelle bemühen.«

»Nein, das müssen Sie nicht.« Carla drückte den Arm der Gouvernante. »Ich biete Ihnen hiermit die Stelle als meine Gesellschafterin an.«

»Meinen Sie das im Ernst?«

»Ja, natürlich! Sehe ich aus, als ob ich scherze? Danach ist mir seit meiner Rückkehr wahrlich nicht zumute.« Carla lächelte. »Also, nehmen Sie mein Angebot an? Ich wäre sehr glücklich, Sie um mich zu haben. Schließlich werde ich noch eine ganze Weile allein auf Buchenhain leben. Und Sie sind mir so vertraut nach all den vielen Briefen.«

Fräulein von Pulkendorf war stehengeblieben. Sie drückte Carlas Hände. »Selbstverständlich nehme ich an. Sie glauben gar nicht, wie sehr ich mich freue.«

Anschließend sprach Carla mit Leopold. Sie bat auch Natascha und Feodora, bei dem Gespräch dabei zu sein. »Feda, du bist jetzt fünfzehn Jahre alt …«

»Fast schon sechzehn«, warf Feodora ein.

»Nun gut.« Carla lächelte. »Also, auf jeden Fall bist du nun in einem Alter, in dem du nicht mehr auf Bäume klettern und allein durch die Gegend reiten solltest.«

»Was willst du damit sagen?«, fragte Natascha.

»Ich finde, dass eure Tochter so bald wie möglich auf eine Schule für höhere Töchter geschickt werden muss.«

»Und wer soll das bezahlen?« Leopold sah Carla bekümmert an. »Du weißt doch …«

»Ich, mein lieber Bruder, ich werde die Kosten übernehmen.«

»Und was wird aus Jul… Fräulein von Pulkendorf?« Feodora war entsetzt. Man wollte sie wegschicken aus Troyenfeld, weg von ihrem Vater, der so unglücklich war und den nur sie noch zum Lachen bringen konnte. Ihre herrliche

Freiheit sollte sie verlieren, eintauschen gegen ein langweiliges Mädchenpensionat?! Eine schreckliche Vorstellung! »Aber was soll aus Julchen werden?« Es war das erste Mal, dass sie die Gouvernante in Gegenwart ihrer Eltern so nannte. »Wenn ich weg bin, verliert sie ihre Stellung.«

»Das ist bereits geklärt, mein liebes Kind. Sie kommt zu mir nach Buchenhain, als meine Gesellschafterin.«

»Das ist ja wunderbar«, rief Leopold. Er war erleichtert. *Eine Sorge weniger*, dachte er.

Auch Natascha schien begeistert, dass ihre Tochter nun doch noch eine standesgemäße Erziehung bekommen sollte. »Das ist wirklich sehr großzügig von dir, Carla«, sagte sie ungewohnt herzlich. Dann wandte sie sich an Feodora, die mit finsterem Gesicht am Fenster stand. »Dir dürfte es nicht entgangen sein, dass es kein Vermögen mehr gibt. Sei froh, wenn du dank der Güte deiner Tante eine anständige Erziehung erhältst. Ohne eine Mitgift wird es sowieso sehr schwer sein, dich an den Mann zu bringen.«

»Ich brauche keine Mitgift«, schrie Feodora aufgebracht. »Wer sagt denn, dass ich heiraten will? Verheiratet zu sein ist schrecklich! Ich will nicht so leben wie ihr, niemals!« Wütend lief sie aus dem Raum und knallte die Tür hinter sich zu. Die anderen waren wie erstarrt.

»Reizend deine Tochter«, sagte Natascha kalt zu Leopold.

»Na, so ganz unrecht hat sie ja nicht!«, entfuhr es Carla.

Wortlos verließ Natascha den Raum.

»Es tut mir leid, Leopold. Es ist mir einfach so rausgerutscht«, entschuldigte sich Carla.

»Lass gut sein, Schwesterherz, ihr habt ja recht, du und Feda. Was wir unserer Tochter vorleben, ist ja nun wirklich nicht sehr erstrebenswert.«

»Noch etwas möchte ich mit dir besprechen, Leopold. Ich will Elfriede auf Buchenhain zurückhaben. Kannst du dich um eine neue Mamsell kümmern?«

»Ja, ja, das wird kein Problem sein.«

»Es gibt aber noch eine andere Möglichkeit. Elfriede sagt, dass Irma bei ihr sehr gut kochen gelernt hat. Willst du sie als Mamsell anstellen?«

»Irma, ist das nicht das Dienstmädchen, das bei Feda schläft?«

»Ja, das ist sie, und in ihrer freien Zeit geht sie Elfriede zur Hand.«

»Das wusste ich nicht.«

»Du scheinst eine ganze Menge nicht zu wissen. Deine Tochter hat diesem Mädchen lesen und schreiben beigebracht. Und rechnen soll sie inzwischen auch ganz gut können.«

Leopold war sprachlos.

»Übrigens, Irma hat, seitdem sie hier ist, keinen Lohn bekommen. Elfriede hat ihr ab und zu etwas zugesteckt. Würdest du bitte dafür sorgen, dass sich das ändert?«

Fräulein von Pulkendorf schaffte es, Feodora davon zu überzeugen, dass der Vorschlag ihrer Tante das Beste für sie war. »Du musst hier raus, Kind. Ich habe da ein Töchter-Institut in Königsberg im Auge, von dem ich nur Gutes gehört habe. Und ich verspreche dir, jedes Mal, wenn ich meine Mutter besuche, komme ich bei dir vorbei.«

Anfang Januar fuhren Leopold und Feodora zunächst zur Hasenjagd nach Weischkehmen. Die Goelder-Jungen bedauerten sie heftig, dass jetzt auch sie, wie die meisten Mädchen ihres Alters, in so eine »blöde Weiberschule« gehen musste.

Aber noch fürchterlicher fanden sie und ihre Freunde den »alten Bock« Heinrich von Harden, der sich wie schon bei der Herbstjagd beim abendlichen Tanz auf ihre Freundin stürzte. Dreimal hintereinander hatte er Feodora aufgefordert und dabei schrecklich geschwitzt. Ganz außer Atem war er gewesen bei der Polka, aber als er sie bei einem langsamen Walzer fest an sich drückte, begann er Feodora unangenehm zu werden.

»Ihr müsst mich retten, wenn er wiederkommt«, sagte sie zu ihren Freunden, und jedes Mal, wenn er sich ihrem Tisch näherte, sprang einer der Jungen auf und tanzte mit ihr davon.

Einige Tage später begleitete Fräulein von Pulkendorf sie nach Königsberg in das Mädchen-Institut von Quasten. Während der ganzen Zugfahrt sprach Feodora kaum ein Wort. Nur einmal sagte sie: »Weißt du, Julchen, am liebsten würde ich ausreißen. Aber leider weiß ich nicht, wohin.«

Leonie von Quasten, eine unverheiratete Adlige aus dem Baltikum, hatte die Schule mit Hilfe einer kleinen Erbschaft gegründet und leitete sie seit über zwanzig Jahren äußerst erfolgreich. »Willkommen in unserem Haus, Feodora«, begrüßte sie ihre neue Schülerin. »Ich habe eine kleine Überraschung für dich. Heute Morgen, als ich dich nach der Morgenandacht als Neuankömmling ankündigte, stellte sich heraus, dass seit kurzer Zeit eine Freundin von dir bei uns ist.«

Feodora sah Fräulein von Pulkendorf erstaunt an. Dann rief sie: »Ida, das kann nur Ida Henkiel sein! Julchen, das ist ja wunderbar.«

»Ja, und da uns gerade eine Schülerin verlassen hat, ist in dem Zimmer ein Bett für dich frei.«

Von einem Tag auf den anderen änderte sich Feodoras Leben radikal. Nachdem sie sich tränenreich von ihrer Gouvernante verabschiedet hatte – nicht, ohne der das Versprechen abgenommen zu haben, ihr regelmäßig zu schreiben und sie sooft wie möglich zu besuchen –, hatte Fräulein von Quasten ihr die Regeln des Hauses erklärt. »Pünktlichkeit ist oberstes Gesetz«, sagte sie, »sowie Höflichkeit gegenüber den Lehrkräften und Mitschülerinnen. Und Post ist nur von Verwandten oder Freundinnen erlaubt. Kontakte zu Herren jeglichen Alters sind strengstens untersagt.«

»Welche Herren? Ich kenne niemanden in Königsberg.«

Fräulein von Quasten lächelte milde. »Das kann sich schnell ändern, mein Kind. Also, wenn du dich an die Regeln hältst, werden wir gut miteinander auskommen.«

Feodora merkte bald, dass es besser war, sich an die Vorschriften zu halten.

Am Abend erzählte ihr Ida, dass das Mädchen, in dessen Bett sie jetzt schlief, die Schule verlassen musste, weil es sich heimlich mit einem Kadetten getroffen hatte. »Sie hat gar nichts gemacht, ist nur im Schlosspark ein paar Schritte mit ihm spazieren gegangen«, berichtete Ida aufgeregt. »Aber irgendjemand hat es Fräulein von Quasten gepetzt, und am nächsten Tag musste die Arme nach Hause fahren.« Ida erzählte weiter, dass auch kleinste Vergehen mit Ausgehverbot oder zehn Seiten »Schönschrift« bestraft würden. »Wenn du freche Antworten gibst oder ständig unpünktlich bist, teilen sie das den Eltern mit, oder noch schlimmer: Du bekommst Ausgehverbot oder darfst an deinem freien Wochenende nicht nach Hause fahren. Also es ist besser, du hältst dich daran.«

Aber Feodora musste bald feststellen, dass an dem Mädchen-Institut auch häufig gelobt wurde. Wer sich durch

Gehorsam, Liebenswürdigkeit oder Bescheidenheit auszeichnete, wurde einmal in der Woche während einer der gemeinsamen Teestunden offiziell von Fräulein von Quasten belobigt und durfte sich vor aller Augen in das Goldene Buch des Instituts eintragen. Mit hochrotem Kopf saß dann das ausgezeichnete Mädchen da und schrieb in ihrer schönsten Schrift ihren Namen, verziert mit Blümchen oder Vögelchen. Diese Ehre wurde Feodora allerdings nicht ein einziges Mal zuteil. Immer war sie ein wenig zu spät, manchmal im Unterricht etwas vorlaut, und es wollte ihr einfach nicht gelingen, ihre Schreibhefte mit der gewünschten Schönschrift zu füllen. Aber für einen richtigen Tadel reichten ihre Verfehlungen zum Glück nie, und so konnte sie alle vier Wochen nach Hause oder mit Ida nach Klein Darkehmen fahren.

Es dauerte nur wenige Tage, da hatte sich Feodora in der Schule eingelebt. Sie war bei den Schülerinnen beliebt. Einige bewunderten sie wegen ihres Temperaments und ihrer Schönheit und versuchten, sie als Freundin zu gewinnen, aber Feodora ließ außer Ida niemanden zu nahe an sich heran. Sie war ihre Herzensfreundin. Die Lehrkräfte verblüffte sie mit ihren Kenntnissen in Französisch, Geografie, Kunst und Musik, was zweifellos ein Verdienst von Fräulein von Pulkendorf war. Neue, für sie unbekannte Fächer kamen nun hinzu, wie Naturwissenschaften und Arithmetik. Die Mädchen sollten eine möglichst breit gefächerte Allgemeinbildung erhalten.

Aber eines der obersten Ziele des Instituts war zweifellos, den jungen Damen den letzten Schliff in puncto Stil und Etikette mitzugeben, um auf die zu erwarteten Heiratskandidaten den besten Eindruck zu machen. So lernten sie, die Gräten eines Fisches, wenn die beim besten Willen nicht heruntergeschluckt werden konnten, so unauffällig wie möglich erst auf die Gabel und dann auf den Teller zu legen und dass man Fettränder vom Fleisch zwar abschneiden, aber nicht auf den Tellerrand schieben durfte. Wenn man das Haus verließ, hatte man einen Hut und weiße Handschuhe zu tragen, und zwar blütenweiße, bitte sehr! Das alles waren Dinge, an die Feodora sich nur sehr langsam gewöhnte.

Sie beteiligte sich jedoch eifrig am Unterricht, es machte ihr Spaß, und dort wurde sie auch oft gelobt, was ihr wichtiger war, als sich in das Goldene Buch einzutragen. Geschichte und Englisch waren ihre Lieblingsfächer, was wohl vor allem daran lag, dass sie die Lehrerin, Fräulein Pasquier, glühend verehrte. Auch Ida himmelte sie an. Sie verfassten gemeinsam schwärmerische Gedichte für sie, in denen eine die andere zu übertreffen versuchte, die aber weder Fräulein Pasquier noch sonst jemand je zu lesen bekam. »Warum sie wohl Lehrerin geworden ist?«, wunderten sich die Mädchen. »Sie ist so hübsch und vornehm, ob sie wohl eine unglückliche Liebe hatte?« Zu gern hätten sie mehr über ihr Idol erfahren, aber das würde wohl immer ein Geheimnis bleiben.

Irma arbeitete nun als Mamsell auf Troyenfeld. Sie bekam jetzt auch ein Gehalt, was sie unheimlich stolz machte.

Feodora hatte sie angewiesen, ihr sofort zu schreiben, wenn sich auf Troyenfeld etwas Bemerkenswertes ereignen würde. »Siehst du, Irmchen«, hatte sie gesagt, »wie gut es ist, dass ich dir schreiben beigebracht habe. Ich schreibe dir auch, wie es in dieser Schule ist. Versprochen.«

Sehr oft schrieb Irma nicht. Und wenn, waren ihre Briefe gespickt mit Fehlern, aber das störte Feodora nicht. Die Nachrichten aus Troyenfeld waren nicht beunruhigend, das war die Hauptsache. Auch als Irma berichtete, Feodoras

Mutter sei in letzter Zeit fröhlicher – was wohl mit dem Besuch eines älteren Herrn zu tun habe, der bereits mehrmals da gewesen sei, dessen Namen sie aber nicht kenne –, dachte Feodora sich nichts dabei. Die Schule, die Großstadt mit den vielen neuen Eindrücken und die verstohlenen Blicke der feschen Kadetten, die ihnen oft bei ihren Spaziergängen im Schlosspark begegneten, waren viel interessanter als irgendwelche Besuche älterer Herren bei ihren Eltern.

1888

Julia von Pulkendorf lebte sich schnell auf Buchenhain ein, und bald war sie Carla unentbehrlich geworden. Gemeinsam besuchten sie all die Nachbarn, die Carla jahrelang nicht gesehen hatte, und fuhren für kleine Einkäufe nach Insterburg, wo sie im Kaffeehaus ein Glas Likör oder einen Kaffee tranken. Ab und zu gingen sie in Königsberg in die Oper oder ins Theater.

Aber zuerst besuchten sie immer Julias Mutter. Als sie Ende März bei ihr vorbeischauten, hatte sie gerade einen Brief ihrer kaiserlichen Cousine erhalten. »Augusta ist untröstlich über den Tod von Wilhelm«, berichtete sie. »Ich kann diese Trauer nun wirklich nicht verstehen, wo er doch immer seine Mätressen hatte.«

»Nun, Mamachen, sie hat ihn eben geliebt«, sagte Julia.

»Aber er sie nicht! Das wusste doch jeder. Er hat sie ja nur geheiratet, weil sein Vater ihm eine Hochzeit mit der Russin, dieser Elisa Radziwill, verboten hatte. Eine solche Mesalliance kam für ihn nicht infrage. Ganz Weimar hat das gewusst.« Sie schnaubte empört in ihr kleines Spitzentaschentuch. »Und immer hat er sie kritisiert. Sie war einfach zu intelligent für ihn.« Sie lächelte. »Einmal hat sie zu mir gesagt: ›Mein Wilhelm versteht mich einfach nicht. Er hat zweifellos einen edlen Charakter, aber manchmal ist er ein wenig einfältig.‹«

»Schreibt sie etwas über den Gesundheitszustand des Kronprinzen? Man munkelt, er sei schwer krank und könne nicht einmal an der Beerdigung seines Vaters teilnehmen.«

»Ja, das stimmt. Er soll Kehlkopfkrebs haben, ist das nicht schrecklich?«

»Der Arme. Wie nimmt es denn Victoria ...?«

»Augustas Mitleid mit Victoria hält sich in Grenzen. Sie schreibt, Victorias Traum, für längere Zeit Kaiserin zu sein, werde sich nun wohl nicht erfüllen. Aber du weißt ja, die beiden konnten sich nie besonders gut leiden.«

An den vorgeschriebenen Besuchstagen fuhren sie auch zu Feodora ins Institut. Manchmal durften sie sie und Ida auf einen Spaziergang am Hafen oder einen Kaffeehausbesuch mitnehmen, was für die Mädchen jedes Mal ein Festtag war. Carla und Julia von Pulkendorf waren glücklich, dass ihr Liebling ohne Probleme die Schule absolvierte und auch noch Spaß dabei zu haben schien. »Was für ein Glück, dass gerade Ida auf demselben Institut ist«, sagte Carla immer wieder. »Sie haben sich als kleine Mädchen schon so gut verstanden und sind nur durch diese schreckliche Mutter so wenig zusammengekommen.«

»Ich weiß, Carla. Du glaubst gar nicht, wie ich mit dem Kind gelitten habe«, stimmte Julia zu.

Wie jedes Jahr war über Nacht der Frühling hereingebrochen. Es war an einem Sonntag Ende April, die Sonne schien von einem wolkenlosen Himmel. Es hatte sich eingebürgert, dass Carla und Julia jeden Sonntagmittag Troyenfeld besuchten. Zu Carlas Erstaunen war Julia von Pulkendorf eine ausgezeichnete Reiterin, und so machten die beiden Damen, wenn das Wetter es erlaubte, lange Ausflüge zu Pferde.

»Was meinst du, Julchen, sollen wir heute statt der Kutsche mal wieder die Pferde nehmen?«, fragte Carla beim Frühstück in der Veranda ihre Gesellschafterin. »Es ist zwar noch ein wenig frisch, aber ich hätte Lust, mir Appetit für Irmchens gutes Essen anzureiten.«

»Gern. Du weißt, wie froh ich bin, dass ich mich endlich wieder sportlich betätigen kann.«

Lise, Carlas altes Dienstmädchen, das inzwischen etwas fülliger geworden war, servierte gerade herrlich duftenden Kaffee, als der neue Diener, er hieß Emil, auf einem silbernen Tablett eine Depesche brachte.

»Ach, Hanno kündigt sicher seine Ankunft an.« Erfreut riss Carla das Kuvert auf. »Oh nein …«, flüsterte sie entsetzt, »das darf nicht sein!«

»Was ist?« Julia war aufgesprungen und hatte das Blatt aufgehoben, das Carla aus den Händen geglitten war.

»Es ist eine Nachricht aus Berlin … von der Reichskanzlei … Hanno … er ist tot. Er ist friedlich eingeschlafen … sein schwaches Herz.« Mit leerem Blick saß Carla da, nicht fähig, das Schreckliche zu begreifen. »Man teilt mir mit, seine sterblichen Überreste seien bereits auf dem Weg hierher.« Sie schlug die Hände vors Gesicht. »Mein armer Hanno. Ich weiß, wie sehr er sich auf Buchenhain gefreut hat. Immer wieder hat er es gesagt, noch in seinem letzten Brief …« Sie begann jetzt, leise zu weinen.

»Weine nur, lass deinen Schmerz heraus.« Julia hatte die Arme um sie geschlungen und wiegte sie sanft hin und her.

Inzwischen war Elfriede, die von Emil informiert worden war, völlig außer Atem in der Veranda erschienen. »Carlachen, armet Mädchen, wat für 'ne Tragödje, ne nich, is dat man wieder schrecklich.« Auch ihr standen die Tränen in den Augen. Hilflos streichelte sie ihrer alten Gefährtin über die Haare. »Ik mach dir 'nen Tee«, war alles, was ihr im Moment einfiel.

»Und bring Baldrian mit«, rief Julia ihr nach. Sie wandte sich an Emil. »Ich schreibe gleich eine Note. Lassen Sie die bitte sofort nach Troyenfeld bringen. Wir können heute aus gegebenem Anlass nicht zum Mittagessen kommen.«

»Bitte schreib dazu, dass niemand kommen soll«, sagte Carla schluchzend. »Auch Leopold nicht. Ich möchte allein sein. Wenn es mir besser geht, werden wir am nächsten Sonntag wie gewohnt zum Mittag dort sein.«

Wie ein Lauffeuer hatte sich Hanno von Harvichs Tod im Landkreis herumgesprochen. Der Strom der Beileidsbesuche riss die ganze Woche über nicht ab. Als Erstes waren ihre Freunde, die Kölichens, herbeigeeilt, entsetzt und traurig. »Carla, du Arme.« Horst hatte sie fest in den Arm genommen. »Lass uns dir unser herzlichstes Beileid aussprechen. Wie hatten wir uns gefreut, dass auch der liebe Hanno bald wieder hier sein würde.« Ihr tiefes Mitgefühl konnte die Kölichens jedoch nicht davon abhalten, wieder Unmengen zu essen und zu trinken.

»Es wird zwar deinen Kummer um den lieben Hanno nicht mindern«, sagte Horst, während sie sich unterhielten, »aber vielleicht deine Sorge um Leopold.«

»Was gibt es denn da Neues?«, fragte Carla, die mit ihren Gedanken ganz woanders war.

»Du wirst es nicht glauben, er spielt nicht mehr.«

»Das würde ich ja zu gern glauben … Woher willst du das denn wissen?«

»Du weißt doch, ich verfüge über hervorragende Verbindungen.« Er steckte sich genüsslich eine Zigarre an. »Niemand in Königsberg und Umgebung akzeptiert mehr einen Schuldschein von ihm.«

»Ach«, seufzte Carla. »Das ist ja mal eine gute Nachricht.«

Am Ende der Woche war Carla total erschöpft. »Es ist so herrliches Wetter, Julchen. Lass uns bloß morgen Mittag wie üblich Troyenfeld besuchen«, sagte sie. »Ich brauche frische Luft und mal ein anderes Thema als Hanno. Wenn wir nicht hier sind, geben die Leute ihre Visitenkarte ab, damit haben sie ihrer Pflicht Genüge getan, und ich muss mich nicht ununterbrochen bemitleiden lassen.«

Der Sonntag war wieder ein strahlender Tag. Nur ab und zu verdunkelte ein Schwarm nordwärts ziehender Vögel kurz den wolkenlosen Himmel. Carla und Julia trabten gemächlich in Richtung Troyenfeld. Bevor sie in die Schlosseinfahrt einbogen, zügelte Carla ihr Pferd. »Ist er nicht traumhaft, dieser Blick in das Pregel-Tal? Seitdem ich denken kann, hat sich hier nichts verändert. In all den Jahren in Neuseeland hatte ich immer dieses Bild vor Augen.« Ihr Blick schweifte nach links in den verwilderten Park. Erst jetzt, nachdem der letzte Schnee geschmolzen war, sah sie das ganze Ausmaß des Verfalls. »Sieh nur, Julia, die gelben Blümchen, die aus dem Mauerwerk der Terrasse wachsen und … wie schrecklich … die wunderschönen Marmorbüsten, überwuchert von Moos!« Ihre Augen weiteten sich vor Entsetzen. »Ich fasse es nicht! Die Kieswege … die sind ja ganz grün vom Unkraut. Wie hat Leopold es nur so weit kommen lassen können.«

»Ja«, sagte ihre Freundin traurig. »Ich habe den Verfall miterlebt. Von Jahr zu Jahr wurde es schlimmer.«

»Ich bin richtig froh, dass mein Hanno das nicht mehr erleben muss.« Traurig lenkte Carla ihr Pferd in Richtung Schlossportal.

Kurz nachdem sie angekommen waren, meldete Alfons: »Herr Graf, Frau Gräfin, der Baron von Harden ist da.«

Mit ausgebreiteten Armen ging Natascha ihm entgegen.

Ein untersetzter, dicklicher Mann eilte auf sie zu und küsste ihr beide Hände. »Sie sehen ja wieder bezaubernd aus, Natascha«, rief er überschwänglich.

»Mein lieber Heinrich, wie schön, Sie zu sehen.« Sie wandte sich zu Carla und Julia. »Darf ich euch unseren Freund Heinrich von Harden vorstellen? Das sind meine Schwägerin Baronin von Harvich und ihre Gesellschafterin Fräulein von Pulkendorf. Meine arme Schwägerin ist gerade Witwe geworden.«

Carla schwante Böses. Irgendetwas stimmte hier nicht. Wollte man sie etwa mit diesem kleinen Walross verkuppeln? Ihrer Schwägerin traute sie alles zu!

Bei Tisch betrachtete Carla aufmerksam diesen neuen Freund, dessen Namen sie noch nie gehört hatte. Sein Gesicht ähnelte einer faltigen Kugel. Hängebacken und Tränensäcke sowie der große Mund mit den welken Lippen ließen auf einen ausschweifenden Lebenswandel schließen. Nach einigen Gläsern Wein begann er zu schwitzen. Mit einem riesigen weißen Taschentuch, in das zu groß und unübersehbar eine siebenzackige Krone eingestickt war, wischte er sich ständig über Gesicht und Halbglatze. *Ein Neureicher ... wie schrecklich ... ein Parvenü*, dachte Carla abfällig. *Was findet Natascha bloß an ihm?*

Die Unterhaltung war lebhaft. Man unterhielt sich darüber, dass Friedrich Wilhelm, erst seit ein paar Wochen neuer Kaiser, sehr krank sein sollte. »Er hat Kehlkopfkrebs«, sagte Julia. »Die Kaiserinmutter ist sehr besorgt.«

»Woher wissen Sie das?«, fragte Heinrich von Harden interessiert.

»Meine Freundin ist mit der Kaiserinmutter verwandt«, warf Carla ein.

Der neue Freund ihrer Familie war sichtlich beeindruckt.

Natascha war ungewohnt heiter. Sie scherzte, lachte und schlug Heinrich von Harden hin und wieder mit ihrem Spitzentaschentuch neckisch auf die große behaarte Hand, während Leopold still und in sich gekehrt wirkte.

»Heinrich hat einen wunderbaren Besitz in Masuren«, sagte Natascha. »Mit den herrlichsten Pferden. Und eine riesige Jagd.«

»Es wäre mir ein Vergnügen, die Damen einmal dorthin einzuladen«, wandte sich Heinrich von Harden an Carla und Julia. »Wann immer es Ihnen beliebt.«

»Danke, sehr freundlich«, sagte Carla. Sie wollte schnell das Thema wechseln. »Wir haben kürzlich Feda besucht, sie wird immer hübscher. Kennen Sie eigentlich meine Nichte, Herr von Harden?«

»Flüchtig, nur ganz flüchtig.« Wieder fuhr er sich mit seinem Taschentuch über die schweißnasse Stirn.

Es schien Carla, als wechselten Natascha und Leopold einen kurzen Blick. Da fiel ihr ein, dass sie ja von Feodora etwas ausrichten sollte. »Ach, übrigens habe ich, euer Einverständnis voraussetzend, ihr erlaubt, das nächste freie Wochenende mit Ida nach Klein Darkehmen zu fahren. Im Sommer ist die Schule ja zu Ende, dann ist sie wieder ganz bei euch. Ich hoffe, es ist euch recht.«

»Ja, ja natürlich.« Leopold schien direkt erleichtert. Es fiel Carla auf, dass er es diesmal vermied, seine Frau anzusehen.

Den ganzen Heimritt über schwiegen die beiden Damen, jede hing ihren Gedanken nach. Erst als sie sich umgezogen und zum Tee in der Bibliothek trafen, fragte Carla: »Was hältst du von diesem Menschen, diesem Baron von Harden?«

»Ich finde ihn, gelinde ausgedrückt, grässlich. Eigentlich alles an ihm.«

»Ja, diese behaarten Hände, und dann die Schwitzerei. Aus welchem Grund hat Natascha bloß so einen Narren an ihm gefressen? Es passt gar nicht zu ihr.«

»Das ist mir auch schleierhaft. In all den Jahren auf Troyenfeld habe ich sie nie so erlebt.«

»Sie werden ihn doch wohl hoffentlich nicht mit mir verkuppeln wollen?«

Julia lachte hell auf. »Ich traue deiner Schwägerin ja einiges zu, aber eine solche Pietätlosigkeit, eine Woche nach der Todesnachricht von Hanno, nein, das wirklich nicht.«

Sie rätselten noch eine Weile, aber dann servierte Emil ihnen ein leichtes Abendbrot, danach spielten sie eine Partie Bézique, und bald war dieser ominöse Baron kein Thema mehr. Für zu unwichtig hielten sie ihn, diesen Parvenü, unter ihrem Niveau!

Bereits vier Wochen später traf der Sarg mit Hannos Leichnam auf Buchenhain ein. Die Beerdigung wühlte noch einmal alles in Carla auf. Vor ihrem geistigen Auge zogen die vielen langen glücklichen Jahre vorbei, und ein letztes Mal ließ sie ihrem Schmerz mit einem Schwall Tränen freien Lauf. Aber bald gewann ihre frohe Natur wieder die Oberhand. Sie hatte sich wieder gefasst. »Julia«, sagte sie ernst, »ich kenne deine Pläne, dich später in ein Damenstift einzukaufen. Bitte, verlass mich nicht. Bleib bei mir auf Buchenhain, für immer, bitte.«

»Mit dem größten Vergnügen, Carla! Warum sollte es für mich erstrebenswerter sein, meine letzten Jahre mit mir unbekannten, uralten, schrulligen Damen der Gesellschaft zu verbringen als mit dir, meiner liebsten Freundin. Wie du weißt, habe ich etwas gespart, und wenn dir mal das Geld ausgeht, dann leben wir eben von meinem.«

Es war seit Wochen das erste Mal, dass Carla wieder herzhaft lachte. »So weit wird es hoffentlich nicht kommen, aber es ist beruhigend, das zu wissen.«

Mitte Juni starb Kaiser Friedrich III. »Unter unerträglichen Schmerzen«, wie die alte Baronin von Pulkendorf ihrer Tochter und Carla berichtete. »Nur drei Monate hatte er regieren dürfen, der Arme, wo er und vor allem Victoria so lange auf die Kaiserwürde gewartet haben. Aber Augusta ist glücklich, dass sie die Krönung ihres geliebten Enkels noch miterleben kann. Sie wollte mich unbedingt dabeihaben, aber du weißt ja, Julia, auf so lange Reisen habe ich keine Lust mehr und auch keine Kraft mehr dazu. Augusta wird mir sicher alles berichten.«

Das Dreikaiserjahr beschäftigte alle Gemüter. So etwas hatte es noch nie gegeben! Die Zeitungen waren tagelang voll davon.

Aber eine andere Nachricht beschäftigte Carla noch viel mehr. Wieder war Kölichen der Überbringer dieser Neuigkeit. »Man munkelt in Königsberg, ein Unbekannter hätte alle Schuldscheine von Leopold aufgekauft. Was sagt ihr dazu, wisst ihr etwas darüber?«

»Nein!«, riefen Carla und Julia gleichzeitig. »Wer sollte denn so etwas tun und warum?«

»Vielleicht hat Leopold wieder Land verkauft«, vermutete Carla.

»Nein, nein, das wüsste ich. Solche Dinge mache immer ich für ihn.« Kölichen schüttelte den Kopf. »Da ist auch nicht mehr viel zu verkaufen.«

»Erinnerst du dich, Carla? Irma hat doch kürzlich erzählt, dass seit einiger Zeit gar keine Leute mehr kommen und mit irgendwelchen Gegenständen das Schloss verlassen.«

»Ja, du hast recht. Das habe ich ganz vergessen. Aber könnte Natascha vielleicht noch eine Erbschaft gemacht haben?« Carla blickte Kölichen fragend an.

»Soweit ich weiß, hatte sie außer dem Fürsten keine näheren Verwandten mehr, und der war hoch verschuldet. Das hat mir Leopold damals erzählt.«

Niemand hatte eine Idee, wer Leopolds neuer Wohltäter sein könnte. Doch das Rätsel sollte, zu ihrem Entsetzen, bald gelöst sein.

Heute sollte Feodora aus Königsberg nach Hause zurückkehren. Es war ein warmer Sommertag. Leopold und Natascha saßen auf der Terrasse und tranken ihren Nachmittagstee.

»Erwarten die Herrschaften außer der Komtess noch weitere Gäste zum Abendessen?«, fragte Alfons. »Wenn nicht, würde die Mamsell gern Königsberger Klopse zubereiten, das Leibgericht der Komtess.«

»Es ist in Ordnung, Alfons, wir werden alleine speisen.« Leopold wartete, bis der Diener außer Hörweite war. »Wann wollen wir es ihr sagen, Natascha?«

Natascha blickte von ihrer Stickerei auf. »Am besten gleich heute. Bringen wir es möglichst schnell hinter uns.«

Kurz darauf stürmte Feodora herein. »Maman, Papa! Da bin ich wieder«, rief sie strahlend. »Ihr könnt stolz auf mich sein.« Sie wedelte mit einem großen weißen Blatt Büttenpapier, beschrieben mit goldener Schrift. »Das ist mein Zeugnis. Es ist wirklich gut.« Sie legte es vor ihre Mutter auf den Tisch. »Da lies, Maman.«

»Dein Vater wird es mir gleich vorlesen.«

»Möchtest du dich sofort umziehen oder erst einen Tee mit uns trinken?« fragte Leopold liebevoll. »Sicher hast du uns viel zu erzählen.«

Feodora warf ihren weichen Florentinerhut auf einen Stuhl, streifte die weißen Handschuhe ab und ließ sich in einen Sessel fallen. »Bin ich froh, dass ich solche Sachen in Zukunft nicht mehr brauche. Bei dem kleinsten Fleck auf einem Handschuh haben wir bereits eine Rüge bekommen.« Sie rollte die Augen. »Und immer musste man auf die Minute pünktlich sein ...«

»Aber sonst scheint es dir doch ganz gut gefallen zu haben.« Leopold betrachtete lächelnd seine Tochter. Wie reizend sie aussah in ihrem rosafarbenen Musselinkleid, und wie schön sie geworden war, beinahe erwachsen mit ihren fast achtzehn Jahren.

»Ida ist meine beste Freundin«, sprudelte es aus Feodora heraus. »Wir wollen in Zukunft ganz viel gemeinsam unternehmen. Demnächst wollen wir eine Reise zusammen machen.« Sie nahm einen Schluck Tee. »Keine Sorge wegen des Geldes. Tante Carla hat es mir für mein gutes Zeugnis versprochen. Und wir sollen alle zum Erntefest nach Klein Darkehmen kommen«, fuhr sie aufgeregt fort. »Auch die Goelders werden da sein. Mein Gott, habe ich Carl und Georg lange nicht mehr gesehen.«

Leopold vermied es, zu Natascha hinüberzublicken, die ihn auffordernd ansah.

In dem Moment trat Alfons auf die Terrasse. »Herr Graf, der Verwalter ist in Ihrem Büro. Hätten Sie einen Moment Zeit? Es scheint dringend zu sein.«

Erleichtert sprang Leopold auf. »Ja, ja, natürlich«, rief er, »ich komme sofort.«

Natascha sah ihn wütend an. Sie legte ihre Stickerei beiseite und ging auf der Terrasse auf und ab. »Aus deinen Plänen wird wohl nichts werden«, sagte sie kühl zu Feodora. »Baron von Harden hat um deine Hand angehalten. Dein Vater und ich haben bereits akzeptiert.«

Feodora starrte sie ungläubig an. »Was habt ihr? Ich soll wen heiraten?«

»Baron von Harden.«

»Den kenne ich nicht.«

»Doch, ihr seid euch ein paarmal in Weischkehmen begegnet. Er ist reizend und äußerst vermögend.«

»Ach, dieser grässliche alte Mann …« Sie war aufgesprungen und stand zornentbrannt vor ihrer Mutter. »Was, den soll ich … Nein, *Maman,* das glaube ich nicht. Das kannst nicht einmal du mir antun!« Sie schrie jetzt. »Du hast doch immer gesagt, ohne Mitgift nähme mich sowieso keiner. Wo kommt denn plötzlich eine Mitgift her?«

»Er nimmt dich auch so! Er will keine. Im Gegenteil: Er wird uns aus allen Schwierigkeiten helfen, in die uns, wie du ja weißt, einzig und allein dein Vater gebracht hat.«

»Ich werde also verkauft!« Feodora zitterte am ganzen Körper. »Das kann doch nur eine Idee von dir gewesen sein. Ich werde mit Papa reden. Er wird das niemals zulassen. Niemals!«

»Oh doch, mein liebes Kind!« Nataschas Stimme war schneidend. »Er wird es zulassen. Und wenn du dich weigerst, wird er sich erschießen. Das hat er mir unmissverständlich klargemacht. Das Schloss gehört bereits deinem zukünftigen Ehemann. Wenn du dich also widersetzt, stehen wir alle auf der Straße.« Nach einer bedeutungsvollen Pause setzte sie hinzu: »Vergiss nicht, wer uns in diese aussichtslose Lage gebracht hat. Ich war es nicht!«

Mit versteinertem Gesicht nahm Feodora Hut und Handschuhe und verließ wortlos die Terrasse.

Kurz darauf kam Leopold zurück. »Wo ist Feodora, hast du es ihr schon gesagt?«

»Ja, du hast dich ja mal wieder erfolgreich gedrückt.«

»Und, wie hat sie es aufgenommen?«

»Ich denke, sie wird akzeptieren.«

»Einfach so, ohne Widerspruch?«

Natascha lächelte maliziös. »Nun, es bleibt ihr ja wohl nichts anderes übrig.« Die Drohung, dass er sich sonst erschießen würde, verschwieg sie Leopold.

In Feodoras Zimmer war Irma damit beschäftigt, deren Koffer auszupacken. »Ach Fedachen, wie siehst du denn aus?«, rief sie erschrocken. »Wat für 'ne Laus is dir denn über die Leber jelaufen?«

»Ich soll heiraten, Irmchen. Einen schrecklichen alten Mann. Es ist ja so furchtbar ...« Sie begann zu weinen. »Meine Eltern haben mich verschachert! Regelrecht verkauft haben sie mich.«

»Um Jottet willen, an wen denn?«

»An einen Baron von Harden. Ich kenne ihn nur flüchtig. Er ist ganz alt ...«

»Erbarmung«, rief Irma entsetzt, »dat is doch der Olle, von dem ik dir jeschrieben hab, der so oft hier war in der letzten Zeit. Du weißt doch, nach seinen Besuchen war die

Jräfin immer so fröhlich, erinnerste dir nich?« Irma begann die Kleider, die sie gerade aufgehängt hatte, wieder in den Koffer zu packen. »Weßte wat, wir haun ab«, sagte sie entschlossen. »Wir jehen nach Buchenhain, deiner Tante Carla wird schon wat einfallen. Sowat wird die doch nich zulassen!« Sie war außer sich.

»Lass man, Irmchen.« Feodora hatte aufgehört zu weinen. »Du bist wirklich lieb. Aber es gibt Gründe für mich, diesen Mann zu heiraten.« Weder Irma noch jemand anderem gegenüber erwähnte sie, dass sie nur aus Angst um das Leben ihres Vaters einwilligen würde.

Zum Abendessen erschien Feodora nicht. Sie ließ ihren Eltern von Alfons ausrichten, dass sie unpässlich sei und am nächsten Tag mit ihnen sprechen würde.

Am Morgen saß sie bereits am Frühstückstisch, als Natascha und Leopold erschienen. Man sah Feodora an, dass sie die ganze Nacht nicht geschlafen hatte. Bleich und übernächtigt sah sie aus, und alle Fröhlichkeit schien von ihr gewichen.

»Guten Morgen, mein Liebling.« Leopold versuchte, seiner Tochter einen Kuss zu geben, aber sie drehte ihren Kopf zur Seite, sodass er nur ihr Haar streifte.

Nachdem der Diener den Kaffee eingegossen und sich wieder an der Anrichte aufgestellt hatte, sagte Feodora: »Bitte lass uns für einen Moment allein, Alfons. Ich habe etwas mit meinen Eltern zu besprechen.«

Leise schloss Alfons die Tür hinter sich. Es herrschte ein bedrücktes Schweigen.

»Ihr habt also beschlossen, mich zu verkaufen«, unterbrach Feodora die unheilvolle Stille. »Das ist wirklich reizend von euch!«

»Feda, Liebling …«, stammelte ihr Vater. »Versteh doch …«

»Nein, ich verstehe gar nichts. Ich weiß nur, dass ich einen alten Mann heiraten soll, damit ihr nicht im Schuldenturm landet.«

Ihr Vater wagte nicht, ihr in die Augen zu sehen.

»Nun, es gibt schwerere Schicksalsschläge, als einen reichen Mann zu heiraten.« Natascha bestrich sich ungerührt eine Scheibe Toast mit Butter. »Ehen werden nun mal nicht im Himmel geschlossen.«

»Die fehlende Mitgift hat mich hoffen lassen, dass ich gar nicht heiraten muss. Dieser Wunsch dürfte euch doch wohl nicht entgangen sein.« Feodora lächelte sarkastisch. »Aber bei mir scheinen ja die bescheidensten Wünsche nicht in Erfüllung zu gehen.«

Für eine Weile sprach keiner. Nur das Klappern des Geschirrs durchdrang ab und zu die Stille.

»Also«, unterbrach Feodora das Schweigen, »ich werde diesen Herrn von Harden heiraten. Aber erwartet nicht von mir, dass ich die glückliche Braut spiele.«

Natascha atmete erleichtert auf. »Wie schön, dass du so einsichtig bist.« Sie hatte wesentlich mehr Widerstand erwartet.

»Nun, an meine Einsicht, wie du es nennst, sind Bedingungen geknüpft. Wenn ihr euch nicht daran haltet, werde ich mich einer Vermählung verweigern. Habt ihr das verstanden?«

Ihre Eltern nickten stumm. Diesen Ton waren sie von ihrer Tochter nicht gewohnt.

»Also, ich will die Trauung hier auf dem Schloss im kleinsten Kreis. Nicht einmal Tante Carla und Julchen will ich dabeihaben, wenn ich zur Schlachtbank geführt werde! Irma soll meine Trauzeugin sein …«

»Wer, dein Dienstmädchen …?« Natascha blickte ihre Tochter entgeistert an.

»Ja, genau dieses! Außerdem will ich sie als Zofe mit in mein neues Zuhause nehmen, wo immer das ist.«

»In Masuren. Der Besitz des Barons ist außergewöhnlich …«

Feodora unterbrach ihre Mutter schroff. »Und noch etwas. Die Hochzeitsanzeigen werden erst nach der Trauung verschickt. Ich will von niemandem Glückwünsche entgegennehmen müssen.«

»Ja, willst du denn nicht wenigstens das Diadem tragen, das dir dein Großvater vermacht hat? Es liegt seit Jahren im Safe der Bank …?«

»Ein Witwenschleier wäre wohl angebrachter!« Feodora erhob sich. »Ihr könnt meinem Bräutigam ausrichten, dass ich es kaum erwarten kann, Troyenfeld zu verlassen. Die Hochzeit kann also in Bälde stattfinden.«

An der Tür drehte sie sich noch einmal um. »Bis dahin werde ich auf Buchenhain wohnen.« Sie lächelte kühl. »Und nach meiner Hochzeit möchte ich euch nie wiedersehen. Nie mehr!«

Carla und Julia saßen bei einem leichten Imbiss im Gartenpavillon. Sie waren bester Laune. Sie hatten einen ausgiebigen Morgenritt hinter sich, als es noch angenehm kühl war. Inzwischen brannte die Sonne von einem wolkenlosen Himmel, und kein Lüftchen regte sich. Julia versuchte, sich mit einem Fächer etwas Kühlung zu verschaffen. »Wenn es so heiß bleibt, kann ich unmöglich mit den Kölichens Tennis spielen«, stöhnte sie.

»Die kommen ja erst gegen Abend«, erwiderte Carla lachend, »da wird es wesentlich kühler sein. Wir brauchen Bewegung, meine Liebe, sonst rosten wir ein.«

In dem Moment stürmte Feodora herein.

»Feda, Liebling, wie schön, dass du uns so schnell besuchst«, rief Carla erfreut. »Bist du nicht gestern erst aus Königsberg zurückgekommen?«

»Was ist mit dir? Du bist ja ganz blass.« Julia strich Feodora liebevoll die Locken aus der verschwitzten Stirn.

Anstatt zu antworten, fragte Feodora: »Kennt ihr einen Baron von Harden?«

»O Gott, ja!«, riefen die beiden Damen. »Dieser schreckliche Parvenü!« Carla verzog das Gesicht. »Den mussten wir schon mal ertragen. Er scheint ein Liebling deiner Mutter zu sein. Was ist mit ihm?«

»Ich muss ihn heiraten.«

»Was heißt: du musst?« Carla und Julia starrten Feodora entsetzt an. »Du kennst ihn doch kaum.«

»Das scheint meine Eltern nicht zu stören. Sie haben mich an ihn verkauft!«

»O mein Gott ...« Carla schlug die Hände vors Gesicht. »Das ist ja ungeheuerlich«, stammelte sie. »Wie können sie dir das nur antun?«

»Das frage ich mich auch«, sagte Feodora mit leiser Stimme, »aber ich finde keine Antwort darauf.«

Julia hatte sie in den Arm genommen. »Mein armes Kind«, sagte sie immer wieder, »wenn ich dir doch nur helfen könnte.«

»Mir kann keiner helfen«, erwiderte Feodora, »aber darf ich bis zu meiner Hochzeit auf Buchenhain bleiben?«

Carla strich ihr über den Kopf. »Natürlich, Liebes. Bleib erst mal hier, und dann sehen wir weiter.«

Als gegen Abend die Kölichens kamen, war an ein Tennismatch nicht mehr zu denken. Feodora hatte sie nur kurz begrüßt und war dann zu Bett gegangen.

»Was ist mit ihr?«, fragte Lieselotte neugierig. »Sie sieht ja ganz bleich aus. Und wieso ist sie nicht bei ihren Eltern auf Troyenfeld, sie ist doch gerade erst aus Königsberg zurückgekommen?«

Carla und Julia sahen sich bedeutungsvoll an. »Nun, ihr würdet es sowieso bald erfahren. Das arme Kind soll heiraten. Heinrich von Harden, einen zweiundvierzig Jahre älteren Mann! Stellt euch das mal vor! Sie ist verzweifelt.«

»Na, da machen die Eltern ja ein gutes Geschäft«, sagte Kölichen sarkastisch. »Tochter gegen Schloss. Ich habe gerade erfahren, dass dieser Mann es war, der die Schuldscheine von Leopold aufgekauft und gegen das Schloss eingetauscht hat. Wie ich aus sicherer Quelle weiß, lässt er demnächst Gebäude und Park sanieren.«

»Also ist die ganze Sache mit der Hochzeit schon lange ein abgekartetes Spiel!« Carla war außer sich.

»Niemals hätte ich Leopold das zugetraut.« Kölichen goss sich einen großen Cognac ein. »Von der Heirat höre ich allerdings zum ersten Mal. Aber es wundert mich nicht. Dieser Harden macht nichts umsonst. Wenn Feodora sich weigert, stehen die Troyenfelds auf der Straße.« Er senkte seine Stimme. »Von einem Vertrauten bei meiner Bank habe ich außerdem erfahren, dass seit einiger Zeit monatlich ein ansehnlicher Betrag auf das Konto von Troyenfeld eingeht. Allerdings hat nur Natascha darüber Verfügungsgewalt.«

»Wie?«, rief Carla. »So weit ist es mit meinem Bruder schon gekommen. Er ist damit ja sozusagen entmündigt.«

»Nun, wenn du bedenkst, dass er es war, der die Familie in diese Situation gebracht hat, kann ich Natascha sogar verstehen. Leopold würde das Geld doch sofort wieder verspielen. Und dann wäre das Opfer seiner Tochter auch noch ganz umsonst.«

Feodora schien über Nacht erwachsen geworden zu sein. Sie wies Irma an, alle ihre persönlichen Sachen zu packen und am Tag der Hochzeit damit nach Gut Eichen in Masuren zu fahren, wo auch sie drei Wochen später nach ihrer Hochzeitsreise eintreffen würde. Heinrich von Harden hatte nachgefragt, wohin sie zu reisen gedenke, jeder Wunsch wäre für ihn Befehl, und Feodora hatte gebeten, nach Zoppot zu fahren. »Ida ist mit ihren Eltern dort, das wird mir helfen, die erste Zeit zu überstehen«, hatte sie zu Carla und Julia gesagt. Ida war die Einzige, der sie offen ihr Leid klagte. Gleich am ersten Tag hatte sie ihr geschrieben.

»Meine geliebte Ida, all unsere wunderbaren Pläne wurden von einer Sekunde zur anderen zerstört. Man hat mich verschachert, regelrecht verkauft! Ich muss heiraten, einen alten Mann! Damit meine Eltern in ihrem Schloss bleiben können. Kannst Du Dir das vorstellen? Ich bin verzweifelt, aber es gibt keinen Ausweg. Schreib mir nach Buchenhain, bis zu meiner Hochzeit bin ich hier. Ich kann die Gegenwart meiner Eltern

nicht mehr ertragen. Ich umarme Dich, deine unglückliche Feda.«

Zwei Wochen später fand die Trauung statt. Weder Feodoras Eltern noch ihr Bräutigam hatten sich ihren Wünschen widersetzt. Auch Carla und Julia fügten sich. Carla wusste, dass Töchter den Eltern gehorchen mussten, so war sie erzogen worden, und Julia hatte am eigenen Leib erfahren, was eine Frau erwartete, wenn man es nicht tat. Ihr anfängliches Entsetzen über diese Heirat hatte sich in Bewunderung gewandelt für das »Kind«, wie sie Feodora nannten, wenn sie unter sich waren.

Nach ein paar Tagen der Verzweiflung lamentierte Feodora nicht mehr. Sie hatte sich in ihr Schicksal gefügt. Leopold war einmal nach Buchenhain gekommen, um sie zu besuchen, aber sie hatte ihn nicht empfangen. »Ich will ihn nicht sehen!«, ließ sie ihm ausrichten, und auch Carla und Julia gaben dem Diener Anweisung zu sagen, dass sie außer Haus seien.

Der Abschied von Buchenhain war tränenreich. »Du armes Kind, nimm es nicht so schwer«, sagte Carla schluchzend. »Und wenn du es gar nicht aushältst, komm nach Buchenhain. Du weißt, hier bist du immer willkommen.«

»Danke, Tante Carla, ich weiß.« Aber Feodora wusste auch, dass eine Flucht niemals möglich sein würde. »Ich möchte, dass ihr mich so oft wie möglich auf Gut Eichen besucht, du und Julchen.«

»Aber natürlich. Und deine Eltern werden bestimmt auch …«

»Meine Eltern«, unterbrach Feodora sie mit tonloser Stimme, »will ich nie wiedersehen.«

»Aber Feda, Kind …« Carla sah sie entsetzt an. »Dein Vater …«

»Weder ihn noch meine Mutter! Ich habe es ihnen bereits gesagt, und sie würden gut daran tun, das zu beherzigen.«

Für das Ehepaar von Harden war im Grand Hotel in Zoppot eine Suite reserviert. Kurz vor ihrer Abreise hatte Harden Feodora mitteilen lassen, sie möge ohne Gepäck reisen, das Nötigste sei bereits vorhanden.

»Was meint er denn damit?«, hatte Feodora verwundert gefragt. »Will er mich auf dem Zimmer gefangen halten?« Aber eigentlich war es ihr egal gewesen. Was auch immer er mit ihr vorhatte, sie wusste, sie würde es ertragen müssen.

Am frühen Abend kamen sie in Zoppot an. Während der ganzen Fahrt hatten sie kaum miteinander gesprochen. Ein paarmal hatte er ihre Hand an seine Lippen geführt und gesagt: »Du bist wunderschön, meine kleine Frau. Dass du mich erhört hast, macht mich zum glücklichsten Mann der Welt.«

Feodora hatte nicht darauf geantwortet. Was hätte sie auch sagen sollen? Dass sie verzweifelt war, am liebsten wegrennen würde?

Der riesige Salon ihrer Suite war ein Blumenmeer. Schalen mit frischem Obst und Konfekt sowie eine Flasche eisgekühlter Champagner standen zur Begrüßung bereit.

»Das Hotel wünscht dem Herrn Baron und der Frau Baronin einen angenehmen Aufenthalt«, sagte der beflissene Empfangschef. »Der Tisch im Speisesaal ist für acht Uhr reserviert. Am Fenster, mit Meerblick, wie der Herr Baron bestellt hat.«

»Danke«, sagte Heinrich von Harden. »Bitte schicken Sie in einer halben Stunde jemanden, der meiner Frau beim Ankleiden behilflich ist.«

»Selbstverständlich. Das Fräulein Erna steht Ihnen jederzeit zur Verfügung.«

Nachdem der Empfangschef mit einem offensichtlich dicken Trinkgeld und unzähligen Verbeugungen die Suite verlassen hatte, fragte Feodora verwundert: »Wieso soll mir jemand beim Anziehen helfen? Ich habe doch gar nichts dabei.«

Ihr Mann hatte zwei Gläser mit Champagner gefüllt. »Ich habe eine kleine Überraschung für dich«, sagte er und stieß mit ihr an. »Ich hoffe sehr, dass ich deinen Geschmack getroffen habe. Geh in das Ankleidezimmer, und sieh mal nach.«

Feodora traute ihren Augen nicht. Der Schrank war gefüllt mit Kleidern für jede Gelegenheit. Abendroben von erlesener Schönheit, leichte Sommerkleider aus zarten Stoffen, dazu passende Schuhe, Handtaschen und Sonnenschirme, Reit- und Badekostüme und zart bestickte Negligés, alles farblich aufeinander abgestimmt. Noch nie hatte sie Derartiges gesehen, nicht einmal im Kleiderschrank ihrer Mutter. »Das ist ja fantastisch!«, rief Feodora. »Wie hast du das gemacht?«

Heinrich lächelte. »Ich gebe zu, ich hatte ein wenig Hilfe.«

»Und du glaubst, das passt mir alles?«

»Das will ich doch hoffen. Auf jeden Fall wird es dich noch schöner machen, wenn das überhaupt möglich ist.«

»Danke, Heinrich«, sagte Feodora leise. Es war das erste Mal, dass sie ihrem Ehemann freiwillig einen Kuss auf die Wange gab.

Die Ankleidehilfe war ein schüchternes junges Mädchen, ungefähr in Feodoras Alter. Sie war klein und rundlich mit einem rotbackigen Gesicht und offenen, freundlichen Augen. »Ich bin Erna«, stellte sie sich mit einem Knicks vor, »und soll der Frau Baronin zu Diensten sein. Frau Baronin können mich rufen, wann immer Sie wollen.« Verlegen, mit niedergeschlagenen Augen und ihre Hände reibend, stand sie da.

»Was ist, Erna?«, fragte Feodora.

»Frau Baronin sind so jung … und so hübsch …« Feodora musste lachen. »Was hast du denn erwartet?«

»Nu ja … ich weiß nicht …«

»Schön, Erna, dann wollen wir mal sehen, ob mir davon etwas passt«, versuchte Feodora die Situation zu retten.

Erna sah sie erstaunt an.

»Ich sehe die Sachen heute zum ersten Mal«, erklärte ihr Feodora. »Sie sind ein Geschenk meines Mannes.«

»Ich weiß, Frau Baronin sind auf der Hochzeitsreise.«

Täuschte sich Feodora, oder hörte sie da etwas wie Mitleid heraus?

»Die Kleider sind so wunderschön«, plapperte das Mädchen nun drauflos, plötzlich schien es alle Scheu verloren zu haben. »Ich durfte sie auspacken und aufbügeln und habe mich die ganze Zeit gefragt, wer das wohl tragen wird, all die wunderschönen Kleider.« Sie strahlte Feodora an. »Dass das eine so schöne Frau sein wird, hätt ich nie geglaubt.«

Wieder musste Feodora lachen. »Nun übertreib mal nicht. So schön bin ich nun wirklich nicht.«

»Doch, doch, Frau Baronin sehen in allem ganz wunderbar aus.«

Alles passte tatsächlich wie angegossen. Mit Ernas Hilfe wählte Feodora für den Abend ein resedafarbenes, trägerloses Taftkleid. Die Korsage und der enge, nach hinten geraffte Rock passten perfekt. Auf der Tournüre saß eine große Schleife, deren breite Enden eine lange Schleppe bildeten. Hohe Satinpumps und bis über die Ellbogen reichende Glacéhandschuhe machten das Ganze perfekt.

»Darf ich die Frau Baronin ein wenig frisieren«, fragte das Mädchen schüchtern. Es schien überwältigt von Feodoras Anblick. »Eine Hochfrisur vielleicht … Ich bin ganz geschickt darin.«

»Wenn du meinst.« Feodoras Laune hatte sich, seit Erna so begeistert um sie herumhüpfte, merklich gebessert. Für kurze Zeit vergaß sie, dass im Nebenraum ein alter Mann auf sie wartete, dem sie für den Rest ihres Lebens ausgeliefert war. »Ich werde mir dabei die Nase pudern.«

Mit ein paar Handgriffen zauberte das Mädchen ihr eine Frisur, dass sie sich selbst kaum wiedererkannte.

»Du bist wirklich eine Künstlerin, Erna«, sagte Feodora erstaunt. Plötzlich kam ihr zu Bewusstsein, dass sie über keinen Pfennig eigenes Geld verfügte. »Ich werde meinen Mann bitten, dich fürstlich zu entlohnen.«

Ernas Gesicht lief rot an. »Nicht nötig, Frau Baronin. Es war mir wirklich eine Freude.« Strahlend und mit einem Knicks verabschiedete sie sich.

Feodora lächelte. »Ich werde dich sicher noch öfter brauchen. Wir beabsichtigen, drei Wochen zu bleiben.«

Als sie die Suite betrat, stand ihr Mann, bekleidet mit einem Smoking, am Fenster und blickte auf das durch das Licht der tief stehenden Sonne glitzernde Meer. In der Hand hielt er ein Glas Champagner. Da war sie wieder, die Angst, was wohl die Zukunft und vor allem dieser erste Abend bringen würden. Ihre Hochzeitsnacht! Eine Welle der

Furcht stieg in Feodora auf, schnürte ihr die Kehle zu. Doch dann sagte sie leise: »Ich bin fertig, Heinrich. Wir können gehen.«

Langsam drehte Heinrich sich um. Was er sah, verschlug ihm den Atem. »Mein Gott, du siehst ja umwerfend aus.« Er stellte sein Glas ab und griff nach einem großen weinroten Lederetui, das neben ihm auf einem Tisch lag. »Ich habe dir noch nicht mein Hochzeitsgeschenk gegeben«, sagte er. Er entnahm dem Etui ein mit großen Diamanten und Smaragden besetztes Collier und die dazu passenden Ohrringe. »Ich bin entzückt, dass du dieses Kleid gewählt hast. Der Schmuck könnte nicht passender sein.«

Feodora wusste nicht, ob sie lachen oder weinen sollte.

Als das ungleiche Paar den riesigen, bereits voll besetzten Speisesaal betrat, verstummten für einen Moment die Gespräche. Alle starrten die schöne, junge, hochgewachsene Frau an, die mit erhobenem Haupt am Arm dieses kleinen, dicken Mannes auf den letzten noch freien Tisch am Ende des Saales zusteuerte.

Feodoras Knie zitterten, und ihr einziger Gedanke war: *Lieber Gott, lass mich sicher auf meinem Stuhl landen.* Sie blickte nicht nach links und nach rechts, und so sah sie weder Ida, der fast der Löffel aus der Hand fiel, als sie ihre Freundin einer Göttin gleich durch den Saal schreiten sah, noch Georg Goelder, der glaubte, eine Fata Morgana zu sehen. »Das ist doch Feda! Was macht die denn hier mit dem grässlichen Harden?«, rief er entgeistert. Die Hochzeitsanzeigen waren erst gestern in die Post gegangen.

Feodora und Heinrich hatten mittlerweile ihre Plätze eingenommen.

»Ich habe ein Menü bestellt, ich hoffe, es ist dir recht.« Wie durch eine Nebelwand drang Heinrichs Stimme an Feodoras Ohr.

»Ja, ja, natürlich. Ich habe keinen besonders großen Hunger.«

»Wünschen die Herrschaften einen Aperitif?« Der Ober, der sie zu ihrem Tisch begleitet hatte, stand wartend vor ihnen. »Wie wäre es mit einem Glas Champagner?«

»Nun, Liebes, was meinst du?«

Feodora zuckte zusammen. Liebes! Wie schrecklich. Wollte er sie einstimmen auf das, was heute Nacht noch kommen sollte?

»Ja, wenn du meinst.« Ihre Stimme war nur ein Krächzen.

»Wir werden einen wundervollen Abend haben«, sagte er und führte ihre Hand an seine Lippen. »Das Essen hier ist vorzüglich, und die Weine erst, sie stammen aus allerbestem Anbau.« Mit leiser Stimme fuhr er fort: »Ich kann es kaum erwarten, dich in meinen Armen zu halten.«

Feodora fröstelte. Ihre Hand zitterte, als sie das Glas Champagner in einem Zug leertrank. Den restlichen Abend erlebte sie wie in Trance. Heinrich schien ein bekannter Mann zu sein. Immer wieder kamen fremde Menschen an ihren Tisch, denen er sie stolz als »meine Frau« vorstellte und hinzufügte: »Wir haben heute geheiratet.«

Feodora zwang sich, die Glückwünsche mit einem Lächeln entgegenzunehmen.

Auch Ida kam mit ihren Eltern, um sie zu begrüßen und anstandshalber zu gratulieren. Klein Darkehmen lag unweit von Gut Eichen, man kannte sich und verabredete für den nächsten Tag ein Treffen am Strand. »Halt durch!«, flüsterte Ida Feodora ins Ohr, als sie sich umarmten. »Wir reden morgen.«

Einmal verlor Feodora beinahe die Fassung. Eine Gruppe gut aussehender junger Männer, offensichtlich auf dem Weg zur Bar, steuerte auf ihren Tisch zu. Ein Gesicht kam ihr bekannt vor. Feodora senkte den Blick und stocherte in ihrem Fisch herum. *Bitte, lieber Gott, lass es nicht Georg sein, bitte!*, dachte sie.

Aber da rief ihr Mann bereits: »Sieh nur, Liebes, einer der Goelder-Jungen. Ist das nicht nett, dass wir ihn hier treffen?«

Und da erklang sie schon, die ihr so vertraute, leicht spöttische Stimme. Georg schien ein wenig angetrunken. »Feda, altes Haus, du bist es wirklich! Was machst du hier?« Er wandte sich an Heinrich. »Sind Sie nicht Baron von Harden, ein Bekannter meiner Eltern?«

»So ist es, mein Junge.« Heinrich schlug Georg jovial auf die Schulter. »Sie können mir und meiner kleinen Frau gratulieren. Wir haben heute geheiratet.«

Für einen Moment schien es Georg die Sprache zu verschlagen. »Ach«, sagte er nur. »Das ging aber wirklich ein bisschen plötzlich. Gibt es dafür einen Anlass?« Der Sarkasmus in seiner Stimme war nicht zu überhören.

»Diese Eile habe ich meiner Frau zu verdanken. Sie konnte es kaum erwarten.«

Mit einer leichten Verbeugung sagte Georg förmlich: »Na, dann wünsche ich dem glücklichen Brautpaar alles erdenklich Gute.« Ohne ein weiteres Wort eilte er seinen Freunden hinterher.

Feodora war den Tränen nahe.

»Sie muss zu dieser Ehe gezwungen worden sein«, sagte Georg, nachdem er seine Fassung wiedergefunden hatte.

»Auf unseren Jagden mussten wir sie immer vor ihm retten. Er war schon vor Jahren hinter ihr her, niemals hat sie ihn freiwillig geheiratet.«

»So was soll es öfter geben«, sagte Edgar von Witzleben. »Nicht nur Frauen, auch Männer müssen manchmal Vernunftehen eingehen.«

»Na, dann pass du mal auf, dass dir das nicht passiert«, rief Friedrich Klops.

Nicht einmal Georg bemerkte, wie sich ein Schatten auf Edgars Gesicht legte.

»Kommt, lasst uns darauf trinken, dass uns so ein Schicksal erspart bleibt«, rief ein anderer, und man prostete sich laut lachend zu.

Feodora rührte im Gegensatz zu ihrem Mann das Essen kaum an. Umso mehr sprach sie den Weinen zu. Die Wirkung ließ nicht lange auf sich warten. Nach einer Weile störte es sie nicht mehr, dass Heinrich heftig schwitzte und sich immer häufiger Gesicht und Glatze mit der Serviette abwischte. Auch er trank viel, redete ununterbrochen und schien kaum zu merken, dass sie außer »Darf ich noch einen Schluck Wein haben?« kaum etwas sagte.

»Gern, Liebes, lass es dir schmecken«, sagte er dann fröhlich und goss ihr eigenhändig nach. Dann sprach er weiter, wie glücklich er sich schätze, sein zukünftiges Leben mit ihr auf Gut Eichen zu verbringen, wie schön es dort sei und dass es ihr sicher gut gefallen werde.

Im benachbarten Ballsaal spielte bereits die Kapelle einen langsamen Walzer, und der Speisesaal begann sich zu leeren.

»Möchtest du tanzen, Liebes?« Heinrich legte seine große, behaarte Hand auf Feodoras Arm.

»Tanzen? Oh nein!« Sie kicherte albern. »Mir ist ein wenig schwindelig. Der Wein …« Sie bekam plötzlich einen Schluckauf. »Es war wohl doch … hicks … ein bisschen viel … hicks.«

»Vielleicht sollten wir nach oben gehen.« Heinrich erhob sich. Auch er schwankte leicht. »Komm, ich helfe dir.«

Das, was danach passierte, nahm Feodora kaum wahr. Ihr war übel, alles drehte sich. Sie spürte, wie ein schwerer, schwitzender Körper sich keuchend auf sie wälzte und unverständliche Worte stammelte. Eine feuchte Zunge presste sich auf ihre Lippen, während eine Hand zwischen ihre Beine fuhr und sie auseinanderdrückte. Sie spürte einen kurzen, heftigen Schmerz, als etwas Hartes in sie eindrang. Nach ein paar heftigen Stößen hörte das Stöhnen auf, der Körper rollte zur Seite, und kurz darauf ertönte lautes Schnarchen. Ihr Mann schlief! Wie ein böser, unwirklicher Spuk erschien Feodora das Ganze. Sie fühlte sich erniedrigt und hilflos. *Das war also meine Hochzeitsnacht*, dachte sie zynisch, *die Nacht, in der man das größte Glück erleben sollte.* Das stand jedenfalls in den Liebesromanen, die sie heimlich nachts verschlungen hatte. Am nächsten Morgen entdeckte sie einen blutigen Fleck auf dem weißen Laken.

Die ersten drei Wochen als verheiratete Frau waren trotz der schrecklichen Nächte für Feodora die schönsten in ihrer ganzen Ehe. Noch lange sollte sie davon zehren. Sie war nicht glücklich, aber auch nicht richtig unglücklich. Sie genoss die bewundernden Blicke, die sie überall, wo sie auftauchte, trafen, ob an der Seite ihres Mannes oder in der Clique von Idas Freunden. Anfänglich tuschelte man noch über das ungleiche Paar, aber nach ein paar Tagen hörte das auf.

»Wenn nur die Nächte nicht wären«, klagte sie Ida ihr Leid. »Es ist einfach entsetzlich!« Nicht einmal ihrer besten Freundin erzählte sie Details von dem, was sie jede Nacht durchmachte. Sie brachte es einfach nicht über die Lippen, ihr zu sagen, wie wütend er wurde, wenn sein Glied schlaff blieb, und zu welch widerlichen Dingen er sie zwang, um Befriedigung zu erlangen. Sie fühlte nur Ekel, und wenn er endlich neben ihr eingeschlafen war, hatte sie den Drang, allen Schmutz von sich abzuwaschen. Danach saß sie stundenlang auf dem Hotel-Balkon, blickte auf das vom Mond beschienene Meer und wurde langsam wieder ruhiger. Niemand außer Ida kannte den wahren Grund, warum sie am Morgen bleich, mit dunklen Augenringen zum Frühstück erschien. Alle, auch Idas Eltern, hielten sie für eine Frau, die das große Los gezogen hatte.

Die Tage dagegen verliefen harmonisch. Heinrich war höflich und zuvorkommend, verschonte sie mit Zärtlichkeiten in der Öffentlichkeit und überschüttete sie mit Geschenken. Er hatte nichts dagegen, wenn sie mit Ida lange Strandspaziergänge machte oder im Meer badete. Einmal hatte auch er sich in sein Badekostüm gezwängt und war von einigen kleinen Kindern, die am Strand ihre Burgen bauten, so verspottet worden, dass er das in Zukunft unterließ und lieber mit Idas Eltern oder Bekannten unter einem Sonnenschirm Whist oder Schach spielte. Wenn Feodora mit Idas Freunden Tennis spielte, war er immer in der Nähe. Er ließ sie nie für längere Zeit aus den Augen, und wenn sie sich etwas länger als nötig mit einem ihrer Partner unterhielt oder ausgelassen lachte, wurde er ungehalten. »Ich wünsche das nicht«, pflegte er dann zu sagen. »Du bist jetzt eine verheiratete Frau, also benimm dich entsprechend!«

Einige Male fuhr er nach Danzig. »Ich habe dort geschäftlich zu tun«, erklärte er Feodora, »aber am Abend bin ich wieder zurück. Ich werde meine kleine Frau doch nicht über Nacht allein lassen.«

Diese Gelegenheit nahm Feodora zum Anlass, ihn um etwas Geld zu bitten. »Wozu brauchst du Geld?«, fragte er verblüfft. »Ich komme doch hier für alles auf.«

»Nun, wenn ich mit Ida ein Eis essen möchte, während du weg bist, will ich es gern selbst bezahlen ... Und für Erna ... sie ist so geschickt mit meinen Kleidern ...«

»Das erledige ich«, sagte er leicht ungehalten. »Aber du hast recht, ein Eis oder eine Schokolade solltest du selbst bezahlen können.« Achtlos legte er ein paar Goldmünzen auf den Tisch. »Das dürfte wohl genügen. Und da wir gerade dabei sind. Als meine Ehefrau steht dir für kleinere Ausgaben ein Nadelgeld zu. Ich werde da nicht kleinlich sein.« Danach sprachen sie nie wieder über Geld.

»Leider«, beklagte sich Feodora bei ihrer Freundin, wenn Heinrich gleich nach dem Frühstück die Kutsche bestieg, »will er abends schon wieder zurück sein. Ach, es wäre zu schön, einmal eine Nacht Ruhe zu haben.«

Aber dann, wenn Heinrich fort war, wurde Feodora für ein paar Stunden wieder das übermütige junge Mädchen, das sie vor kurzer Zeit noch gewesen war. Sie ritt mit den Freunden am Strand um die Wette, fuhr mit ihnen mit dem Boot hinaus und flirtete harmlos mit einem der gut aussehenden jungen Männer, die ihr allesamt den Hof machten. Oft sprach sie mit Ida, wenn sie allein waren, wie es wohl wäre, mit einem dieser jungen Männer verheiratet zu sein. »Ich kann mir einfach nicht vorstellen, dass die Nächte schön sein sollen. All die Romane von der Marlitt, die immer so glücklich enden, wo die Frauen vor Glück vergehen, ich kann das nicht mehr glauben. Das ist sicher nichts als eine Erfindung.«

»Ach, Feda, du Arme.« Ida hatte schreckliches Mitleid mit ihrer Freundin »Ich weiß es nicht. Das Einzige, was ich weiß, ist, dass ich keinen Mann heiraten werde, den ich nicht liebe. Das habe ich meinen Eltern auch schon klargemacht. Lieber werde ich eine alte Jungfer.«

Wenn Heinrich abends aus Danzig zurückkam, erwartete Feodora ihn, mit Ernas Hilfe bereits für den Abend angekleidet, in ihrer Suite. Auf seine Fragen, wie der Tag ohne ihn gewesen sei, hatte sie nichts Besonderes zu berichten. Feodora lernte schnell, sich zu verstellen.

Georg Goelder hatte sie gottlob nicht mehr gesehen. »Er ist am Morgen nach eurer Ankunft bereits wieder nach Königsberg abgereist«, erzählte ihr Ida, »zusammen mit Edgar von Witzleben, seinem besten Freund. Sie studieren zusammen. Er war natürlich fassungslos, dich als Ehefrau von Heinrich hier zu treffen.«

»Hast du ihm die Wahrheit gesagt …?«

»Nein, nur dass du keine andere Wahl hattest. Er lässt dich herzlich grüßen. Er hat gesagt, du tätest ihm furchtbar leid.«

Feodora lachte unfroh »Das hilft mir leider auch nicht.« Niemand konnte ahnen, dass sie später einmal die besten Freunde werden sollten.

Irma hatte sich gleich nach ihrer Ankunft auf Gut Eichen mit Käthe, der Mamsell, angefreundet, einer gemütlichen dicken Frau in den Fünfzigern, die wiederum mit Ludolf, dem Ersten Diener, verschwägert war. Beide waren schon seit Langem in Heinrich von Hardens Diensten, und so erfuhr Irma als Erstes das Drama um dessen erste Frau.

»Der Herr Baron war schon über vierzig und sie jerade man sechzehn, als sie jeheiratet haben«, berichtete Käthe Irma gleich am ersten Tag. »Und so zart war dat kleene Marjellchen, Jott Erbarmerche! Janz verschichtert war se, und die Hausdame, die Kastner, hat ihr schrecklich rumkommandiert.«

»Und dat hat se ihr jefallen lassen? Wat hat der Baron denn dazu jesacht?«

»Nu, so richtich hat der dat jar nich mitjekriegt. Der war ja och so ville jeschäftlich unterwegs.« Käthe senkte ihre Stimme. »Viel jeweint hat die kleene Baronin, vor allem, wenn er jeschimpft hat, weil se man partout nich schwanger werden wollte. Et sollte doch unbedingt ein Erbe her. Nu ne nich, jlücklich war die nich, die Arme.« Käthe hatte ihren besten Marillenschnaps aufgemacht. »Na denn man Prosterchen, Irma. Vielleicht klappt et ja bei deiner Jnädijen.«

Ludolf war dazugekommen. »Der Baron will unbedingt einen Erben. Immer wieder hat er das beim Kartenspielen mit seinen Freunden gesagt.«

Jetzt mischte sich Käthe wieder ein. »›Meine Braut ist achtzehn und aus edlem Geblüt‹, hat er jesacht. ›Die Mutter is eine russische Fürstin und der Vater der Erbgraf von Troyenfeld.‹«

»›Abgekauft habe ich sie ihren Eltern‹, hat er gesagt. Weißt du was darüber?«, fragte Ludolf neugierig.

Irma ließ sich ihr Entsetzen nicht anmerken. Wie konnte dieser Baron mit so etwas nur prahlen. »Nee, ik weeß nuscht nix. So jut kenne ik dat Komtesschen nich …«, stotterte sie. »Ach nee … Nu isse ja die Frau Baronin. Nuscht jenauet weeß ik nich. Aber eens weeß ik, rumkommandieren von der Kastner lässt die sich nich!«

Bald wusste Irma alles, was in diesem Haus vorgefallen war: über die vielen Gäste, die oft wochenlang das Haus bevölkerten und die ehemalige, ebenfalls blutjunge Baronin als Gastgeberin ständig überforderten; über die Nächte, in denen sie ihre ehelichen Pflichten erfüllen musste, was sie, für alle erkennbar, nur unter Qualen ertrug.

»Und dann war se endlich schwanger.« Käthe schlug die Augen gen Himmel. »Erbarmerche! Jenau zweieinhalb Monate hat et jedauert, dann hatte se 'ne Fehljeburt. Der Baron hat jetobt, kann ik dir sagen! Schuld wär nur sie, mehr schonen hätt se ihr sollen. Am nächsten Tag hab'n se ihr aus dem See jefischt, dat Armerchen!«

»Schrecklich war das, wirklich.« Ludolf schüttelte traurig den Kopf. »Hoffentlich muss ich so etwas nie mehr erleben.«

All das erfuhr Feodora nach und nach von Irma.

Es war ein warmer Spätsommertag, als Feodora in ihrem neuen Zuhause ankam. Vor der großen Freitreppe hatten sich die Bediensteten streng nach der Wichtigkeit ihres Berufsstandes aufgereiht, um die neue Hausherrin zu begrüßen. An der Spitze stand der Verwalter, Herr Hintz, daneben die Hausdame, Fräulein Kastner, eine energisch aussehende Frau mittleren Alters, ganz in Schwarz gekleidet. Feodora sollte sie auch später nie in einer anderen Farbe sehen. Dann kam schon Irma, die als ihre Zofe in der Hierarchie ganz oben stand. Es folgten mehrere Diener in gestreiften Westen, deren Namen sie sich schon nicht mehr merken konnte, die Mamsell und eine Schar in rosafarbene Kleider gewandete Stubenmädchen.

Irma hatte sie genau wie all die anderen mit »Willkommen, Frau Baronin« begrüßt, und Feodora sagte nur: »Guten Tag, Irma. Es ist schön, ein bekanntes Gesicht zu sehen.« Sie hatten vorher ausgemacht, dass niemand wissen musste, wie vertraut sie miteinander waren.

Als sie die sich verbeugende und knicksende Gruppe abgeschritten hatte, sagte Heinrich: »Nun, Liebes, Irma wird dir jetzt erst einmal dein neues Reich zeigen. Wenn du dich umgekleidet hast, werde ich dich ein wenig herumführen.« Er tätschelte einem großen braunen Labrador, der ihn stürmisch begrüßt hatte, zärtlich den Kopf. »Ja, Rex, mein Lieber, du darfst auch mit.«

»Wir reden später«, hatte Irma ihr zugeflüstert, nachdem sie sie zu ihrem Boudoir geführt hatte. »Hier haben die Wände Ohren.«

Heinrich hatte nicht übertrieben. Gut Eichen war tatsächlich ein traumhafter Besitz. Umgeben von einer wunderschönen Landschaft lag das Herrenhaus in einem gepflegten Park, dessen weiße Kieswege durch das leicht abfallende Gelände direkt in einen großen See zu münden schienen. Etwa hundert Meter vom Ufer entfernt befand sich eine kleine Insel, auf der eine Vielzahl seltener Vögel lebte. Schwäne zogen ruhig ihre Bahnen, und hin und wieder stoben, aufgescheucht von Heinrichs Hund, Schwärme von Wildenten aus dem hohen Schilf am Ufer, um sich an einem sicheren Ort wieder niederzulassen. Eingerahmt war der Park von jahrhundertealten Eichen, die dem Besitz vor langer Zeit seinen Namen gegeben hatten. Seitlich des Herrenhauses, im Schatten eines dieser gewaltigen Bäume, lag ein Tennisplatz. Auch ein großer Gutshof gehörte zu dem Anwesen, der – wie alle großen ostpreußischen Besitze – die Bewohner autark machte. Hinter riesigen Scheunen lagen weiß eingezäunte Pferdekoppeln, auf denen Stuten mit ihren Fohlen tobten.

»Ich züchte ein wenig«, erklärte Heinrich Feodora, während sie an einer der Koppeln standen. »Nur zu meinem Vergnügen. Ich besitze fünfzehn Mutterstuten und sechs Beschäler. Alles prämierte Tiere.«

Von jeder der Stuten kannte er den Namen und erklärte Feodora deren besondere Vorzüge. »Für die Fohlen haben wir noch keine Namen. Wenn du willst, kannst du uns dabei behilflich sein.«

»Gern!« Feodora war hingerissen. Für einen Moment vergaß sie, dass auch sie zu seinem »Besitz« gehörte, genau wie seine wunderschönen Pferde.

»Neben der großen Scheune dort hinten sind einige Koppeln mit gemischten Herden, und dann sind da noch die Hengste«, fuhr Heinrich fort. »Wir werden gleich dort sein. Jedes Tier hat seinen eigenen Auslauf.«

»Mein Gott, sind die schön«, entfuhr es Feodora, als sie bei den Hengsten angelangt waren.

»Ja, sie sind wirklich außergewöhnlich. Jeder von ihnen hat einen langen Stammbaum. Später werde ich sie dir zeigen, wenn es dich interessiert.«

Dass ihm im Umkreis von vielen Hundert Kilometern Wälder, Seen und Weideland gehörten, erfuhr sie erst nach und nach.

Auf ihrem Rundgang begegneten sie noch weiteren Bediensteten: dem Stallmeister Hans, Eberhard, dem Ersten Kutscher, Mägden und Knechten, die sie alle freundlich mit »Willkommen, Frau Baronin« begrüßten.

Aus den verschiedenen Ställen war das Grunzen von Schweinen und das Muhen der Kühe zu hören, Hühner gackerten, und Hunde bellten.

»Meine Jagdhunde«, sagte Heinrich. »Es ist eine ganze Meute. Sie sind dort hinten im Zwinger.« Er deutete auf einen der etwas entfernter liegenden Ställe. »Übrigens, anlässlich unserer Hochzeit habe ich zur Entenjagd eingeladen. Ich denke, es freut dich, deiner Familie und deinen Freunden zu zeigen, wo du in Zukunft leben wirst.«

»Ja, ja, natürlich.« Feodora war wenig begeistert. »Und für wann hast du das geplant?«

»In zwei Wochen. Die Einladungen sind, während wir in Zoppot waren, bereits herausgegangen. Ich habe die Post noch nicht durchgesehen. Am Abend werde ich dir sagen, wen wir alles erwarten können.«

Die Einrichtung des Hauses war geprägt vom Stil der Belle Époque, überladen und teuer. Drei große, ineinander übergehende Salons waren vollgestellt mit schweren, dunklen Möbeln. Der Samt, mit dem sie bezogen waren, hatte die gleiche Farbe wie die üppig drapierten Seidenvorhänge, die vor den auf den Park hinausgehenden Sprossenfenstern hingen. Von dem mittleren Salon führte eine große Tür auf die Terrasse, die sich über die ganze Breite des Hauses erstreckte und auf der mit geblümtem Chintz bezogene Korbmöbel standen. Eine mit Weinlaub bewachsene Pergola sorgte für ausreichend Schatten. In allen Räumen standen auf Tischchen und Säulen Nippes, Kerzenleuchter und Kristallschalen, und an den Wänden hingen dunkle Gemälde und Gobelins. Auf Podesten und Beistelltischchen Zimmerpalmen und ausladende Gestecke aus künstlichen Blumen. Teure Orientteppiche bedeckten den Boden. An die Salons schlossen sich ein kleiner und ein großer Speisesaal an. Die Wände hier waren mit cremefarben gelackten, in Gold gefassten Holzpaneelen getäfelt, an denen Wandarme mit Kerzen angebracht waren. Eine große Flügeltür verband die beiden Räume.

»Wenn wir sehr viele Gäste haben, wird die Tür geöffnet«, erklärte Heinrich, »aber wenn wir allein sind, essen wir in dem kleinen Speisezimmer.«

Als Letztes betraten sie die Bibliothek. Die Bücherregale, die bis zur Decke reichten, waren voll mit in braunes Leder gebundenen Büchern. »Hier findest du reichlich Lesestoff«, sagte Heinrich stolz. »Goethe, Schiller, Kant, Nietzsche und auch Leichteres. Es sollte dir nie langweilig werden.« Er zeigte auf einen großen, mit goldenen Beschlägen verzierten Schreibtisch. »Von dort aus erledige ich meine Geschäfte, und da drüben …« Er deutete auf einen quadratischen Tisch aus Mahagoni, in dessen Mitte eine grüne Filzdecke eingelassen war. »… wird gespielt. Wie ist es mit dir, spielst du gern?«

»Außer Sport hasse ich jede Art von Spiel«, entfuhr es Feodora ungewohnt heftig.

»Nun, vielleicht kann ich dich ja irgendwann wenigstens für Whist begeistern«, sagte Heinrich milde lächelnd. »Manchmal fehlt uns nämlich der vierte Mann.«

Vor einem riesigen Kamin stand eine große Sitzgruppe aus weinrotem Leder. »Hier werden wir wohl im Winter die meiste Zeit verbringen«, sagte er. »Die Bibliothek ist dann bei weitem der wärmste Raum im ganzen Haus.«

»Das war in Troyenfeld auch so«, sagte Feodora, »aber das ist wohl in ganz Ostpreußen dasselbe.«

Als sie erschöpft von der Reise und den vielen neuen Eindrücken in ihr Boudoir kam, war Irma damit beschäftigt, die Koffer auszupacken. »Sag mal, Feda, wo kommt denn dat allet her? Haste dat in Zoppot jekauft?«

»Nein, mein reizender Ehemann hat es schon vorher für mich besorgt. Als wir dort ankamen, waren die Schränke voll damit.«

»Und allet hat dir jepasst?« Irma war sprachlos.

»Ja, erstaunlich, was? Er sagt, er hätte ein wenig Hilfe gehabt ...«

»Is ja eigentlich janz nett von ihm, oder?«

»Ach Irmchen, der Preis dafür ist hoch.« Feodora war in einen Sessel gesunken. Ihre Augen füllten sich mit Tränen. »Er bemüht sich ... wirklich ..., und am Tag kann ich ihn auch ertragen. Aber die Nächte ... Es ist eklig ... einfach widerlich.«

»Pst!« Irma legte ihren Finger vor die Lippen und bedeutete ihr zu schweigen. »Ik höre Schritte.«

Und tatsächlich, es klopfte, und die Hausdame, Fräulein Kastner, trat, ohne eine Aufforderung abzuwarten, herein. »Der Herr Baron wünscht um sieben zu Abend zu speisen, in Abendtoilette. Er hat mich gebeten, Ihnen das auszurichten.«

»Danke, Fräulein Kastner. Und noch etwas.« Feodoras Stimme klang eisig. »Erstens, würden Sie bitte in Zukunft warten, bis ich Sie nach dem Klopfen hereinbitte? Und zweitens hätte ich gern einen Schlüssel, damit so etwas nicht noch einmal vorkommt.«

Das Gesicht der Hausdame lief rot an. »Selbstverständlich, Frau Baronin. Ich bitte um Verzeihung.« Ihr Ton strafte das Gesagte Lügen!

Irma legte den Kopf an die Tür, bis die energischen Schritte der Hausdame nicht mehr zu hören waren. »Die Alte is en Drachen«, sagte sie leise. »Alle hier hassen sie. Du musst dir vor ihr hüten.« Sie senkte ihre Stimme zu einem Flüstern. »Man munkelt, als vor vielen Jahren die junge Baronin jestorben is – übrijens soll se sich umjebracht haben! Im See haben se ihr jefunden –, also da hat sich die Kastner anjeblich Hoffnung jemacht, dat der Baron sie heiratet.«

»Wie schade, dass er sie nicht erhört hat! Dann wäre dieser Kelch an mir vorübergegangen«, stöhnte Feodora.

»Jedenfalls soll se jetobt haben, als se von eurer Hochzeit jehört hat.« Irma hatte sich, die Arme in die Hüften gestemmt, vor Feodora aufgebaut. »Jetzt hör mir man jut zu, Feda. Du hättest dir wehren können. Aber plötzlich musste et ja hopphopp jehen. Irgend 'nen Jrund dafür wird et ja jejeben haben.« Sie verschwieg, dass man munkelte, der Baron hätte sie ihren Eltern abgekauft. »Also, nu nimm dir zusammen. Trübsal blasen bringt nuscht nix.«

Feodora musste lachen. »Du hast ja recht, Irmchen. Wahrscheinlich gibt es Schlimmeres, als mit einem reichen alten Mann verheiratet zu sein.« Sie sah sich in ihrem mit zierlichen Biedermeiermöbeln eingerichteten Reich um. »Das ist der einzige heitere Raum im ganzen Haus. Hier erdrückt mich wenigstens nichts. Die unteren Räume sind so dunkel und überladen.«

»Dat hier war auch der jungen Baronin ihr Zimmer ...« Irma blickte sie schuldbewusst an. »Hätt ik dir wohl nich sagen sollen ...?«

»Wie reizend! Hoffentlich überlebe ich es wenigstens! Aber Gott sei Dank bist du ja bei mir.«

Irma grinste. »Und wie jut, dat ik ...«

»*Ich* heißt das und nicht ik, das haben wir doch nun schon lange genug geübt!«

»Na jut, dat *ich*«, sie dehnte das Wort genüsslich in die Länge, »schon so lange vor dir hier war. *Ich* kann dir Sachen erzählen, da staunste!«

»Später, Irmchen, ich muss mich umziehen. Es ist ja schon halb sieben. Mein reizender Gatte hasst Unpünktlichkeit.« Der Spott in ihrer Stimme war nicht zu überhören.

»Noch mal, Feda!« Irmas Stimme war ernst. »Nimm dir vor den Leuten zusammen, vor allem vor der Kastner. Der Baron erfährt hier allet!«

Heinrich erwartete sie bereits im kleinen Speisezimmer. Der Tisch war für zwei Personen gedeckt. Edles Meißener Porzellan, Kristallgläser und Silber glänzten im Licht eines achtarmigen Kerzenleuchters. *Stil hat er wenigstens*, dachte Feodora. Ludolf servierte ihnen ein Glas Champagner.

»Willkommen auf Gut Eichen«, sagte Heinrich und stieß mit ihr an. »Ich hoffe, du wirst dich hier wohlfühlen.« Ohne eine Antwort abzuwarten, fügte er hinzu: »Ich habe schnell die Post durchgesehen. Wir werden eine Menge Gäste haben bei unserer Entenjagd. Gustav Goelder kommt mit Clara, seiner kleinen Tochter, allerdings ohne die beiden Söhne, sie studieren in Königsberg.«

Feodora atmete erleichtert auf.

»Henkiels kommen mit Ida, deine Tante Carla mit Fräulein von Pulkendorf ...«

»Wie schön, das freut mich«, warf Feodora ein.

»Die Orlovs haben leider abgesagt. Ihr Sohn Hajo geht morgen nach Indien. Er wird wohl sehr lange dort bleiben.« Dann erwähnte er Namen, die sie nicht kannte. Nur bei Witzleben stutzte sie. Wo hatte sie diesen Namen bloß kürzlich gehört? »Zu meinem Bedauern haben deine lieben Eltern auch abgesagt.« Feodoras Herz machte einen Sprung. »Sie sind leider verhindert. Deine Mutter fühlt sich nicht wohl, und dein Vater ist unabkömmlich wegen der Renovierungsarbeiten am Schloss.«

»Ach, das tut mir aber wirklich leid«, log Feodora.

Während des Abendessens wurde ihr endgültig klar, dass sie nunmehr in seinen Besitz übergegangen war.

»Um den Haushalt musst du dich nicht kümmern. Dem steht Fräulein Kastner vor. Sie macht das nun schon seit Jahren zu meiner vollsten Zufriedenheit. Daran wollen wir doch nichts ändern, oder?«

Feodora schwieg.

»Verreisen kannst du nur mit mir ...«

»Aber ich werde doch wohl mal zu Ida nach Klein Darkehmen ...«

»Allein auf keinen Fall. Ida kann dich ja jederzeit hier auf Gut Eichen besuchen, genau wie deine Familie.« Er nahm einen Schluck Wein. »Ich werde öfter unterwegs sein. Ich besitze mehrere Tuchfabriken, die ich von Zeit zu Zeit inspizieren muss. Auch dann wünsche ich nicht, dass du über Nacht das Haus verlässt.«

»Und ausreiten darf ich wahrscheinlich auch nur mit einem menschlichen Wachhund?!« Der Spott in ihrer Stimme war nicht zu überhören.

»Nun, du tust ja gerade so, als wärest du hier in einem Gefängnis.«

»Ja, bin ich das denn nicht?«, rief sie empört. Es war ihr egal, dass der Diener Zeuge dieser Auseinandersetzung wurde. »Fräulein Kastner steht dem Haushalt vor. In Ordnung, das kann ich ja noch verstehen, obwohl ich so etwas zwei Jahre auf einem langweiligen Institut gelernt habe. Und ich darf nicht allein verreisen, auch das akzeptiere ich, auch wenn es mir schwerfällt.« Wütend schmiss sie ihre Serviette auf den Tisch und sprang auf. Ihre Stimme steigerte sich zu einem Stakkato. »Aber dass ich meine beste Freundin, die eine halbe Stunde zu Pferd von hier entfernt wohnt, nicht allein besuchen darf, das werde ich nicht akzeptieren.« Ihr Gesicht war kalkweiß. »Ich bin deine Frau und nicht deine Gefangene. Treib es nicht zu weit, Heinrich!«

Der starrte sie mit offenem Mund an. Mit so einer Reaktion hatte er offensichtlich nicht gerechnet. »Nun setz dich mal wieder«, sagte er besänftigend. Er drehte sich zu Ludolf, der mit versteinertem Gesicht im Halbdunkel vor der Anrichte stand. »Gieß uns Wein nach. Meine Frau hat nichts mehr zu trinken.«

»Also, was ist?« Feodora ließ nicht locker.

»Nun gut, zu Henkiels kannst du von mir aus, vor allem, wenn ich verreist bin. Aber sag Bescheid, damit man sich um dich keine Sorgen macht.« Feodora hatte einen ersten Triumph errungen.

Natürlich erfuhr Irma am nächsten Morgen in der Küche, was sich am Vorabend ereignet hatte. »Hast ja jleich mächtig Eindruck jemacht. Ludolf hat jesagt, so perplex hat er den Baron noch nie jesehen«, berichtete sie kurz darauf Feodora, »und *ich*«, wieder zog sie das Wort in die Länge, »hab ihnen erzählt, wie du der Kastner jestern Sauret jejeben hast.«

»Gut, Irmchen, jetzt wissen wenigstens alle, auch mein wundervoller Gatte, dass man mit mir nicht alles machen kann. Weiß hier eigentlich jemand, dass du lesen und schreiben kannst?«

»Biste verrickt? Du bist dat Komtesschen, und ich war erst Dienstmagd inne Küche, wo mir Elfriede kochen beijebracht hat, dann hab ich mir um deine Kledage jekümmert, und deshalb wolltste mir hier mit haben als deine Zofe. Ich hab mich hier einjeführt unter dem Motto ›Ik bin doof und weeß von nuscht nix‹.«

Feodora musste lachen. »Ach Irmchen, wenn ich dich nicht hätte!«

Feodora sollte sich aus der gemischten Herde ein Pferd aussuchen. Eine Weile hatte sie mit Hans, dem Stallmeister, an der Koppel gestanden, als eine weiß gefleckte Stute direkt auf sie zutrabte und den Kopf über den Zaun steckte. Zwischen den großen braunen Augen hatte sie eine rombenförmige weiße Blesse. Feodora strich dem Pferd über die weichen Nüstern. »Du gefällst mir«, flüsterte sie. »Wie heißt du denn?«

»Das ist Honey, ein wunderschönes Tier«, sagte Hans. »Wir haben sie gerade erst eingeritten. Sie ist noch ein wenig wild.«

Feodora lachte. »Das stört mich nicht.« Sie schmiegte ihre Wange an den Kopf der Stute und flüsterte leise: »Wollen wir beide es zusammen versuchen? Ich mag dich nämlich.«

Das Tier blähte die Nüstern und tänzelte nervös hin und her. Als es ein lautes Wiehern ausstieß, lächelte Hans. »Ich glaube, Honey mag Sie auch.«

Von nun an ritt Feodora täglich mit Honey aus. Bereits wenn sie den Stall betrat, scharrte das Tier mit den Hufen und begrüßte sie mit einem freudigen Wiehern. Anfänglich begleiteten Heinrich und Rex sie, aber schon nach ein paar Tagen schob er dringende Geschäfte vor. Er wollte nicht zugeben, dass Feodora ihm zu wild war, er einfach mit ihrem Tempo nicht mithalten konnte. Anders Rex. Er wich nicht von ihrer Seite, wenn sie in Reitkleidung war und rannte schon auf dem Weg zum Stall aufgeregt bellend neben ihr her.

»Darf er mit?«, hatte sie Heinrich gefragt.

»Wenn er unbedingt will, meinetwegen«, sagte der leicht mürrisch. Er war es gewohnt, Rex immer um sich zu haben.

Der Hund hielt jedes Tempo mit, auch den schärfsten Galopp, und wenn er verdreckt und völlig außer Atem nach Hause kam, fiel er zu Heinrichs Füßen in einen Stunden währenden Tiefschlaf, was diesen wieder versöhnte.

Auf ihren Ritten durch die herrliche Landschaft fiel alles von Feodora ab. Sie fühlte sich frei, vergaß für einige Stunden ihr Unglück und die Demütigungen der vergangenen Nacht. Erst wenn sie erhitzt vom Galopp in das Haus stürmte und ihr Mann sie mit hoch gezogenen Augenbrauen und der Taschenuhr in der Hand empfing, brach ihre noch eben empfundene Lebensfreude wie ein Kartenhaus zusammen. »Wo treibst du dich bloß immer so lange herum?« Wie sehr sie diesen Satz hasste!

Die Vorbereitungen für die Entenjagd liefen auf Hochtouren. Die zahlreichen Gästezimmer mussten gelüftet und gereinigt, Betten bezogen, Tischwäsche gewaschen und gebügelt und Silber geputzt werden. Feodora dachte nicht daran, ihre Hilfe anzubieten. Sie ritt aus, schrieb Tagebuch, das sie immer sorgsam versteckte, und las Bücher aus Heinrichs wirklich fabelhafter Bibliothek.

»Wo hast du nur all die Originalausgaben her?«, fragte sie ihn immer wieder erstaunt.

»Geschenke von Geschäftsfreunden«, war meist seine Antwort.

»Aber hier, das ist in Russisch und das in Französisch.« In einer Hand hielt sie *Anna Karenina* und in der anderen *Der Glöckner von Notre Dame*. »Kannst du die Bücher überhaupt lesen?«

»Nein, du etwa?«

»Hast du vergessen, dass meine Mutter Russin ist? Ich spreche die Sprache fließend, und Französisch hat mir Julchen beigebracht.« Und so verschlang sie Tolstoi, Balzac, Flaubert, Hugo sowie Schiller, Goethe, Kant und viele mehr und vergaß dabei die Welt um sich herum.

Wenn sie und Irma allein waren, unterrichtete die sie über das tägliche Geschehen im Haus. »Die Kastner scheucht vielleicht die armen Mädchen … Dass sie keine Peitsche nich benutzt, is'n Wunder«, erzählte Irma ihr in den Tagen vor der Jagd. »Jott sei Dank hat se mir nuscht zu sagen. Dat hab ich ihr jleich klarjemacht.«

»Gut so, Irmchen. Wenn sie frech wird zu dir, sag es nur. Dann bekommt sie es mit mir zu tun.«

»Haste wat dagegen, wenn ich Käthe 'nen bisken in der Küche helfe? Ich hab ihr jesacht, dat ich so jute Pasteten …«

»Nein, natürlich nicht. Ich weiß ja noch von Elfriede, was vor einer großen Einladung immer in der Küche los war. Es gibt keine Mamsell, die bei solchen Gelegenheiten nicht völlig mit den Nerven fertig ist.«

Am Tag bevor die Gäste eintreffen sollten, bat Feodora Fräulein Kastner zu sich. Sie war bereits in Reitkleidung, neben ihr hechelte Rex.

»Was kann ich für Sie tun, Frau Baronin?«

»Haben Sie schon die Zimmer für die Gäste eingeteilt? Ich möchte wissen, wo meine Tante, die Baronin von Harvich, Fräulein von Pulkendorf und die Familie Henkiel untergebracht sind.«

»Der Herr Baron hat die Einteilung ganz mir überlassen. Der Plan ist bereits fertig.«

»Nun, dann werden wir ihn gegebenenfalls wieder ändern.« Feodora sah die Liste durch, die ihr die Hausdame mit offensichtlichem Widerwillen gegeben hatte. »Ich möchte, dass die Herrschaften, die ich Ihnen eben genannt habe, hier auf meiner Etage nächtigen. Also ändern Sie den Plan.« Ihre Stimme war eisig. »Und noch etwas. Um den Blumenschmuck und das Obst in diesen Zimmern werde ich mich persönlich kümmern. Komm jetzt, Rex.«

Die Hausdame schäumte vor Wut, wie Irma Feodora am Abend fröhlich berichtete.

Es war ein herrlicher Spätsommertag. Käthe und die Küchenmädchen hatten auf der Terrasse ein großes Buffet mit verschiedenen Kuchen, Wurst, Schinken und Pasteten, kalten Limonaden sowie Kaffee und Tee auf wärmenden Stövchen aufgebaut. »Sorgen Sie dafür, dass von allem reichlich da ist«, hatte Heinrich die Hausdame immer wieder ermahnt, worauf sie jedes Mal geduldig antwortete: »Aber, Herr Baron, habe ich Sie jemals enttäuscht?«

Am Morgen, im Beisein seiner Frau, hatte er gefragt: »Sind Blumen und Obst auf allen Gästezimmern? Sie wissen, dass ich großen Wert darauf lege.«

»Ob auf der Etage der Frau Baronin alles in Ordnung ist, weiß ich nicht.« Fräulein Kastner tat, als wäre Feodora Luft. »Das wollte die Frau Baronin selbst übernehmen.«

»So, so.« Heinrichs Gesicht war ausdruckslos gewesen.

Feodora hätte kotzen können! Was fiel dieser Person bloß ein, in diesem Ton einfach über sie hinwegzusprechen? Und warum ließ Heinrich das zu?

»Ich möchte, dass wir nachher unsere Gäste gemeinsam auf der Terrasse empfangen«, sagte er, nachdem die Hausdame gegangen war. »Ab drei Uhr sollten wir unten sein, und bitte sei pünktlich!«

»Ich werde mich bemühen.« Feodora hatte vor Wut gekocht. »Ich werde jetzt wie immer ausreiten. Du siehst, Rex ist schon ganz ungeduldig.«

»Aber komm nicht wieder so …« Den Rest hörte sie nicht mehr. Zusammen mit dem Hund war sie hinausgestürmt.

Nach ihrem Ausritt kleidete sie sich mit ungewohnter Sorgfalt um. Nach langem Überlegen entschied sie sich für ein hellblau-weiß gemustertes Baumwollkleid, dessen Ausschnitt und Ärmel mit weißer Spitze eingefasst waren. Um den Hals hatte sie eine kleine goldene Kette mit einem Anhänger aus Amethyst gelegt, ein Geschenk Tante Carlas zu ihrem fünfzehnten Geburtstag. Mit zwei Schildpattkämmen steckte sie ihre rote Mähne zu einer Hochfrisur auf, so wie Erna es ihr in Zoppot beigebracht hatte. Trotz aller Sorgfalt fielen ihr einige widerspenstige Locken in Stirn und Gesicht. Nach einiger Zeit gab sie ihre Bemühungen auf, sie zu zähmen. *Egal*, dachte sie, *irgendwie sehe ich auf dem Kopf immer ein wenig unordentlich aus.* Die vergangene Nacht war mal wieder eine nicht enden wollende Tortur gewesen, und so deckte sie ihre dunklen Augenringe mit einem leichten Puder ab. Tante Carla und das geliebte Julchen sollten sie fröhlich sehen, auf keinen Fall durften sie merken, wie unglücklich sie war. Nach einem letzten kritischen Blick in den Spiegel nahm sie eine weiße, am Morgen geschnittene Rose und steckte sie achtlos ins Haar. »Wie sehe ich aus, Irmchen?«

»Du bist hübsch, sogar bildhübsch. Dat finden hier alle.«

»Wer sind alle?«

»Ei nu, alle eben. Aber janz besonders der Klaus.«

»Ach, meinst du Klaus, den Stallburschen?« Sie hatte ihn bisher nur ein- oder zweimal gesehen. Ein hübscher Kerl. Er war ihr aufgefallen mit seinen wilden schwarzen Locken und den leuchtend blauen Augen in dem gebräunten Gesicht. Er sah anders aus als die übrigen Stallburschen, feiner und überhaupt nicht gewöhnlich. »Woher weißt du das denn?«

»In der Jesindestube wird jequatscht, und nach drei Schnäpsen janz besonders.«

Feodora lachte. »Es freut mich, dass mich jemand hübsch findet.«

»En bisken blass biste«, sagte Irma.

»Meinst du, ein wenig Rouge würde helfen?«

Mit einem Pinsel fuhr Irma kurz über Feodoras Wangen. »So is jut.« Sie strahlte. »So können wir dir auf die Jäste loslassen.«

Heinrich empfing sie wieder mit seiner Taschenuhr in der Hand. »Du bist fünf Minuten zu spät«, sagte er tadelnd. »Ich höre bereits die ersten …«

»Es sind Tante Carla und Julchen …« Feodoras aufkeimende Wut auf ihren pedantischen Mann verschwand augenblicklich. Sie lief ihren Lieben entgegen. »Tante Carla, Julchen!« Abwechselnd fiel sie beiden um den Hals. »Wie schön, dass ihr da seid. Ich bin ja so froh, euch zu sehen.«

Auch Heinrich begrüßte sie überschwänglich. »Carla … Ich darf Sie doch so nennen? Und Julia … Auch bei Ihnen erlaube ich mir die Vertraulichkeit …« Er küsste beiden Damen die Hand. »Welche Freude, Sie endlich … endlich auf Gut Eichen zu Gast zu haben.« Er legte seinen Arm um Feodora. »Und vor allem, meine kleine bezaubernde Frau so strahlen zu sehen.«

Feodora lächelte gequält. Doch weder ihre Tante noch Julia schienen es zu bemerken. Sie waren fasziniert von dem Anblick, der sich ihnen bot. »Das ist ja wirklich wunderschön. Natascha hat nicht übertrieben, als sie von Ihrem traumhaften Besitz schwärmte.« Carla war tatsächlich tief beeindruckt.

»Wir sind an Koppeln mit herrlichen Pferden vorbeigekommen«, sagte Julia. »So schöne Tiere habe ich nur in Trakehnen gesehen.«

»Ich züchte ein wenig. Feodora wird Sie morgen herumführen. Vielleicht wollen Sie ja auch gemeinsam ausreiten …«

Ludolf kündigte neue Gäste an, und so wartete Heinrich die Antwort nicht mehr ab. »Komm, Liebes …« Er zog Feodora mit sich, um die Neuankömmlinge zu begrüßen.

»Wir reden später … in Ruhe«, rief Feodora den Damen im Weggehen zu.

Über eine Stunde riss der Strom der Gäste nicht ab. Bald war die Terrasse voll mit sich fröhlich unterhaltenden Menschen. Die meisten kannten sich, hatten sich lange nicht gesehen und tauschten den neuesten Klatsch aus. Es wurden Unmengen gegessen und getrunken. Man war hungrig und durstig von der Fahrt.

Feodora schwirrte der Kopf von all den neuen Namen – Heinze, von der Grüben, Kreindel, von Lerchenberg … – und Gesichtern. Die meisten waren ältere, gesetzte Menschen in Heinrichs Alter. Ab und zu erblickte sie dann aber doch ein junges Gesicht.

»Das sind meine Nachbarn Karl und Helmine Wedel und ihr Sohn Kajo … Ah, da kommen die Stödters mit ihrer Tochter Elenor«, stellte Heinrich weitere Gäste vor.

Feodora war erleichtert. Es würde wohl doch weniger langweilig werden, als sie befürchtet hatte. Ununterbrochen hatte sie hören müssen: »Darf ich euch meine kleine Frau vorstellen … Das sind meine Freunde …«, woraufhin diese antworteten: »Wie bezaubernd … Was bist du doch für ein Glückspilz, Heinrich!«

Endlich waren Ida und ihre Eltern da! Georg Henkiel steuerte gleich nach der Begrüßung auf das Buffet zu, während Antonia, seine Frau, und Ida sich zu Carla und Julia setzten, die sich in einer der behaglichen Sitzgruppen niedergelassen hatten und Käthes köstlichen Apfelkuchen und die herrliche Aussicht genossen. »Nun seht euch Georg an«, sagte Antonia lachend. »Sowie er etwas zu essen sieht, kann er nicht an sich halten.«

»Papa ist verfressen«, meinte Ida. »Und man kann es auch sehen. Hoffentlich platzt er nicht irgendwann mal.«

»Sei du man nicht so despektierlich, Kind!« Antonia drohte ihrer Tochter scherzhaft mit dem Finger. »Wo sind denn Natascha und Leopold?«, fragte sie Carla. »Ich habe sie noch nicht entdecken können.«

»Sie sind verhindert.«

»Das tut mir aber leid für Feda. Sicher ist sie sehr traurig darüber.«

Irgendwann werde ich dich über diese Rabeneltern aufklären, dachte Ida, und laut sagte sie: »Na, dann werde ich meine Feda mal ein bisschen trösten. Wie ich sehe, ist die Begrüßungstortur beendet.«

Die beiden jungen Frauen spazierten Arm in Arm durch den Park. Feodora hatte ihren mit weißer Spitze bezogenen Sonnenschirm aufgespannt. »Du weißt, meine helle Haut«, sagte sie lachend. »Ich möchte keinen Sonnenbrand bekommen.«

Bald waren sie außer Hörweite der laut schnatternden Gästeschar. »Nun, wie geht es dir?«, fragte Ida. »Hast du dich eingelebt, und kannst du ihn noch halbwegs ertragen?«

Sie machte mit dem Kopf eine Bewegung in Heinrichs Richtung, der in diesem Moment zu ihnen herübersah.

»Wenn die Nächte nicht wären …« Feodora erschauerte. »Dann wäre alles halb so schlimm. Dieser eklige alte Körper … Er riecht so schlecht …, und wenn sein …« Sie zögerte, wusste nicht, wie sie sein Geschlechtsteil nennen sollte. Über die menschliche Anatomie war sie nicht aufgeklärt worden, schon gar nicht über die männliche. »Also, wenn sein Ding, du weißt schon, nicht fest wird, dann wird er zornig. Als ob das meine Schuld wäre!«

Überall im Park begegneten ihnen jetzt flanierende Paare und Grüppchen. Man blieb stehen, plauderte kurz miteinander und trennte sich wieder. Erst wenn Feodora und Ida sicher waren, dass niemand ihrem Gespräch lauschen konnte, sprachen sie weiter.

»Aber sonst kann ich mich nicht beklagen«, fuhr Feodora fort. »Heinrich hat mir ein wunderschönes Pferd geschenkt, Honey heißt es. Morgen werde ich es dir vorstellen. Ich reite jeden Morgen allein aus. Das ist herrlich.« Sie musste wieder lachen. »Am Anfang kam Heinrich mit. Aber ich reite ihm wohl zu schnell und zu wild. Jedenfalls hat er jetzt morgens immer dringend etwas zu erledigen. Gott sei Dank!«

»Hast du keine Aufgaben im Haus?«

»Dem Hausstand steht die Hausdame Fräulein Kastner vor, und Heinrich will, dass das so bleibt. Sie ist übrigens eine schreckliche Person.«

»Und wie macht sich Irma als Zofe?«

»Ohne sie wäre ich noch unglücklicher. Sie hat sich mit Käthe, der Mamsell, und Ludolf, dem Ersten Diener, angefreundet und berichtet mir alles, was ich sonst nie erfahren würde. Aber erzähl von dir. Ist schon ein Heiratskandidat in Sicht?«

Ida knuffte ihre Freundin in die Seite. »Nach dem, was ich so von dir über die Ehe höre, ist mir die Lust daran gründlich vergangen.«

»Nicht jedes Mädchen hat das Pech, von ihren Eltern verschachert zu werden.«

»Ich habe meinen Eltern klipp und klar gesagt, dass ich keine Vernunftehe eingehen werde. Lieber ende ich als alte Jungfer.« Ida kicherte. »Zu ihrem Entsetzen habe ich schon zwei Anträge abgelehnt.«

Nach einer Weile schlenderten sie zurück zum Haus. Heinrich erwartete sie bereits ungeduldig auf der Terrasse. »Meine Freunde Witzleben sind eben eingetroffen. Komm, wir müssen sie begrüßen.«

Der Name, dachte Feodora wieder, *wo habe ich den bloß kürzlich gehört?*

»Ich hoffe, es stört Sie nicht, lieber Heinrich, dass wir unseren Sohn Gottfried mitgebracht haben«, sagte Elisa von Witzleben, eine schöne, elegante Frau Ende vierzig. »Er hat uns gestern zu unserer Freude unangemeldet überfallen«, warf ihr Mann ein, »und da er nur drei Tage bleiben kann, dachten wir …«

»Aber ich bitte euch! Ihr seid alle auf das Herzlichste willkommen. Darf ich euch meine kleine Frau vorstellen … Gottfried, das ist Feodora.«

Feodora blickte in zwei erstaunte smaragdgrüne Augen. Ihre Knie begannen zu zittern. Was für ein Mann! Er war einen Kopf größer als Heinrich und gertenschlank. Sein kantiges, aristokratisches Gesicht war sonnengebräunt, und die vollen Lippen unter der geraden Nase hatte er leicht spöttisch verzogen.

»Ich habe schon von dir gehört. Du kennst doch Georg Goelder? Er ist mit meinem Bruder befreundet.« Gottfried war Feodora zum Buffet gefolgt, wo sie sich ein Glas Limonade eingoss.

»Studierst du auch in Königsberg?«, fragte sie.

»Nein, ich bin Leutnant im 1. Garderegiment. Wir sind in Königsberg stationiert. Wie alt bist du, Feodora?«

»Achtzehn.«

»Ah, und bereits so glücklich verheiratet!« Wieder erschien dieser spöttische Zug um seinen Mund.

»Verzeih, ich muss mich um die anderen Gäste kümmern.« Feodora lief hinüber zu Ida, die mit Clara Goelder auf dem Rasen Federball spielte. Sie war verwirrt, aufgewühlt; ein Gefühl, das sie nicht kannte, ließ ihr Herz bis zum Hals hinauf klopfen. Diese grünen Augen, der leichte Spott in seiner Stimme – wollte er sie etwa auf den Arm nehmen?

»Was ist, Feda, ist dir nicht gut?« Ida sah sie besorgt an.

»Es war wohl alles ein bisschen viel heute. Begleitest du mich nach oben?«

»Aber natürlich.« Sie gab Clara Goelder den Federballschläger. »Geh wieder zu deinem Papa, Clärchen. Du bist ja schon ganz erhitzt.« Liebevoll strich sie dem blassen Mädchen die blonden Locken aus der verschwitzten Stirn.

»Man sagt, dass sie krank ist«, erzählte sie Feodora, als sie Arm in Arm mit ihrer Freundin die Treppe hinaufging.

»Ich weiß.« Nichts interessierte Feodora im Moment weniger als der Gesundheitszustand irgendwelcher Kinder. »Kennst du Gottfried Witzleben?«, fragte sie atemlos, nachdem die Zimmertür hinter ihnen zugefallen war.

»Ach, das ist es!« Ida lachte. »Hat er dich so aus der Fassung gebracht?« Sie sah sich staunend in dem Raum um. »Schön hast du es hier. Sehr geschmackvoll.«

»Es ist das Zimmer meiner Vorgängerin. Sie hat sich übrigens umgebracht!«

»Macht es dir etwas aus, hier zu wohnen?«

»Nein, ich habe mich daran gewöhnt. Und ich verspreche dir, ich werde mich bestimmt nicht umbringen.«

Durch die geöffneten Fenster drang Heinrichs Stimme nach oben. »Liebe Freunde, die Dienerschaft wird euch jetzt eure Zimmer zeigen. Wir treffen uns vor Einsetzen der Dämmerung am See. Meine Jäger werden an diejenigen, die keine eigene Flinte dabeihaben, kurz vorher auf der Terrasse welche verteilen. Direkt nach der Jagd ist ein informelles Abendessen.«

Feodora schloss eilig die Fenster. »Erzähl mir von diesem Gottfried. Kennst du ihn gut?«, fragte sie ungeduldig. »Er sieht ja unglaublich gut aus.«

»Ihr Schloss liegt nicht weit von Klein Darkehmen. Als Kinder haben wir uns oft gesehen. Aber mit zwölf Jahren ist er schon in die Kadettenanstalt Kösslin gekommen. Dann habe ich ihn aus den Augen verloren.« Ida kicherte. »Er ist bereits Leutnant und macht seit einem Jahr Königsberg unsicher.«

»Was meinst du damit?«

»Er ist ein Weiberheld, sagt mein Bruder. Du weißt, Johann studiert auch in Königsberg, allerdings Theologie.«

Ein leises Klopfen unterbrach ihr Gespräch. »Dürfen wir hereinkommen?« Carla und Julia betraten aufgeregt Feodoras Reich.

»Gott, wie schön hast du es hier, Kind.« Carla klatschte begeistert in die Hände. »Das ganze Haus ist von gediegenstem Geschmack. Heinrich hat uns herumgeführt. Er ist wirklich überaus reizend.«

Feodora glaubte, sich verhört zu haben. Hatte Carla ihn nicht unlängst noch als Parvenü bezeichnet?

»Und dieser Blick auf den See!« Julia stand staunend am Fenster.

»Dieser Blick hat meine Vorgängerin magisch angezogen. Sie hat sich in dem See ertränkt!« Feodoras scharfe, sich fast überschlagende Stimme hielt Carla davon ab weiterzuschwärmen. Sie fand nämlich das »Los« ihrer Nichte inzwischen gar nicht mehr so bedauernswert. Ehen wurden schließlich nicht im Himmel geschlossen! Sie musste einfach glücklich sein! Julia hatte da allerdings ihre Zweifel. Das Kind gefiel ihr gar nicht. Richtig elend sah es aus, blass und übernächtigt. Das war nicht ihre Feda von früher, fröhlich und vor Lebensfreude sprühend. Das war ein unglückliches kleines Mädchen.

Die Jagdgesellschaft hatte sich im hohen Schilf versteckt. An lichten Stellen waren von den Jägern in den vergangenen Tagen mit Holzstangen und Zweigen Sichtsperren angebracht worden. Es herrschte eine angespannte Stille. Nur das Quaken der Frösche und hin und wieder das Wiehern eines Pferdes in der Ferne waren zu hören. Gottfried hatte es geschafft, sich neben Feodora zu platzieren. »Du bist hübsch«, hörte sie ihn flüstern. Ihr Herz klopfte, sodass sie Angst hatte, man könnte es hören. Ist er verrückt geworden? Es war strengstens verboten zu sprechen. Sie blickte angestrengt in den Himmel. Die Flinte in ihrer Hand zitterte. Die Dämmerung brach herein, und da kamen sie auch schon, die »Späher«. Waren es zwei … oder drei? Im Herabgleiten stießen sie kurze, schnatternde Geräusche aus, das Zeichen, dass keine Gefahr drohte. Und schon war der Himmel von einem enormen Schwarm wilder Enten verdunkelt. Ein gewaltiges Rauschen setzte ein, dann herrschte Ruhe. Sie hatten sich auf dem Wasser niedergelassen. Noch einen Moment lang war es still, dann fiel ein Schuss! Gleichzeitig mit der panischen Flucht der aufgescheuchten Tiere begannen die Jäger zu schießen. Drei, vier Minuten, dann waren die, denen die Flucht gelungen war, außer Schussweite. Aufgeregte Stimmen vermischten sich nun mit dem Kläffen der Labradormeute, die sich in den See stürzte, um die Jagdbeute zu apportieren.

Es war bereits fast dunkel, als die Gesellschaft angeregt plaudernd zum Haus zurückging. »Gott, hab ich einen Hunger«, hörte Feodora Georg Henkiel sagen, und Heinrich rief ihm zu: »Es gibt gleich genug. Wir werden dich schon satt bekommen.«

Zügig schritt Feodora auf das Haus zu. »Du bist wirklich eine verdammt gute Schützin.« Wieder diese Stimme, die sie völlig aus dem Gleichgewicht brachte.

»Ja, beim Wettschießen habe ich immer gewonnen«, erwiderte sie.

»Und weißt du überhaupt, wie verdammt hübsch du bist?«

Feodora begann zu rennen. *Nur weg*, dachte sie.

Den ganzen Abend ließ Gottfried sie nicht aus den Augen. Wann immer sie zu ihm hinsah, blickte sie in sein leicht spöttisches Gesicht.

Die Einzige, der das nicht entging, war Ida. »Du scheinst ihm zu gefallen, diesem Filou«, sagte sie. »Er verfolgt dich ja förmlich mit seinen Blicken.«

»So, findest du?« Nicht einmal ihrer besten Freundin wollte sie eingestehen, dass sie verwirrt war.

Ida ließ nicht locker. Sie hatte schließlich Augen im Kopf! »Verlieb dich bloß nicht in ihn. Das ist nur vorprogrammierter Kummer.«

»Ach, was redest du denn da?!« Feodoras Gesicht strafte ihre Worte Lügen.

Am nächsten Tag herrschte im Haus heiteres Treiben. Schon lange war Feodora nicht so unbeschwert und fröhlich gewesen. In der vergangenen Nacht hatte Heinrich sie in Ruhe gelassen. Er war lange nach ihr stark betrunken ins Bett gekommen und sofort in einen Tiefschlaf gefallen. Er hatte wie ein Walross geschnarcht, was Feodora wie Musik erschienen war im Gegensatz zu den Geräuschen, die er sonst nachts machte.

Der Tag verging wie im Flug. Während Heinrich Carla, Julia und noch ein paar neue Gäste herumführte, machte Feodora mit der Jugend einen langen Ausritt. Auch Gottfried hatte sich ihnen angeschlossen, machte aber keinerlei Anstalten, mit ihr zu flirten. *Vielleicht hat er es aufgegeben?*, dachte sie. Aber irgendwie gefiel ihr das auch nicht.

Als sie zurückkamen, sahen sie im Haus, auf der Terrasse und im Park überall Grüppchen, die sich gut zu unterhalten schienen. Einige andere spielten Tennis, Kricket oder Whist, und wieder andere saßen im Schatten der Pergola und unterhielten sich. Ständig waren Diener damit beschäftigt, Essen und Getränke herumzureichen.

Nach einem ausgiebigen gemeinsamen Mittagessen mit unzähligen Schnäpsen – wie sollte man auch sonst alles verdauen können – kehrte für ein paar Stunden etwas Ruhe ein. Man wollte den festlichen Abend ja schließlich ausgeruht genießen.

Am späten Nachmittag bat Heinrich Feodora zu ihrem großen Erstaunen, ihm bei der Tischordnung zu helfen. »Das Fräulein Kastner macht ihre Arbeit ja wirklich ausgezeichnet«, sagte er, »aber die Platzierung der Gäste wollte ich ihr doch nicht überlassen. Was meinst du, sollen wir die Ehepaare nebeneinander setzen?«

»Nein, es ist lustiger, sie zu trennen. Schließlich liegen sie nachher wieder zusammen im Bett«, meinte Feodora, die dabei in erster Linie an sich dachte.

Gottfried platzierte sie neben Ida, so weit weg von ihr wie möglich. Heinrich hatte schon ein paarmal so merkwürdig geguckt, wenn Gottfried in ihrer Nähe war. Dann kam ihr eine Idee. »Heinrich, was hältst du davon, wenn nach jedem zweiten Gang die Herren aufstehen, ihre Serviette und ihr Glas nehmen und sich zwei Plätze weitersetzen?«

»Ich weiß nicht …« Er sah sie skeptisch an. Was war denn das bloß für eine neumodische Idee?

»Das bringt Spaß«, rief Feodora aufgeregt. »Jeder hat so die Gelegenheit, mit jedem einmal zu reden, und es gibt keinen, der sich den ganzen Abend langweilen muss.« Mit Grausen erinnerte sie sich an Abendgesellschaften, bei denen sie sich irgendwelche abenteuerlichen Jagdgeschichten oder Kriegserlebnisse von alten Offizieren anhören und dabei auch noch ein interessiertes Gesicht machen musste.

»Wenn du meinst …« Begeistert war Heinrich nicht.

Nach einer kurzen Diskussion, ob die Herren nun nach links oder rechts rücken sollten, einigte man sich auf links.

»Wenn alle bei Tisch sitzen, musst du das ankündigen«, schärfte Feodora ihm ein. »Und noch etwas, Ludolf soll zum Platzwechsel den Gong schlagen, sonst klappt das nicht.«

An diesem Abend war große Toilette verlangt. Irma hatte den Auftrag, sich um Carlas und Julias Garderobe zu kümmern und ihnen beim Ankleiden für den Abend zu helfen. Diese Gelegenheit nahm Carla zum Anlass, Irma über ihre Nichte auszuhorchen. Sie hatte noch nicht gewagt, Feodora persönlich nach ihrem Befinden zu fragen. »Na, Irmchen, wie gefällt es dir denn so auf Gut Eichen«, begann sie.

»Jut, kann nich klagen.«

»Hast du schon Anschluss gefunden … ich meine, Freunde …?«

Irma sah sie erstaunt an. Was interessierten die Baronin Harvich ihre Freunde? »Ei nu, die Mamsell is man janz nett, und Ludolf, der Diener, wat ihr Schwager is, der och … Ne nu, ik kann nich klagen … wirklich. Aber die Kastner, die Hausdame, dat is en richtiger Drachen.« Sie redete sich in Rage. »Die is immer gnaddrich und piesackt die Stubenmädchen. Aber mir kann se nuscht! Feda …«

»Ach ja, wie geht es denn eigentlich unserer Feda hier?«, unterbrach Carla Irmas Redefluss. »Fühlt sie sich wohl? Ihr Mann ist ja wirklich ausgesprochen reizend. Ich habe bei diesem Trubel noch gar nicht richtig mit ihr reden können.«

Jetzt begriff Irma. Das war es, was sie wirklich wissen wollte, die Baronin Harvich! »Ja … nu … wie ik dat sehe, och janz jut.« Feodora hatte ihr strengstens verboten, zu irgendjemanden etwas anderes zu sagen.

»Das ist ja wunderbar.« Carla klatschte begeistert in die Hände. Offensichtlich schien ihr die Antwort völlig zu genügen. »Na, dann hilf mir mal in mein Kleid, Irmchen.«

Julia, die der Unterhaltung schweigend gelauscht hatte, konnte sich nur wundern über ihre Freundin. War sie blind, oder wollte sie nicht sehen, wie unglücklich das arme Kind war? Richtig elend und übernächtigt sah es aus, das früher so fröhliche und vor Lebensfreude überschäumende junge Mädchen. Nein, ein glücklicher Mensch war das nicht.

Ein paar Zimmer weiter sah Ida, die im Morgenmantel war, Feodora beim Ankleiden zu. »Du hast ja Kleider … Ich muss schon sagen, dein alter Mann hat einen exzellenten Geschmack.«

Feodora rollte die Augen. »Glaub mir, ich würde lieber in Sack und Asche gehen, als … Na ja, lassen wir das. Übrigens, man höre und staune, Heinrich hat mich vorhin gebeten, ihm bei der Tischordnung zu helfen. Das wird den Hausdrachen sicher mächtig ärgern. Ich habe ihm geraten, die Ehepaare auseinanderzusetzen.«

»Da wird meine Mutter ja froh sein. Sie regt sich immer auf, wenn Papa so viel frisst. Nach so vielen Jahren Ehe. Kannst du dir das vorstellen?«

»Mein Mann kann fressen, so viel er will, viel schrecklicher kann er gar nicht werden.« Die beiden Mädchen kicherten.

»Und wo sitzt der schöne Gottfried?«, fragte Ida.

»Neben dir, meine Liebe. Ich dachte, ich tue dir damit einen Gefallen.«

»Fein, er ist fraglos der schönste Mann der ganzen Gesellschaft. Und auf jeden Fall besser als einer der alten Tattergreise.«

Feodora kämpfte wie stets mit ihrer wilden Mähne.

»Soll ich dir helfen? Du siehst immer noch aus wie ein roter Mob.« Ida war aufgesprungen und hatte mit ein paar Handgriffen aus den widerspenstigen Locken eine kunstvolle Hochfrisur gezaubert.

»Danke Idachen, so ordentlich habe ich schon lange nicht mehr auf dem Kopf ausgesehen.«

»O Gott!«, rief Ida plötzlich. »Vielleicht sollte ich mich auch langsam mal umziehen. Es ist ja schon fast acht. Bis gleich.« Sie stürmte aus dem Zimmer.

Ganz gegen ihre Gewohnheit begann Feodora sich sorgfältig zu schminken. Sie legte Puder und Rouge auf. Wo war denn bloß ihr Lippenstift? Hastig kramte sie in Schubladen und Kästchen. Endlich, da war er, ganz unten in einer schon lange nicht mehr benutzten Handtasche. Zum Schluss umrandete sie ihre Augen mit einem schwarzen Stift, wie sie es bei ihrer Mutter gesehen hatte. Meine Mutter! Der Gedanke an sie versetzte ihr einen Stich in der Brust.

Kurz bevor die Gäste herunterkamen, hatte Ludolf, der als Erster Diener einen Frack trug, die Schar der Lakaien inspiziert. Waren auf den kurzen schwarzen Jacken auch keine Fusseln, saßen die Escarpins – so hießen die kurzen, glänzenden Kniebundhosen –, waren die Lackschuhe geputzt und die weißen Kniestrümpfe und Baumwollhandschuhe fleckenfrei?

Währenddessen überprüfte Fräulein Kastner zum letzten Mal, ob alle Kerzen brannten, genug Ersatz bereitlag, keine der frischen Blumen schon den Kopf hängen ließ und in der Bibliothek die Zigarrenkisten aufgefüllt waren.

Pünktlich um acht Uhr setzte der Strom der Gäste ein. Alle Damen kamen in Abendkleidern, die Herren in Frack oder Uniform. Die Diener standen bereits bereit, in den Händen Silbertabletts mit gefüllten Champagnergläsern aus schwerem Kristall. Als Feodora erschien, wie immer etwas zu spät, waren die Salons schon voll mit heiter plaudernden Menschen. Das Licht der zahlreichen Kerzen ließ manche Damen schöner erscheinen, als sie waren. Heinrichs strafenden Blick übersah Feodora geflissentlich. Heute war es ihr egal. Sie fühlte sich jung und schön, und sie wollte den Abend genießen. Für ein paar Tage war das Leben einmal aufregend. Endlich! Bewundernde Blicke folgten ihr, als sie, freundlich mit diesem und jenem plaudernd, durch die Salons schritt, ganz die reizende Gastgeberin. Sie sah wirklich hinreißend aus. Das taupefarbene, tief dekolletierte Taftkleid, zu dem Ida ihr geraten hatte, mit dem dazu passenden Topasschmuck, rauchfarbene, taubeneigroße, in Brillanten und Gold gefasste Steine, harmonierten perfekt mit ihrer alabasterfarbenen Haut und ihren tizianroten Haaren – als wären diese Farbtöne nur allein für sie erfunden worden.

An der noch geschlossenen Tür zum großen Speisesaal stand Heinrich mit einem vollwangigen, großen Mann. Unter dichten schwarzen Augenbrauen blickten wässrige blaue Augen neugierig in ihre Richtung. Sie standen im krassen Gegensatz zu seinen dicken, sinnlichen Lippen. Dieser Gast musste gerade erst angekommen sein, Feodora kannte ihn nicht. Beide Herren steuerten jetzt auf sie zu. »Liebes, darf ich dir meinen Freund Karl Fichtel vorstellen. Er ist mein Finanzberater und Vermögensverwalter. Ich habe dir doch schon von ihm erzählt«, sagte Heinrich.

Feodora erinnerte sich dunkel.

»Ich bin entzückt.« Karl Fichtel beugte sich tief über ihre Hand. »Darf ich mich als Erster in Ihre Tanzkarte eintragen?«

»Hoho, der erste Tanz gebührt ja wohl mir, dem Ehemann«, rief Heinrich launig.

In dem Moment öffneten zwei Diener die große Flügeltür, und Ludolf schlug den Gong, das Zeichen, sich zu Tisch zu begeben. Es dauerte eine Weile, bis alle die ihnen zugedachten Plätze gefunden hatten. Der Champagner zeigte bereits seine Wirkung, man lachte und rief sich über den Tisch vergnügte Bemerkungen zu.

Endlich saßen alle. Heinrich erhob sich und verschaffte sich Gehör, indem er mit einem Messer leicht an sein Weinglas schlug. »Liebe Freunde, lasst mich euch noch einmal versichern, wie sehr Feodora und ich uns freuen, euch alle bei uns zu haben. Meine kleine Frau ...«

Feodora sah betreten nach unten. Wie sie diesen Ausdruck hasste!

»... hatte eine Idee, den Abend für euch noch amüsanter zu machen.« Heinrich schwitzte bereits stark und machte eine Pause, um sich Gesicht und Stirn abzutupfen. »Also, nach jedem zweiten Gang nehmen die Herren ihr Glas und ihre Serviette und rücken zwei Plätze weiter nach ...« War es jetzt links oder rechts? Er blickte seine Frau Hilfe suchend an.

»Nach links«, rief Feodora ihm zu. Außerdem machte sie ihm Zeichen wie das Schlagen des Gongs.

»Ach ja, und Ludolf wird zu jedem Platzwechsel den Gong schlagen.« Er hob sein Glas. »Ihr habt also einen abwechslungsreichen Abend vor euch. Ein Prosit auf meine Frau.«

Ein einstimmiges Prosit erklang, und schon setzte wieder lautes Stimmengewirr ein.

»Was hat der Harden da gesagt?« Oberst von der Grüben hatte nur die Hälfte von Heinrichs Rede verstanden. Er war schwerhörig, aber viel zu eitel, zu solchen Abendgesellschaften sein Hörrohr mitzunehmen.

Elisa von Witzleben, froh, ihren Tischherrn bald wieder los zu sein, erklärte ihm, wie der Abend ablaufen sollte. »Du musst dein Glas und die Serviette nehmen und zwei Plätze weiterrutschen.«

»Na so was«, sagte der Oberst, »ist das gar nicht mein Platz?« Er erhob sich bereits wieder.

»Nein, Hubert, jetzt noch nicht.« Sie zog ihn zurück auf seinen Stuhl. »Erst nach zwei Gängen.«

»Ach so ...« Man sah ihm an, er begriff die Welt nicht mehr!

Ida zwinkerte ihrer Freundin zu. Das mit dem Platztausch war ja wirklich eine Überraschung! Feda hatte ihr vorhin überhaupt nichts davon erzählt. Eigentlich gar nicht so übel, diese Idee. Sie würde sie bei der Herbstjagd in Klein Darkehmen übernehmen.

Zu Feodoras Erstaunen war ihr Tischherr nicht mehr der alte Witzleben, sondern Karl Fichtel. Heinrich musste die Tischordnung in letzter Minute geändert haben.

»Originell, was Sie da vorgeschlagen haben. Nur beraubt es mich zu schnell Ihrer zauberhaften Gesellschaft.« Seine wässrigen Augen hatten einen merkwürdigen Ausdruck, als er sie ansah. Die Frau hatte seinen Freund viel Geld gekostet, zu gern hätte er gewusst, ob sich die Investition gelohnt hatte.

»Wie Heinrich mir sagte, werden Sie eine Weile unser Gast sein. Wir werden also noch viel Gelegenheit haben, miteinander zu plaudern.« Feodora mochte den Mann nicht.

Ein Schwarm von Dienern begann jetzt, die Vorspeisen zu servieren – erst Suppe und dann Pasteten, von denen Georg Henkiel sich mehrmals bediente. Die strafenden Blicke seiner etwas weiter entfernt sitzenden Frau ignorierte er.

Als der Gong zum Platzwechsel ertönte, herrschte erst einmal ein heilloses Durcheinander. Einige gingen nach rechts anstatt nach links, andere liefen zurück, weil sie ihr Weinglas oder die Serviette oder beides vergessen hatten, und Oberst von der Grüben dachte gar nicht daran, sich zu erheben. Erst wollte er unbedingt noch seine Erlebnisse von der Schlacht bei Königgrätz zu Ende erzählen.

»Du musst jetzt aufstehen, Hubert. Es ist Platzwechsel«, ermahnte ihn Elisa von Witzleben.

»Was ist? Aber das Interessanteste kommt ja erst noch!«

»Die Geschichte hast du mir doch kürzlich schon bei den Orlovs erzählt. Du kannst ganz beruhigt sein. Ich weiß, wie sie ausgeht.«

»Ach wirklich …? Und was meinst du, soll ich jetzt tun?«

Elisa drückte ihm sein Glas und die Serviette in die Hand und winkte einem Lakaien, den Oberst an seinen nächsten Platz zu führen.

»Eigentlich bin ich für so was zu alt«, sagte er seufzend zu Helene Wedel, als er endlich als Letzter auf seinem neuen Stuhl saß. »Geht das jetzt den ganzen Abend so weiter?«

»Ich fürchte, ja«, sagte Helene lachend. Sie fand das Ganze sehr lustig.

Heinrich lief der Schweiß. Genau so hatte er sich das vorgestellt! Was war das bloß für eine Schnapsidee von seiner Frau! Aber schon beim zweiten Platzwechsel lief es besser, und danach ging es reibungslos. Dank Ludolfs Aufmerksamkeit waren die Weingläser immer gefüllt, und die anfängliche Unruhe wandelte sich in ausgelassene Fröhlichkeit.

Feodora vermied den ganzen Abend, in Gottfrieds Richtung zu sehen. Sie hatte sich ausgerechnet, dass er, wenn alles mit rechten Dingen zuging, nicht neben ihr landen würde. Und doch, irgendwann ertönte sie wieder, die spöttische

Stimme. Eine heiße Welle durchflutete ihren Körper. Wieder schlug ihr Herz bis zum Hals. »Wie hast du das denn geschafft?«, fragte sie, während sie in ihrem Nachtisch herumstocherte.

»Das war gar nicht so schwer.« Er grinste. »Ich wollte dir den alten Grüben ersparen und habe ihn an den mir zugedachten Platz geführt.«

»Wie rührend.« Feodora wusste nicht, ob sie lachen oder weinen sollte. *Nun nimm dich zusammen*, sagte sie sich. *Du bist eine Troyenfeld und keine dumme Gans.*

Erleichtert sprang sie auf, als ihr Mann die Tafel aufhob. Die Kapelle spielte einen langsamen Walzer, und er eröffnete mit ihr den Tanz. Aber als die Musik in eine Polka überging, war er bald außer Atem.

»Darf ich den Baron ablösen?« Gottfried stand sofort neben ihnen, als Heinrich haltmachte, um sich Gesicht und Stirn abzuwischen.

»Aber gern, mein junger Freund«, sagte Heinrich, der immer noch nach Atem rang, dankbar. »Ich werde mir jetzt mal einen Verdauungsschnaps gönnen.«

Bei der schnellen Polka konnte man nicht viel reden, und Feodora war froh, dass auch andere Herren ihr Recht einforderten, mit der Gastgeberin zu tanzen. Sie flog von Arm zu Arm.

»Komm, Ida, lass uns draußen ein wenig frische Luft schnappen«, sagte sie, als die Musiker eine Pause machten. »Mir ist schrecklich heiß.«

Es war eine sternenklare Nacht, aber bereits merklich kühler als die vergangenen Abende. Bald würde der Herbst mit seinen Stürmen über das Land hereinbrechen und bald darauf der endlos lange Winter.

Die Mädchen lehnten an der Balustrade der Terrasse. Beide hingen ihren Gedanken nach. Gedämpftes Stimmengewirr drang nach draußen, ab und zu wurde es von einem lauten Lachen unterbrochen.

»Ich habe Angst«, sagte Feodora nach einer Weile des Schweigens. »Angst vor der monatelangen Einsamkeit, allein mit diesem Mann.«

Ida legte den Arm um ihre Freundin. »Wir werden uns sooft wie möglich besuchen«, sagte sie tröstend. »Du hast doch gesagt, Heinrich hätte es erlaubt.«

»Aber du weißt doch selbst, im Herbst, wenn es stürmt und die Wege aufgeweicht sind, und dann im Winter bei Eis und Schnee kann ich nicht mehr reiten, sondern muss mit der Kutsche fahren, und auch das wird oft nicht möglich sein.«

»Ach Fedachen, der Winter geht doch auch wieder vorbei.«

Die Musik hatte erneut eingesetzt, und Kajo Wedel trat auf die Terrasse. »Ach, da seid ihr!«, rief er. »Ich habe euch überall gesucht. Ida, ein langsamer Walzer … komm.«

»Ich bleibe noch einen Moment«, sagte Feodora. Traurig blickte sie ihnen nach. Der junge Mann war offensichtlich in ihre Freundin verliebt. Sie musste Ida fragen, wie sie zu ihm stand. Fröstelnd zog sie die Schultern hoch. Einen Moment noch, dann würde sie sich wieder ins Getümmel stürzen.

»Darf ich dich ein wenig wärmen?« Wie aus dem Nichts tauchte Gottfried neben ihr auf und legte seine Arme um sie. Sie spürte seinen warmen Atem an ihrem Ohr, dann suchte er ihren Mund, und ihre Lippen verschmolzen ineinander. Zärtlich strichen seine Hände über ihren Rücken, fanden ihre Brüste, sie glaubte zu zerfließen. Da … ein Geräusch am

Ende der Terrasse! Die Stimme der Hausdame, die laut mit einem Lakaien schimpfte.

Feodora erstarrte. »Um Gottes willen, Gottfried, geh. Heinrich wird dich fordern, wenn er das erfährt«, flehte sie leise.

»Ich schieße mit Sicherheit besser als er.«

»Geh, bitte!«

»Wir sehen uns wieder.« Noch ein letzter, flüchtiger Kuss, dann verschluckte ihn die Dunkelheit.

Am nächsten Morgen war er weg. Er war in aller Frühe abgereist. Die Tage nach der Entenjagd erlebte Feodora wie in Trance. Sie ging wie auf Wolken, glaubte noch immer, die zarten Berührungen seiner Hände auf ihrem Körper zu spüren, die weichen, warmen Lippen auf Hals und Mund. Wenn Heinrich nachts zu ihr kam, versuchte sie sich vorzustellen, es wäre er, Gottfried, aber es gelang ihr nicht. Die Wirklichkeit holte sie wieder ein.

Über Nacht war es Herbst geworden. Das Barometer fiel von Tag zu Tag tiefer, und dann begann der Himmel seine Schleusen zu öffnen. Es schüttete wie aus Eimern, Wege und Felder weichten auf. Die Stürme rissen das Laub von den Bäumen und ließen den See aussehen wie ein aufgewühltes Meer. In allen Kaminen im Haus brannte bereits ein Feuer, damit Feuchtigkeit und Kälte gar nicht erst Besitz von den Räumen ergreifen konnten.

Ständig waren irgendwelche Hausgäste da, ältere Herrschaften, die Feodora zu Tode langweilten. Gespräche über die Ernte interessierten sie nicht, auch nicht das Nachlassen der jahrelangen Depression, und noch weniger ertrug sie das Gerede über Geld – neben harmlosem Klatsch das beliebteste Thema. »Geld muss man haben«, war ein von Heinrich ständig gebrauchter Satz, der sie manchmal zur Weißglut brachte.

Der einzige von Heinrichs Freunden, den sie bald sehr schätzen lernte, war Karl Fichtel. Er war ein ausgezeichneter Reiter mit einem großen Pferdeverstand, interessierte sich für die Bücher, die sie las, und unterhielt sich mit ihr auch über andere Dinge als über Geld. Karl sprach nie über sich selbst. Von Heinrich hatte sie erfahren, dass er früh verwitwet war, in Königsberg lebte und ein Händchen für Finanzdinge hatte.

»Weißt du eigentlich, dass Heinrich ein sehr reicher Mann ist?«, fragte Karl Feodora eines Tages.

»Das muss er wohl.« Ihr Ton war schneidend. »Schließlich hat er mich für viel Geld gekauft. Das dürfte dir als seinem Finanzberater ja wohl nicht entgangen sein.«

»Nun …« Die Richtung, die das Gespräch nahm, war ihm sichtlich unangenehm. »… wenn du das so nennen willst.« Er sah nicht glücklich aus.

»Meine Tante Carla behauptet, Ehen würden nicht im Himmel geschlossen. Bist du auch dieser Meinung? In meinem Fall muss ich ihr leider recht geben.«

»Nein, mein Kind. Das bin ich nicht. Ich habe meine Frau geliebt und sie mich auch.« Karl war ans Fenster getreten und wandte ihr den Rücken zu. Seine Stimme klang gepresst. »Sie ist viel zu früh von mir gegangen.«

»Hast du nie mehr den Wunsch gehabt, wieder zu heiraten?«

»Den Wunsch schon. Aber keine kam an meine Nora heran. Deshalb bin ich lieber allein geblieben.« Er wechselte schnell das Thema.

Feodora spürte, sie hatte einen Freund gewonnen. Aber er war leider nicht immer da. Oft kam er wochenlang nicht und stand dann plötzlich unangemeldet vor der Tür. Immer brachte er ihr ein Geschenk mit: mal ein Parfüm oder eine Puderdose, an anderes Mal einen besonders schönen Schal und einmal ein abschließbares, mit rotem Samt ausgelegtes Kästchen aus Ebenholz. »Für deine kleinen Geheimnisse«, flüsterte er ihr ins Ohr.

Heinrich überbrachte er fast immer geschäftliche Erfolgsmeldungen, welche diesen jedes Mal in beste Laune versetzten und ihn veranlassten, Feodora zusätzlich zu ihrem Nadelgeld ein paar Goldstücke zuzustecken. Achtlos legte sie alles in ihre kleine Schatztruhe, wie sie das Kästchen nannte. Wann hatte sie schon mal Gelegenheit, Geld auszugeben? Sie konnte nicht ahnen, dass dieser »Schatz« in nicht allzu langer Zeit ein Leben retten sollte.

Wie immer in Ostpreußen brach der Winter mit Macht über das Land herein. Das Thermometer zeigte bald unter minus zwanzig Grad. Park und Felder waren tief verschneit, das ganze Land versank im Schnee, und der See war bedeckt von einer dicken Eisschicht. An Ausreiten war nicht mehr zu denken, nicht bevor die Schneewehen verschwunden und die Wege wieder befahrbar waren.

Die Tretmühle des täglichen Einerleis ließ Feodora fast verzweifeln. Frühstück, Mittag- und Abendessen mit Heinrich und den Hausgästen. Das Getöne der Geschäftsfreunde, ihr Gerede über Geld – es ödete sie an. Die Zoten, die man riss, ohne auf ihre Gegenwart Rücksicht zu nehmen, und über die man sich ausschüttete vor Lachen, ließen sie erstarren. Sie fühlte sich wie ein Nichts!

Der einzige Lichtblick in dieser Zeit waren neben den seltenen Besuchen von Carla und Julia ihre Spaziergänge mit Rex durch den endlosen verschneiten Park. Die Schweigsamkeit des Eichenwaldes ließ sie ruhiger werden, und wenn sie dann zum Schluss in den Stall ging, um Honey zu besuchen, ging es ihr wieder besser. Schon wenn sie den Stall betrat, spitzte das Tier die Ohren und begann zu wiehern. Nie kam sie ohne einen Apfel oder ein Stück Zucker. Wenn sie dann ihren Kopf an die weichen Nüstern der Stute legte, erzählte sie ihr leise von ihrem Kummer. »Wir dürfen erst im Frühjahr wieder zusammen ausreiten, mein Liebling«, flüsterte sie. »Heinrich sagt, jetzt sei es zu gefährlich.« Nachdem sie einmal mit dem Pferd in einer Schneewehe steckengeblieben war und sich erst nach Stunden hatte befreien können, waren ihr weitere Ausritte verboten worden. »Du gefährdest dein Leben und das meiner zukünftigen Erben«, hatte Heinrich getobt, »und die werden hoffentlich nicht zu lange auf sich warten lassen.«

Hin und wieder tauchte wie aus dem Nichts Klaus, der Pferdeknecht, auf. »Tachchen, Frau Baronin«, sagte er nur und verschwand in einer der Boxen, um offensichtlich seiner Arbeit nachzugehen.

Feodora schenkte ihm keine weitere Beachtung. Zu sehr war sie mit sich und ihrem aussichtslosen Schicksal beschäftigt. Sie hatte panische Angst, schwanger zu werden, träumte sie doch manchmal davon, dass eines Tages ein Prinz kommen und sie entführen würde, ein Prinz, der die Züge Gottfrieds hatte. Was sollte sie da mit einem Kind?

Einmal fragte Irma: »Wär es nich doch besser, wenn du einen Sohn bekämst? Vielleicht lässt der Alte dir dann mehr in Ruhe.«

»Bist du verrückt? Ein Kind von Heinrich ... nein, wirklich nicht.« Feodora war außer sich. Nicht einmal Irma wusste von ihren Träumen.

»Dann musste wat dagegen tun.«

»Ja was denn ...?« Feodora fragte nicht, woher Irma ihre Informationen hatte, aber von nun an traf sie jede Nacht, wenn Heinrich schlief, Vorkehrungen, die eine Schwangerschaft verhüten sollten.

Die Vorbereitungen für Weihnachten rissen sie für kurze Zeit aus ihrer Lethargie. Heinrich hatte ihre Eltern eingeladen, die wieder einmal absagten. »Sie schreiben, dass sie das Fest im Ausland verbringen. Verstehst du das?«, fragte er sie etwas befremdet. »Warum wollen sie uns nicht sehen?«

»Keine Ahnung. Seit dem Tod meines Bruders ist meine Mutter etwas wunderlich.«

Offensichtlich war ihr Mann mit dieser Erklärung zufrieden, denn mit derselben Post war eine Zusage aus Buchenhain gekommen. »Wir sind entzückt, Weihnachten bei euch zu sein«, schrieb Carla, und Feodora sagte ganz aufgeregt: »Heinrich, wir müssen Geschenke kaufen. Karl kommt auch, wir können doch Heiligabend nicht mit leeren Händen dastehen. Übrigens, was hältst du davon, wenn ich mich auch um die Geschenke für die Bediensteten kümmere? Ich weiß, Fräulein Kastner ist dafür zuständig, aber ich habe doch hier gar nichts zu tun. Es würde mir wirklich Freude machen und außerdem die Hausdame ein wenig entlasten.«

»Ja, tu das, Liebes.« Heinrich war begeistert, seine Frau mal wieder fröhlich zu sehen. »Lass dir von der Kastner eine Liste mit den Namen geben.«

Am nächsten Morgen, Heinrich las gerade die Zeitung, stand die Hausdame zornentbrannt vor ihm. »Wollen

Sie mich in meinen Kompetenzen beschneiden, Herr Baron?«

Er sah sie erstaunt an. »Wie ... was meinen Sie?«

»Die Frau Baronin hat eine Liste von mir verlangt ...«

»Meine Frau hat den Wunsch geäußert, sich dieses Jahr um die Weihnachtsgeschenke zu kümmern. Wo ist das Problem?« Seine Stimme klang ärgerlich.

»Ich ... ich ... mache das seit über zwanzig Jahren ...!«

»Ja, und nun macht das meine Frau. Ist sonst noch etwas?«

Wortlos verließ die Hausdame den Raum.

Ludolf, der Zeuge dieses Gespräches geworden war, berichtete Käthe und Irma später, die Kastner sei einer Ohnmacht nahe gewesen.

Feodora wusste, dass sie wieder einen kleinen Sieg errungen, aber sich die Hausdame nun auch endgültig zur Feindin gemacht hatte.

Als das Mädchen ihr am Abend beim Umkleiden half, sagte Feodora aufgeregt: »Irmchen, wir dürfen nach Insterburg fahren und Weihnachtsgeschenke einkaufen. Ich habe Heinrich gesagt, du müsstest mitkommen. Ich könnte unmöglich alles allein schleppen.«

Sie blühte direkt auf, als sie sich mit Irma daranmachte, eine Liste mit den Dingen zu erstellen, die sie gemeinsam einkaufen wollten. »Frag Käthe, was sie sich wünscht, und hast du nicht gesagt, Ludolf hätte gern ein Paar warme Hausschuhe?«

Mehrmals fuhren sie in den folgenden Wochen nach Insterburg, da einige Dinge bestellt oder angefertigt werden mussten. Sie hatten sich elegant angezogen. Bereits auf Troyenfeld hatte Feodora der viel kleineren Irma ihre Kleider, aus denen sie herausgewachsen war, geschenkt, die diese wie einen Schatz hütete. Sie trug sie nur zu ganz besonderen Anlässen. Arm in Arm schlenderten sie durch die Straßen, in denen vorweihnachtliches Gedränge herrschte, und zum Abschluss besuchten sie eines der Kaffeehäuser, tranken eine heiße Schokolade und kicherten über die älteren Damen, denen man ansah, dass sie wohl jeden Nachmittag dort ihre Buttercremetorte verzehrten. Dann fühlte Feodora sich frei und unbeschwert und vergaß für ein paar Stunden ihre unglückliche Ehe.

Zu Weihnachten schenkte ihr Heinrich einen bodenlangen russischen Kronenzobel. Carla schien sich mehr darüber zu freuen als sie. »Kind, dieser Mantel ist leicht wie eine Feder. Er muss ein Vermögen gekostet haben. Was hast du nur für einen großzügigen Mann.«

Feodora war klar: Sollte ihr Traumprinz sie nicht finden – von ihrer Tante hatte sie keine Hilfe zu erwarten. Eher noch von Julia, die ganz offensichtlich mit ihrem Liebling litt. »Wenn du es nicht mehr aushältst, lass es mich wissen. Wir werden gemeinsam eine Lösung finden.«

»Ach, Julchen, solang es Träume gibt …«

Der Winter erschien Feodora endlos. Weder Idas aufmunternde Briefe noch Karl Fichtels gelegentliche Besuche konnten sie aufmuntern. Sie sehnte sich nur noch nach dem Frühling, wenn sie endlich wieder mit Honey über die Felder reiten und so etwas wie ein wenig Freiheit spüren konnte.

Wie jedes Jahr dauerte es nur wenige Tage, dass der schier endlos scheinende Winter sich in einen strahlenden Frühling verwandelte. Der für Monate in ein weißes Kleid gehüllte Park bekam wieder sein altes Gesicht. Krokusse sprossen aus dem zartgrünen Rasen, der noch aufgeweichte Boden im Wald und auf den Feldern roch nach Frühling, und das Zwitschern der in Scharen zurückkehrenden Vögel erschien Feodora wie Musik.

Seit Tagen schon schien die Sonne von einem strahlend blauen Himmel. »Heute werde ich ausreiten«, sagte sie beim Frühstück, »ob es dir passt oder nicht, Heinrich.«

»Aber der Boden ist noch aufgeweicht, du solltest noch ein paar Tage warten. Es ist zu gefährlich. Du könntest im Morast steckenbleiben …«

Feodora stampfte mit dem Fuß auf. »Ich reite seit meinem fünften Lebensjahr, nie ist mir etwas passiert.«

»Denk an die Schneewehe!«

Sie rollte die Augen. »Ich habe es schließlich überlebt, oder?«

»Also gut.« Heinrich gab sich geschlagen. »Ich erlaube es dir. Aber nur unter der Bedingung, dass dich jemand begleitet. Der Stallmeister soll dir einen guten Reiter mitgeben. Vielleicht Klaus, er ist einer unserer besten.«

»Was … jetzt bekomme ich auch noch ein Kindermädchen?« Sie kochte vor Wut.

Seelenruhig köpfte Heinrich sein sechstes Ei. »Entweder mit Klaus oder gar nicht. Du kannst es dir aussuchen.«

Eine Stunde später trabten die beiden schweigend durch den Eichenwald. Feodora war noch immer wütend. Heinrich ging entschieden zu weit in seiner Bevormundung. Sie würde heute Abend mit ihm sprechen.

Klaus bog jetzt in einen Pfad ein, den sie nicht kannte. Als sie aus dem Schatten der Bäume herauskamen, sah sie in einiger Entfernung einen kleinen See, dessen ruhiges Wasser in der Sonne glitzerte.

»Wollen wir um die Wette reiten? Wer als Erster am Ufer ist«, rief Klaus und gab seinem Pferd die Sporen.

»Los, Honey«, rief Feodora, tief über den Hals des Tieres gebeugt, »dem Jungen werden wir es zeigen.«

Nebeneinander flogen sie über die Felder, übersprangen Zäune und schmale Gräben. Fast gleichzeitig kamen sie an ihrem Ziel an, Pferde und Reiter waren außer Atem.

Feodora sprang ab und setzte sich auf einen Baumstumpf. »Du hättest mich nicht gewinnen lassen müssen«, sagte sie lachend. »Hast du gedacht, ich wäre eine schlechte Verliererin?«

»Sie sind die Frau Baronin …« Er sah sie mit seinen freundlichen Augen unbefangen an, dann lächelte er. »Aber eine fabelhafte Reiterin, wirklich, das sind Sie.«

»Danke, Klaus, ein schönes Kompliment.« Sie deutete auf einen Baumstumpf neben sich. »Die Pferde müssen ein wenig verschnaufen. Setz dich, auch uns tut eine kleine Pause gut.«

Schüchtern ließ er sich in einiger Entfernung von ihr nieder.

»Es ist schön hier«, sagte Feodora nach einer Weile. »Kommst du oft hierher?«

»Immer, wenn ich auf Gut Eichen bin. Vor allem im Sommer zum Schwimmen.«

»Und wo bist du, wenn du nicht auf Gut Eichen bist?«, fragte sie neugierig.

»Ich studiere in Königsberg Land- und Forstwirtschaft. In den Semesterferien und manchmal an den Wochenenden helfe ich im Stall. Damit finanziere ich mein Studium.«

»Wie alt bist du denn?«

»Zweiundzwanzig.« Er lächelte. »Haben Sie mich jünger geschätzt?«

»Ich weiß nicht …« Feodora fühlte sich plötzlich unsicher. Dieser Junge hatte etwas an sich, das sie beunruhigte. Und hatte Irma nicht unlängst gesagt, Klaus sei in sie verliebt? Sie sprang auf. »Wir sollten zurückreiten. Mein Mann macht sich immer so übertriebene Sorgen um mich.«

Schweigend galoppierten sie nach Hause.

»Nun, wie war dein Ausritt?«, begrüßte sie Heinrich gut gelaunt. »War es denn schlimm mit deinem Kindermädchen?«

»Ich würde wirklich lieber allein ausreiten«, erwiderte Feodora. »Soll das jetzt etwa zur Gewohnheit werden?«

»Ehrlich gesagt hätte ich es schon lieber, wenn ich dich auf deinen stundenlangen Ritten beschützt wüsste. Es gibt Wölfe in der Gegend, und die Wildschweine können fuchsteufelswild werden, wenn man sie aufschreckt.«

Feodora sah ihn mit funkelnden Augen an. »Ganz wie der Herr befiehlt.« Sie rauschte wütend hinaus.

Fast täglich ritt sie jetzt gemeinsam mit Klaus aus. Er zeigte ihr Stellen, die sie allein nie gefunden hätte, und erklärte ihr Käfer und Insekten, von deren Existenz sie bisher keine Ahnung gehabt hatte. Wenn sich versehentlich ihre Hände oder Arme berührten, durchströmte Feodora eine Welle noch nie gespürter Leidenschaft. Bald fieberte sie ihren morgendlichen Ausritten entgegen und war auch tagsüber von einer auffallenden Fröhlichkeit.

Eines Morgens, sie hatten an ihrer Stelle an dem kleinen See Rast gemacht, sagte Klaus: »Ich muss morgen zurück nach Königsberg.«

Feodora, die gerade wieder ihr Pferd besteigen wollte, glitt herunter. Langsam drehte sie sich um. »Und wann kommst du wieder?«

»Voraussichtlich in ein paar Monaten. Werden Sie in Zukunft allein ausreiten?«

»Ich weiß es nicht.« Sie hauchte ihm einen Kuss auf die Wange. »Lass mich nicht zu lange allein.«

Klaus schlang die Arme um sie und drückte sie für einen Moment fest an sich. Dann sprang er auf sein Pferd und galoppierte davon. Zurück ließ er eine verwirrte und unglückliche junge Frau. Plötzlich spürte Feodora ein Verlangen nach ihm, das ihr den Atem nahm. Von nun an trug ihr Prinz im Traum die Züge von Klaus.

Heinrich stand am nächsten Morgen wie jeden Tag um sechs Uhr auf – die senile Bettflucht nannte er das –, während Feodora um neun von Irma mit einer Tasse heißer Schokolade geweckt wurde.

»Der Klaus is weg«, sagte Irma als Erstes und stellte die dampfende Tasse auf den Nachttisch. Ohne eine Antwort abzuwarten, redete sie weiter. »Jott sei Dank. Die Leute haben schon anjefangen zu quatschen. Vor allem die Kastner.« Sie hatte die Vorhänge aufgezogen und sich auf dem Rand des Bettes niedergelassen.

»So, was reden sie denn?« Empört richtete Feodora sich auf. »Es gibt da nichts zu reden. Du weißt doch, dass ich auf ausdrücklichen Wunsch von Heinrich …«

»Mir musste dat nich sagen. Aber vormachen kannste mir och nuscht! Seitdem de mit Klaus in der Jejend rumreitest, biste wie ausjewechselt. Der Einzije, der dat nich mitjekricht hat, is ja wohl dein Mann.«

Feodora sah sie betroffen an. »Findest du wirklich? Aber glaub mir, da ist nichts zwischen Klaus und mir.«

»Jlaub ik ja, aber et wird jetratscht. Aber nu, wo er weg is, wer'n se sich beruhijen. Hoffentlich!«

Im Stall und auf dem Hof herrschte wie immer geschäftiges Treiben.

»Hans, ich habe gehört, Klaus ist nicht mehr da. Würden Sie mir einen anderen Burschen mitgeben?« Feodora sprach so laut, dass alle Umstehenden sie hören mussten. »Mein Mann hat recht, es ist sicherer, wenn ich nicht allein reite.«

Hans lächelte sie freundlich an. »Das glaube ich auch, Frau Baronin. Wenn es Ihnen recht ist, gebe ich Ihnen den Helmut mit. Er ist zuverlässig, ein guter Reiter und kennt sich in der Gegend bestens aus.«

»Danke, Hans. Also dann los, Helmut. Zeig mal, was du kannst.«

Feodora vermisste Klaus schmerzlich. Wenn sie an ihn dachte, stieg in ihr eine ungeheure Sehnsucht auf. Er war so lieb und so scheu. Nur das Verlangen in seinen großen, glühenden Augen hatte ihn verraten. War das Liebe, was sie für ihn empfand? Nicht einmal mit Irma sprach sie darüber. Sie träumte, und wie einen geheimen Schatz hütete sie ihre Träume, ganz allein ihr sollten sie gehören. Sie wusste ja, er würde wiederkommen, bald, spätestens im Herbst, wenn die Semesterferien begannen.

Es war an einem heißen Tag Ende August. Feodora stürmte in den Stall. »Helmut«, rief sie, »ist Honey schon gesattelt? Ich bin ein wenig spät.«

»Wenn es der Frau Baronin recht ist, werde ich Sie heute begleiten.«

Feodoras Herz schlug bis zum Hals. Sie brauchte einen Moment, um sich zu fassen. »Ach, Klaus, du bist wieder da«, sagte sie von oben herab. »Wo hast du denn die ganze Zeit gesteckt?« Ohne die Antwort abzuwarten, sprach sie weiter. »Na dann man los. Wir haben Hausgäste, ich bin schon etwas spät, und mein Mann erwartet mich pünktlich zum Mittag zurück.«

Schweigend ritten sie durch den Wald, und wie beim ersten Mal rief Klaus: »Wer als Erster am See ist.«

Diesmal war er wieder vor ihr da. »Es ist so heiß«, sagte er lächelnd. »Ich muss schwimmen. Kommst du mit?« Wie selbstverständlich war ihm das Du über die Lippen gekommen. In Windeseile hatte er Hemd und Hose abgestreift und sprang in das glasklare Wasser.

Feodora zögerte nicht einen Moment. Sie schwammen eine Weile nebeneinander, sprachen nicht, sahen sich nur an, und sie fühlte seinen Körper, nah, schrecklich lebendig. Feodora glaubte zu träumen. Als sie aus dem Wasser stiegen, gingen sie Hand in Hand an eine mit weichem Moos bewachsene Stelle. Die ausladenden Zweige einer Trauerweide schützten sie vor der sengenden Sonne.

»Leg dich hin«, sagte er leise. »Ich werde dich abtrocknen.« Zärtlich strichen seine Finger über ihre feuchte, zarte Haut. Langsam, als hätten sie alle Zeit der Welt, liebkosten seine Hände ihren Körper.

Sie hielt die Augen geschlossen. Bewegungslos lag sie da. Sie spürte seine Lippen in ihrem Gesicht, auf ihrem Mund. Dann glitten sie über ihren Hals, küssten zärtlich ihre Brüste, saugten an den kleinen, harten Spitzen. Sein Kopf glitt tiefer, seine Zunge fuhr über ihren Bauch, ihre Schenkel, liebkoste ihre Scham. Was für eine nie gespürte Wonne! Dann kam er zu ihr, begann sich zu bewegen. Erst langsam, dann schneller. Etwas in ihr zerfloss, Wellen trugen sie in ungeahnte Höhen. Ihre kleinen, spitzen Schreie verschmolzen mit seinem Keuchen. Sie waren eins! Feodora glaubte für einen Moment, das

Bewusstsein zu verlieren. Eng umschlungen lagen sie da, sein Kopf in der Beuge ihres Halses. »Ich liebe dich, Feodora«, flüsterte er, »vom ersten Augenblick an, als ich dich sah.«

»Ich liebe dich auch.« Feodora schwebte wie auf Wolken.

Diesmal fiel es sogar Heinrich auf. »Du bist so verändert, Liebes. Könnte es sein, dass du schwanger bist?«, fragte er hoffnungsvoll.

»Nein, leider nicht.« Es dauerte einen Moment, bis sie sich wieder gefangen hatte. »Du weißt, ich wünsche es mir so sehr.« Wie einfach es doch war zu lügen! »Aber ich freue mich auf die Jagden. Bald geht es ja los. Karl hat sich angesagt, Ida wird kommen, und die Wedels werden auch da sein, die Orlovs … Na ja, es gibt endlich mal wieder viel Abwechslung.« Sie redete ohne Punkt und Komma. Mit allen Mitteln musste sie verhindern, dass Heinrich misstrauisch wurde.

Irma hatte es ihr gleich am ersten Abend auf den Kopf zugesagt. »Nu is et wohl passiert?«

»Was meinst du?« Feodora tat, als verstehe sie nicht.

»Du jlühst, Fedachen, aus allen Poren kommt et raus.« Irma lachte. »Mir kannste nuscht vormachen. Dich hat et voll erwischt!« Leise sprach sie weiter. »Aber sei vorsichtig, hier hab'n die Wände Ohren. Lasst euch bloß nich erwischen. Die Kastner lauert doch bloß drauf.«

»Ach Irmchen, wenn ich dich nicht hätte …«

»Ik weeß, Fedachen.«

»*Ich*, Irmchen, *ich* …« Und dann lachten sie beide, bis ihnen die Tränen kamen.

Ohne es verabredet zu haben, blieb Klaus an manchen Tagen dem Stall fern. Es hieß, er müsse für sein Examen lernen. Wie selbstverständlich ritt Feodora dann mit Helmut oder einem anderen Burschen aus, lachte und scherzte mit ihnen und ließ sich ihre Enttäuschung nicht anmerken. Sie waren wirklich vorsichtig, und doch witterte sie überall Gefahr. Hatte die Hausdame sie gestern nicht merkwürdig angesehen? Und schien es ihr nur so, oder steckten die Mägde tuschelnd die Köpfe zusammen, wenn sie mit Klaus über den Hof ritt? Sie hatte panische Angst, jemand könne ihr Glück zerstören. Doch es war alles so frisch, und so dachte sie nicht an später. Nur das Hier und Jetzt zählte.

Klaus war ein wunderbarer Liebhaber. Er hatte ihre Leidenschaft geweckt, und nun konnte sie nicht genug davon bekommen. Sie liebten sich auf versteckten Lichtungen im dichten Wald, im hohen Schilf an einem der zahllosen masurischen Seen und, als es kälter wurde, auf Hochsitzen und in leeren Fischerhütten.

Die Jagdsaison war wieder in vollem Gang. Ida hatte mit ihren Eltern an der Hirschjagd teilgenommen. Ihr hatte Feodora alles gebeichtet. »Ich liebe ihn, Idachen. Er ist so süß und so lieb. Er entschädigt mich für alles, was ich bisher durchgemacht habe.«

»Aber was tust du, wenn es rauskommt? Wenn Heinrich es erfährt, wird er Klaus umbringen und dich gleich mit.« Ida war ehrlich besorgt. »Passt bloß auf und seid vorsichtig. Ich habe große Angst um dich.«

Ida und ihre Eltern waren nach der Hirschjagd wieder abgereist. Bis auf die Zimmer neben Feodoras Boudoir war das Haus jedoch noch voll mit Gästen, die der morgigen Saujagd entgegenfieberten. Schon seit Tagen hatte Feodora Klaus nicht zu Gesicht bekommen. Sie zerfloss vor Sehnsucht. Sie musste ihn einfach treffen! »Irmchen, bring das zu Klaus.« Sie reichte dem Mädchen einen kleinen, verschlossenen Umschlag.

»Muss dat sein?«

»Ja, Irmchen, es muss sein. Und sei vorsichtig.«

Seufzend schob Irma die Nachricht in die Tasche ihres Kleides. »Wenn dat man jutjeht«, murmelte sie beim Hinausgehen.

Während des Abendessens klagte Feodora über starke Hals- und Kopfschmerzen. »Ich werde früh zu Bett gehen«, sagte sie, als Heinrich die Tafel aufhob. »Die morgige Jagd will ich auf keinen Fall verpassen.« Sie plauderte noch eine Weile mit einigen Gästen, die sich in den Salons verteilten, um einen Mokka und die üblichen Verdauungsschnäpse zu sich zu nehmen. Dann sagte sie leise zu Heinrich: »Ich werde mich jetzt zurückziehen. Wenn es dir recht ist, schlafe ich heute Nacht in meinem Zimmer. Ich möchte dich auf keinen Fall anstecken.« Gegen ihre Gewohnheit drückte sie ihm einen Kuss auf die schweißnasse Wange und flüsterte ihm ins Ohr: »Bald haben wir die Nächte ja wieder ganz für uns.«

»Geh nur, Liebes.« Heinrich wischte sich zum wiederholten Mal die Schweißperlen ab. »Geh nur, und schlaf dich gesund. Bei uns wird es bestimmt wieder spät werden.«

Bis weit nach Mitternacht tönten aus den Salons ausgelassenes Lachen und zahlreiche Prosits nach oben, und Feodora meinte, kaum geschlafen zu haben, als bei noch tiefer Dunkelheit das Haus wieder zum Leben erwachte. Die Stimmen der Diener, die von Tür zu Tür gingen, um die Gäste zu wecken, waren zu hören, Menschen, die sich ein fröhliches Guten Morgen zuriefen, und kurz darauf schallendes Gelächter aus dem Speisesaal, wo das erste Frühstück eingenommen wurde.

Feodora hatte Irma bereits am Abend Anweisung gegeben, Heinrich morgens auszurichten, sie fühle sich außerstande, an der Jagd teilzunehmen. Die Kopfschmerzen hätten ihr jeglichen Schlaf geraubt. Aber zum Jagdessen am Mittag würde sie bestimmt erscheinen.

Feodora hatte das Fenster geöffnet. Wagen fuhren vor, Pferde wieherten und scharrten ungeduldig mit den Hufen, und die Jäger und ihre Gehilfen besprachen laut, wer auf welchem Wagen mitfahren sollte und wo jeder Einzelne später zum Treiben aufgestellt werden würde. Büchsen wurden verladen, und unter lauten Weidmannsheil-Rufen bestieg die Jagdgesellschaft die Wagen.

Ein paar Minuten später herrschte Stille. Feodora atmete auf. Vor Mittag würden sie nicht zurück sein. Im Haus war absolute Ruhe. Nur aus den weit entfernten Wirtschaftsräumen klangen ab und an die schrille Stimme der Hausdame und Käthes »Errbarrmunk« herüber.

Feodora schloss die Fenster. Sie lauschte angespannt. Würde er kommen? Da, ein leises Klopfen, und Klaus huschte herein. »Dreh den Schlüssel um«, konnte sie gerade noch flüstern, dann lagen sie sich in den Armen. Sie liebten sich, als gäbe es kein Morgen. Seine Hände und Lippen liebkosten sie mit zärtlicher Begierde, glitten über ihren Körper, hinab zwischen ihre weichen, seidigen Schenkel. Sie schmolz in seinen Armen dahin. Wogen der Wonne schlugen über ihr zusammen. Als er gekommen war, blieb er in ihr, sprach nicht, küsste nur zart ihre Augen, ihren Mund. Sie waren eins! Dann drängte sie sich ihm entgegen, spürte, wie er in ihr wuchs, stark wurde, und wieder verging sie, stöhnte vor Seligkeit. Irgendwann fielen sie in einen unruhigen Schlaf.

Ungewohnte Geräusche ließen sie hochschrecken. Aufgeregte Rufe drangen zu ihnen herauf. Irgendetwas musste geschehen sein, die Wanduhr zeigte erst kurz nach zehn. Die Jagd konnte noch nicht vorbei sein. Klaus glitt aus dem Bett und schlüpfte in seine Kleider. »Ich werde nachsehen, was los ist«, flüsterte er.

In dem Moment näherten sich eilige Schritte. »Feda, wach auf!« Irma trommelte gegen die Tür.

»Schnell, in die Ankleide«, flüsterte Feodora. Dann fragte sie schläfrig: »Was ist, Irmchen, was soll dieser Lärm?«

Sie öffnete gähnend die Tür. Mit vor Schreck geweiteten Augen stand das Mädchen vor ihr. »Der Baron is tot. Er is erschossen worden.« Sie brach in Tränen aus. »Und jetzt suchen sie den Klaus. Die Kastner behauptet, nur er könnte et jewesen sein.«

Feodora war wie erstarrt. »Was sagst du da, Heinrich ist tot?« Offensichtlich begriff sie noch gar nicht, was sie da gerade gehört hatte.

»Versteh doch, Feda. Sie suchen den Klaus. Wir müssen ihn warnen.«

»Er kann es nicht gewesen sein.« Sie zog das zitternde Mädchen ins Zimmer und schloss die Tür. »Er war die ganze Zeit bei mir. Klaus, komm heraus.«

»Seid ihr völlig verrückt jeworden?« Fassungslos starrte Irma die beiden an. »Klaus, jetzt wird man dich erst recht verdächtijen. Du musst hier weg, sofort.«

»Aber wo soll ich denn hin? Ich war es doch nicht …«

»Man wird uns nicht glauben, Irmchen hat recht.« Feodora war plötzlich ganz ruhig. »Hier, nimm das, Liebster.« Eilig füllte sie das Geld aus ihrem Schatzkästchen in einen kleinen Beutel. »Es sind ein paar Hundert Goldmark. Das wird dir helfen, dich in Sicherheit zu bringen. Du musst für eine Weile untertauchen. Bei Dunkelheit musst du verschwinden, nimm ein schnelles Pferd. Und du, Irma, versteck Klaus solange in deinem Zimmer. Dort wird ihn keiner vermuten … Hast du das verstanden?«

Das verzweifelte Mädchen rang die Hände. »Wenn dat man jutjeht, ach Jottchen, wenn dat man jutjeht.«

»Lass von dir hören, Geliebter!« Eine letzte Umarmung, dann verschwanden Irma und Klaus am Ende des langen Ganges.

Alle Anspannung fiel von Feodora ab. Sie warf sich weinend auf ihr Bett. Würde sie ihren Liebsten jemals wiedersehen? In dem Moment stürmte die Hausdame, ohne anzuklopfen, ins Zimmer. »Sie wissen es bereits …?« Kreidebleich und zitternd stand sie vor Feodora, die sich langsam aufrichtete, das Gesicht tränenüberströmt. »Dann wissen Sie sicher auch schon, dass man Klaus sucht.« Sie ging in Richtung des Ankleidezimmers. »Vielleicht versteckt er sich ja hier bei Ihnen.«

»Sie wagen es …?« Feodora hatte sich erhoben und stand zornbebend vor der Hausdame. »Ich bin gerade Witwe geworden, und Sie wagen es, mich der Untreue zu bezichtigen? Sie sind entlassen, Fräulein Kastner. Und zwar fristlos.«

»Aber, Frau Baronin …«

»Hab'n Se nich jehört? Raus.« Irma stand in der Tür. Sie hatte alles mit angehört.

»Ach Jott, o Jott, dat war knapp«, sagte sie aufatmend, nachdem die Schritte der Hausdame nicht mehr zu hören waren. Und dann weinten beide herzzerreißend. Die eine aus Erleichterung und die andere um ihren Geliebten. An ihren Mann dachte Feodora in diesem Augenblick nicht.

»Ich werde jetzt nach unten gehen.« Feodora kühlte ihre rot geweinten Augen mit einem feuchten Tuch. »Ich muss wissen, was wirklich passiert ist. Und du gehst in die Küche und hörst mal, was so geredet wird. Ich will alles wissen, hörst du, alles!«

»Ja, is ja jut.«

»Aber vorher hilf mir noch in mein schwarzes Kleid.«

Sie fand Karl in der Bibliothek. Gott sei Dank war er allein. Er saß zusammengesunken vor dem Kamin, in der Hand einen vollen Cognacschwenker. Sein Gesicht sah tief betrübt aus. Aus den Salons drangen die leisen Stimmen der Jagdgäste, die versuchten, das furchtbare Geschehen zu begreifen. »Was ist passiert, Karl, wieso ist Heinrich tot?«

Traurig sah ihr Freund sie an. »Es kann nur ein Querschläger gewesen sein. So etwas kommt immer mal wieder vor bei Jagden. Aber dass es ausgerechnet Heinrich treffen musste … Es ist einfach zu schrecklich.« Er nahm einen großen Schluck aus seinem Glas. »Wir saßen gemeinsam auf dem Hochsitz. Heinrich stand auf, um zu schießen, und plötzlich sackte er neben mir zusammen.« Für einen Moment versagte ihm die Stimme. »Erst dachte ich, es wäre sein Herz. Aber dann sah ich das Blut.« Seine Augen füllten sich mit Tränen. »Es tut mir so leid, Feodora.«

Die brach nun in lautes Schluchzen aus. »Was soll ich denn jetzt tun, Karl. Kannst du mir helfen? Die Beerdigung … es wird eine Untersuchung geben … dann die vielen Gäste. Ich weiß gar nicht, wo mir der Kopf steht. Ich schaffe das nicht allein.« Ihr Weinen wurde lauter. »Und hast du schon gehört? Man verdächtigt Klaus, den Stallburschen.

Es ist einfach ungeheuerlich!« Feodora war völlig aufgelöst.

»Beruhige dich erst mal, du armes Kind.« Karl goss ihr einen Cognac ein. »Natürlich bleibe ich hier, solange du mich brauchst. Das bin ich Heinrich und dir schuldig. Ich werde mich um alles Nötige kümmern. Aber was ist mit diesem Klaus? Wie kommen die Leute überhaupt darauf, ihn zu verdächtigen?«

»Auf Heinrichs ausdrücklichen Wunsch hat er mich auf meinen Ausritten begleitet. Und Frau Kastner, unsere Hausdame …«

»O Gott, diese fürchterliche Person …« Karl rollte die Augen.

»Also die Kastner …« Es fiel Feodora sichtlich schwer, weiterzusprechen. »… hat das Gerücht gestreut, ich und Klaus …«

»Das ist ja ungeheuerlich!« Karl war ehrlich empört.

»… na ja, und nun behauptet sie auch noch, nur Klaus könne Heinrich erschossen haben.« Sie holte tief Luft. »Stell dir vor, Karl. Sie hat es doch tatsächlich gewagt, ohne anzuklopfen, in mein Zimmer zu stürmen, um nachzusehen, ob ich den armen Jungen dort verstecke.«

Karl blickte sie fassungslos an. »Das darfst du dir nicht gefallen lassen!«

»Ich habe sie sofort entlassen, fristlos! Würdest du bitte dafür sorgen, dass sie mir nicht mehr unter die Augen kommt?«

»Mit dem größten Vergnügen, meine Liebe.«

Die Gendarmerie in Darkehmen, der nächst gelegenen Kleinstadt, war verständigt worden, und die Aussage Karls genügte, um als Todesursache einen Jagdunfall aufgrund eines Querschlägers in den Totenschein einzutragen. Feodora bedauerte schon, Klaus zu dieser überstürzten Flucht gedrängt zu haben, als einige Tage später Ludolf zwei Gendarmen aus Insterburg anmeldete. Bis auf Karl waren nach der Beerdigung alle Hausgäste abgereist.

»Hast du eine Ahnung, was die von uns wollen, Karl?« Feodora war beunruhigt.

»Wir werden es gleich wissen. Ludolf, bitten Sie die Herren herein.«

»Gendarmerieoberinspektor Schrott, das ist Inspektor Anders«, begrüßte sie der Ältere der beiden.

»Was führt Sie zu mir?« Feodora sah sie fragend an.

»Uns liegt eine Anzeige gegen die Baronin von Harden vor.«

»Gegen mich?« Feodora musste lachen. »Was soll ich denn verbrochen haben?« Der junge Inspektor faltete bedächtig einen Zettel auseinander und begann langsam vorzulesen. »Feodora Baronin von Harden wird bezichtigt, gemeinsam mit Herrn Klaus Kreuzner ihren Mann Baron Heinrich von Harden heimtückisch ermordet zu haben.«

Feodora blickte fassungslos von einem zum anderen. »Ich soll was …? Wie kommen Sie denn um Himmels willen darauf?«

Karl war aufgesprungen und ging erregt hin und her. »Das ist ja ungeheuerlich! Die Gendarmerie hat eindeutig einen Jagdunfall durch einen Querschläger festgestellt. Wer hat die Frau Baronin denn überhaupt angezeigt?«

Stockend las der junge Inspektor weiter. »Eine Frau … Inge Kastner … ehemals …«

»Das hätte ich mir denken können!« Karl war kurz davor, die Contenance zu verlieren. »Diese Frau ist von der Frau

Baronin wegen unbotmäßigen Verhaltens fristlos entlassen worden. Die Anzeige ist nichts als ein billiger Racheakt.«

Der Oberinspektor reckte sich zu seiner vollen Größe. »Es liegt uns eine Anzeige vor, und der müssen wir nachgehen. Ob Ihnen das passt oder nicht.«

»Walten Sie Ihres Amtes«, mischte Feodora sich jetzt ein. »Ich habe mir nichts vorzuwerfen und stehe Ihnen selbstverständlich bei all Ihren Untersuchungen zur Verfügung.«

Für einen Tag herrschte auf Gut Eichen helle Aufregung. Die Gesindestube wurde zum Vernehmungsraum. Einer nach dem anderen wurde von Oberinspektor Schrott vernommen, was Inspektor Anders umständlich in ein dickes schwarzes Buch eintrug. Wer schreiben konnte, musste das Vernehmungsprotokoll unterzeichnen, die des Schreibens nicht mächtig waren, mussten neben ihrem Namen drei Kreuze machen. Die Befragung der Bediensteten ergab nichts, was einen Verdacht gegen Feodora erhärten konnte. Na ja, man habe die Frau Baronin mit Klaus zusammen ausreiten sehen, ziemlich vertraut seien sie gewesen …, aber niemand wusste etwas Genaues, und Irma sagte aus, alle Stunde nach der kranken Baronin gesehen und ihr die Unglücksnachricht überbracht zu haben, als diese noch fest schlief. Jäger und Treiber bestätigten, Klaus zwar noch am Abend vorher gesehen zu haben, jedoch weder vor noch während der Jagd. Verdächtig blieb, dass Klaus spurlos verschwunden war.

Die Anzeige gegen Feodora wurde wegen »erwiesener Unschuld« – darauf hatte Karl bestanden – fallen gelassen. Aber nach Klaus wurde intensiv gefahndet. Sein Bild mit der Unterschrift »Wegen Mordes gesucht!« hing in jeder Gendarmerie des Landkreises, einige Male erschienen Fahndungsaufrufe in den Zeitungen, aber nichts brachte einen

Erfolg. Und eines Tages geriet der Fall in Vergessenheit und verstaubte in den Akten.

Feodora vergrub sich auf Gut Eichen. Jeder sah, wie verzweifelt sie war, aber nur Irma wusste, wem ihre Trauer galt. Sie fiel von einem Extrem ins andere. »Ich hätte ihn nicht so überstürzt wegschicken dürfen, Irmchen«, klagte sie an einem Tag, um am nächsten erleichtert zu sagen: »Man hat ihn nicht gefasst. Er ist in Sicherheit, gottlob.«

Irma sagte nicht viel dazu, außer: »Du hast ja recht, Feda«, oder etwas strenger: »Nu nimm dir mal zusammen!« Es gab ja auch nicht viel zu sagen. Es war, wie es war!

Obwohl sie wusste, dass er nicht zurückkommen konnte, ließ Feodora nachts ihre Zimmertür unverschlossen, in der Hoffnung, er würde sich heimlich zu ihr schleichen und sie lieben. Sie ritt allein an ihre Stellen am See und im Wald, vielleicht hielt er sich ja da versteckt und wartete auf sie? Aber er war nicht da, nirgends.

Feodora interessierte sich für nichts außer ihren Schmerz. Nachdem sie einmal den Fahndungsaufruf nach Klaus in den Tageszeitungen gelesen hatte, wanderten die und sogar die früher von ihr so geliebte *Gartenlaube* ungelesen in den Papierkorb. Auch das Schicksal anderer Menschen interessierte sie nicht. Clärchen Goelder war gestorben. »Schrecklich, das arme Kind.« Mehr sagte sie nicht dazu. Sie fuhr auch nicht zu ihrer Beerdigung, obwohl Georg ihr persönlich geschrieben und sie gebeten hatte zu kommen. Alle Einladungen lehnte sie ab, auch nach Buchenhain wollte sie nicht. Nicht einmal nach Klein Darkehmen ritt sie. Es war ihr da zu laut, zu fröhlich. Hin und wieder kam Ida herüber, versuchte sie aufzuheitern und aus ihrer Lethargie zu holen.

Es herrschte immer noch tiefster Winter. Ida war mit dem Schlitten gekommen. »Die Frau Baronin ist in der Bibliothek«, sagte Ludolf. Er sah Ida traurig an. »Stundenlang sitzt sie da und starrt auf den See. Ich weiß, es steht mir nicht zu, aber können Sie sie nicht mal ein wenig aufheitern?«

»Ich werde es versuchen, Ludolf. Bringen Sie mir bitte einen heißen Tee. Ich bin steif gefroren.«

Nachdem sie sich von ihrem Pelz, den Stiefeln und Schals befreit hatte, öffnete sie, ohne anzuklopfen, die Tür zur Bibliothek. »Ludolf sagte mir, dass ich dich hier finde.« Sie küsste ihre Freundin auf beide Wangen. Feodoras Anblick entsetzte sie. »Du siehst ja schrecklich aus, Feda. Gehst du denn gar nicht an die frische Luft?«

Feodora musste lächeln. »Irmchen sagt mir das auch. Aber ich habe zu gar nichts Lust.«

»Kajo Wedel hat mir gestern einen Antrag gemacht«, erzählte Ida aufgeregt.

»Und, hast du akzeptiert?«

»Nein, natürlich nicht. Du weißt doch, dass ich ihn nicht liebe.«

»Gut. Ich kann dir nur immer wieder sagen, heirate keinen Mann, den du nicht liebst. Du weißt, es ist die Hölle.«

»Meine Eltern sind jedenfalls entsetzt. Sie haben wirklich die schlimmsten Befürchtungen, dass ich ihnen ein Leben lang erhalten bleibe.«

Ludolf servierte den Tee, und so wurde ihr Gespräch für einen Moment unterbrochen.

»Carl und Maria Goelder haben Zwillinge bekommen«, fuhr Ida fort, als der Diener den Raum wieder verlassen hatte. »Zwei kleine Jungen. Ich fahre nächste Woche nach Weischkehmen, willst du nicht mitkommen?«

»Nein, danke. Es ist sehr lieb von dir, aber ich kann kleine Kinder nicht ausstehen.«

»Und was ist mit Königsberg? Georg gibt ein großes Fest, um zu feiern, dass er Onkel geworden ist.« Sie lachte. »Georg findet immer einen Grund zu feiern. Er hat ein neues Haus in den Hufen. Es muss sehr elegant sein. Ich fahre auf jeden Fall hin.« Sie fuhr ihr letztes Geschütz auf. »Sicher ist auch Gottfried da. Er hat dir doch mal ganz gut gefallen.«

Das war vor Klaus, dachte Feodora. Laut sagte sie: »Wirklich lieb von dir, Ida. Aber ich verspüre noch keine Lust auf eine große Gesellschaft.«

Ida war ratlos. Sie wusste wirklich nicht, was sie noch tun konnte. Langsam begann sie sich um ihre Freundin ernsthaft Sorgen zu machen.

Feodora hatte Karl Fichtel gebeten, sich weiterhin um ihre Finanzen zu kümmern. »Ich verstehe nichts von Geld und schon gar nichts von Heinrichs Geschäften.«

»Da gibt es noch etwas«, sagte Karl. »Heinrich hat monatlich eine stattliche Summe nach Troyenfeld überwiesen.« Er sah sie fragend an. »Sollen die Zahlungen weiterlaufen?«

»Das ist der Kaufpreis für mich. Sozusagen auf Abzahlung.« Sie lächelte bitter. »Nun weißt du es ganz genau. Sie haben mich verkauft, meine reizenden Eltern. Sie sollen ihr Blutgeld weiterbekommen. Aber bitte teile ihnen noch einmal in meinem Namen mit, dass ich sie nie mehr sehen möchte. Das ist unwiderruflich.«

Einmal im Monat kam Karl nach Gut Eichen, besprach nötige Anschaffungen mit dem Verwalter, ließ sich Abrechnungen über An- und Verkäufe geben und passte auf, dass alles weiterlief wie bisher. Er blieb immer zwei bis drei Tage. Neben den Dingen, die er zu erledigen hatte, blieb jedes Mal reichlich Zeit, die er mit Feodora verbringen konnte. In diesen Tagen lebte sie auf. Immer hatte er interessante Dinge zu berichten, erzählte von dem gesellschaftlichen Leben in Königsberg und hielt sie auf dem Laufenden über wichtige politische Ereignisse.

Es war Ende März. Bei einem Spaziergang genossen sie die ersten warmen Sonnenstrahlen, aber als die Sonne hinter den Bäumen verschwand, wurde es sofort empfindlich kalt. »Lass uns reingehen und etwas Warmes trinken«, sagte Karl. »Meine alten Knochen können die Kälte nicht mehr so gut vertragen.«

Nachdem Ludolf ihnen einen Grog serviert hatte, sagte Karl: »Die Geschäfte laufen hervorragend. Die Tuchfabriken werfen einen fabelhaften Gewinn ab. Wie soll ich das Geld investieren, Feodora. Hast du einen bestimmten Wunsch?«

»Keine Ahnung. Tu das, was du für richtig hältst.« Nichts interessierte sie weniger als Geld. »Geld hat man!«, hatte ihr ungeliebter Gatte ständig gesagt. Sie wollte nichts davon hören. Es war ihr zuwider.

Es war im Mai an einem warmen Frühlingstag. Feodora war seit langer Zeit wieder ausgeritten. Als sie zurückkam, erhitzt und glücklich über das Wiedererwachen der Natur, fand sie Karl auf der Terrasse. »Du warst doch gerade erst da«, rief sie erstaunt. »Was treibt dich denn schon wieder nach Gut Eichen?«

»Ich möchte dir etwas zeigen«, sagte er, »und außerdem will ich ein ernstes Wort mit dir reden.«

Feodora sah ihn erstaunt an. »Heinrich ist jetzt über ein halbes Jahr tot«, fuhr er fort. »Deine Trauer in allen Ehren, aber es ist bestimmt nicht in seinem Sinn, dass du dich für alle Zeit hier auf Gut Eichen vergräbst. Also sieh dir das mal an.« Er legte einige Fotografien vor sie auf den Tisch.

»Was ist das?« Feodora setzte sich.

»Du hast mir freie Hand gelassen, was die Anlage deines Vermögens betrifft.«

»Ja, ja natürlich.«

»Was im Übrigen beträchtlich ist.«

»Ich kann es mir denken.«

»Auf den Fotografien ist ein Haus. Es befindet sich in Königsberg in der Münzstraße, ganz in der Nähe des Schlossteiches. Ein paar Minuten zu Fuß, und du bist am königlichen Schloss, am Paradeplatz und im Theater.«

»Und was hat das mit mir zu tun?«

»Ich habe das Haus für dich gekauft.«

»Aber, Karl … ich weiß nicht …« Zögernd nahm Feodora die Bilder in die Hand.

»Nun sieh sie dir doch wenigstens einmal an. Das Haus hat einen wunderschönen gepflegten Garten, im Erdgeschoss zwei große Salons, ein Speisezimmer, eine Bibliothek und im Seitenflügel die Wirtschaftsräume.« Karl hatte sich auf die Armlehne ihres Stuhls gesetzt. »Siehst du hier, im ersten Stock sind vier Schlafzimmer mit eigenen Bädern. Es ist prachtvoll eingerichtet. Ich bin sicher, es wird dir gefallen.«

»Es ist wirklich sehr schön.« Hilflos betrachtete Feodora die Abbildungen. »Aber was soll ich in Königsberg?«

»Leben sollst du, mein Kind, leben!« Karl war aufgesprungen und ging erregt hin und her. »Ich mache mir Sorgen um dich. Du bist gerade mal zwanzig Jahre alt, bildschön … Du hast jetzt lange genug getrauert.« Er schwieg einen Moment. »Ich wusste übrigens gar nicht, dass du Heinrich so sehr geliebt hast.« Ohne eine Antwort abzuwarten, fuhr er fort: »Wenn ich doch bloß nicht so ein alter Dackel wäre …«

Sie legte den Arm um ihn. »Ach, Karl, du bist doch mein liebster Freund.«

Am nächsten Tag ritt sie nach Klein Darkehmen.

»Feda, was für eine Freude.« Ida umarmte strahlend ihre Freundin. »Du siehst so verändert aus. Ist etwas passiert?«

»Was hältst du davon, wenn ich nach Königsberg ziehe? Karl hat dort ein Haus für mich gekauft.«

Ida war für einen Moment sprachlos. »Wie hat er es denn geschafft, dich aus deiner Einsamkeit zu holen?«

»Ich glaube, er hat recht, ich darf mich nicht selbst lebendig begraben. Ich verkümmere langsam so allein auf dem Land. Ich werde nächste Woche nach Königsberg fahren und es mir ansehen. Kommst du mit?«

»Was für eine Frage! Natürlich, das lasse ich mir nicht entgehen. Zeig die Bilder her. Mein Gott, das ist ja wirklich wunderschön.« Sollte das die Wende in Feodoras Leben sein? Ida schöpfte wieder Hoffnung.

Als sie eine Woche später das Haus in Königsberg betraten, kamen die beiden jungen Frauen aus dem Staunen nicht mehr heraus. »Das ist ja fantastisch«, sagte Ida, und auch Feodora war tief beeindruckt. »Du hast wirklich nicht übertrieben, Karl.«

Sie standen in einer ovalen, mit Carreramarmor ausgelegten Halle, von der mit kostbaren Intarsien verzierte Türen in die unteren Räume führten. Die Salons, ausgelegt mit dicken Smyrnateppichen, waren sonnendurchflutet. Durch die hohen Fenster und eine geöffnete Flügeltür blickte man in einen zauberhaften, nicht zu großen Garten, in dessen Mitte ein Springbrunnen plätscherte. Hohe Bäume schützten vor neugierigen Blicken. An den Wänden der Räume waren helle Seidentapeten, deren Farben mit den in üppige Falten gelegten Damastvorhängen harmonierten. Überall standen kleine Sitzgruppen. Vasen mit frischen Blumen und Schalen, die mit exotischen Früchten gefüllt waren, erweckten den Eindruck, als seien die Bewohner nur kurz ausgegangen.

»Lebt hier noch jemand?«, fragte Ida verwundert.

»Nein, der Besitzer ist vor vier Wochen nach Berlin gezogen.« Karl räusperte sich. »Ich habe das Personal übernommen. Es sorgt dafür, dass hier alles wohnlich aussieht. Ich werde es euch jetzt vorstellen.«

»Ist das alles nicht ein bisschen übereilt?« Feodora sah ihn skeptisch an. »Das Haus ist wunderschön. Es übertrifft alle meine Erwartungen. Aber wer weiß, wie oft ich hier sein werde. Brauche ich denn da Personal? Und ist es nicht ein bisschen groß für mich allein?« Sie war ganz außer Atem.

»Was heißt hier allein?« Ida lachte. »Ich werde, sooft ich kann, hier bei dir sein. Meinst du, Klein Darkehmen ist immer amüsant für mich?«

Feodora erschien Karl jetzt doch ein wenig weltfremd. »Ein so großes Haus, egal, ob bewohnt oder nicht, braucht Leute, die es in Schuss halten. Die Bediensteten sind seit Jahren hier, haben die besten Referenzen, also habe ich sie behalten.« Er umfasste mit seinen großen Händen ihre schmalen Schultern und schüttelte sie leicht. »Wach auf, kleines Mädchen. Es ist dein Haus. Es gehört ganz allein dir! Fang endlich ein neues Leben an! Und nun kommt, die Bediensteten erwarten uns in der Halle.«

Aufgereiht standen dort Harald, der Diener, ein Mann in mittleren Jahren, mit weißen Handschuhen und in einer gesteiften Jacke, Frieda, die Köchin, eine kleine, rundliche

Frau mit einem lieben, vor Aufregung geröteten Gesicht, und zwei Stubenmädchen, Agnes und Inge, in sauberen rosafarben gestreiften Kleidern und mit weißen Schürzen und Häubchen. Feodora gab allen zur Begrüßung die Hand.

»So«, sagte Karl, »ich glaube, wir könnten jetzt zur Feier des Tages ein Gläschen Champagner vertragen. Kommt mit auf die Terrasse. Harald wird ihn uns dort servieren.«

Die Dienstboten verabschiedeten sich mit einem Knicks. Die drei gingen hinaus und ließen sich in den gemütlichen Korbsesseln im Schatten der Pergola nieder.

»Weißt du schon, wann du einziehen willst?« Karl sah Feodora fragend an.

»Nun, ich weiß nicht …«

»Nächste Woche hat in der Oper Mozarts *Don Giovanni* Premiere. Es ist *das* Ereignis der Saison. Ich lade dich und Ida dazu ein. Was hältst du davon, dies als Einzugstermin festzusetzen?«

Ida klatschte begeistert in die Hände. »Sag ja, Feda, bitte.«

»Warum nicht …« Feodora spürte das erste Mal wieder so etwas wie Lebensfreude.

Harald war auf die Terrasse getreten. In den Händen hielt er ein Tablett mit drei gefüllten Champagnergläsern, die er der kleinen Gesellschaft nacheinander reichte.

»Auf euch und das neue Haus«, sagte Karl und erhob sein Glas. »Ludwig, der Kutscher, erwartet uns übrigens gleich in der Remise. Ich habe mir gedacht, bei diesem herrlichen Wetter könnten wir eine Stadtrundfahrt machen, damit du die Gegend kennenlernst, Feodora. Es hat sich in den letzten Jahren viel verändert. Was meint ihr, habt ihr Lust?« Karl sah die beiden fragend an.

»Ja, wunderbar«, riefen sie aufgeregt.

»Während unserer Zeit in der Schule für höhere Töchter haben wir außer dem Stadtpark nicht viel gesehen. Unsere Leiterin Fräulein von Quasten war immer in großer Sorge um unsere Tugend«, kicherte Ida, und Feodora lachte. »Nicht einmal den Blick durften wir heben, wenn ein Kadett oder junger Leutnant uns begegnete.«

»Na, das könnt ihr ja jetzt nachholen.« Karl erhob sich. »Dann woll'n wir mal.«

Ludwig erwartete sie in dem fahrbereiten Zweispänner. »Tachjen, Frau Baronin«, sagte er und zog seinen Bowlerhut. »Schön, dat wieder Leben ins Haus kommt.« Als alle eingestiegen waren, setzte er mit einem lauten »Hü, hü!« die Kutsche in Bewegung.

Vorbei an prachtvollen großen Villen und vor der Sonne geschützt von riesigen, blühenden Kastanienbäumen, fuhren sie die Münzstraße hinunter, dann über den Münzplatz in die Schlossstraße. Ohne den kühlenden Schatten der großen Bäume wurde es gleich heiß, und die Damen spannten ihre Sonnenschirme auf.

»Seht ihr … links … dort ist das Schloss«, sagte Karl. »Es ist nicht beflaggt, die kaiserliche Familie weilt noch in Berlin, wird aber bald in Zoppot zum Sommerurlaub erwartet.«

Auf dem Schlossplatz flanierten unzählige Menschen, und vor dem geschlossenen, schmiedeeisernen Tor patroullierten Soldaten, die das leere Schloss bewachten.

»Jetzt bitte in die Theaterstraße bis zum Paradeplatz und dann weiter zum Theater«, gab Karl dem Kutscher Anweisung. »Dort wohnt der Superintendent Hundertwasser.« Karl zeigte auf ein großes Haus aus Klinkern mit einem Türmchen an einer Seite. »Und hier, an dem kleinen Teich, die Dohnas. Ihr werdet sie demnächst kennenlernen.«

»Georg Goelder wohnt nicht hier, oder?«, fragte Feodora.

»Nein, er hat ein Haus in den Hufen. Das ist ein wenig weiter weg.«

Sie fuhren am Zentral-Hotel vorbei, die Gartenstraße hinunter, auf den breiten Steindamm, passierten das Hotel Berlin und die Post. Überall begegneten ihnen gut angezogene Menschen zu Fuß, zu Pferde und in Kutschen. Junge Offiziere in Uniform ritten an ihnen vorbei und blickten unverhohlen in die Kutsche mit den beiden hübschen jungen Frauen. Hin und wieder zog Karl den Hut, um Bekannte zu begrüßen, und erklärte den beiden Damen, wer das gewesen war. Am Fischmarkt änderte sich das Bild. Vor den Ständen der Gemüse- und Fischfrauen drängten sich die Bediensteten der nahe liegenden Villen. Sie feilschten laut um die Preise und gingen schimpfend weiter, wenn sie sich nicht einig werden konnten. Auf dem Pregel fuhren Obst- und Gemüsekähne sowie kleine Fischerboote, die mit bunten Wimpeln geschmückt waren.

»Da drüben ist der Dom«, rief Karl. »Innen besichtigen wir ihn ein andermal.« Er beugte sich zum Kutscher. »Jetzt in die Schönbergerstraße, hinunter bis zum Hotel de Prusse.«

Die Domuhr schlug ein Mal. »Ich finde es ganz herrlich, Karl«, rief Feodora aufgeregt. »Aber mein Magen knurrt.«

»Und ich habe einen schrecklichen Durst«, sagte Ida.

»Ja, was denkt ihr denn von mir?«, fragte Karl in gespielter Entrüstung. »Dass ich euch verhungern und verdursten lasse? Für ein Uhr ist im Hotel de Prusse auf der Terrasse ein Tisch bestellt.« Er sah auf seine Taschenuhr. »Wir sind bereits drei Minuten zu spät.«

Zu Feodoras großer Enttäuschung konnte Ida bei der Opernaufführung nicht dabei sein. Ihre Mutter war erkrankt, und es war selbstverständlich für die unverheiratete Tochter, die Pflichten der Hausfrau auf Klein Darkehmen zu übernehmen. *»Hab viel Spaß, Fedachen«*, schrieb sie. *»Ich komme nach Königsberg, sobald Mama wieder auf dem Damm ist.«*

Feodora wurde von der Königsberger Gesellschaft mit offenen Armen aufgenommen. Als sie am Arm von Karl dessen Loge betrat, richteten sich zahlreiche Operngläser auf sie, und es begann ein aufgeregtes Getuschel.

»Wer ist das denn bei dem Fichtel?«

»Ist das nicht die kleine Troyenfeld?«

»Die war doch mit diesem Harden verheiratet ...«

»Er ist bei einem Jagdunfall umgekommen ...«

»Sehr mysteriös, ich habe da etwas in der Zeitung gelesen ...«

»Sie ist ja blutjung ...«

»... und bildhübsch.«

»Der Fichtel, er ist ihr Finanzberater ... wohlgemerkt ... er soll ihr eine Villa in der Münzstraße gekauft haben.«

»Ach, etwa die vom Grafen Deyhm?«

Erst als es zum dritten Mal läutete und das Orchester die Ouvertüre anstimmte, verstummte das Gerede.

Nach dem ersten Akt, kaum waren die Lichter wieder angegangen, füllte sich ihre Loge mit elegant gekleideten Menschen. Livrierte Diener servierten Kaviarhäppchen und kalten Champagner. Karl schien ein bekannter und angesehener Mann in Königsberg zu sein, Namen und Titel rauschten an Feodora vorbei. Man war entzückt, sie kennenzulernen.

»Wir geben eine Soiree am Freitag. Wir würden uns freuen, Sie bei uns zu sehen.«

»Sie müssen zu unserem Jour fix kommen. Jeden Donnerstag. Karl, bringst du die reizende kleine Baronin mit?«

»Ah, da sind Georg und Edgar!« Feodora war erleichtert, endlich bekannte Gesichter zu sehen. Die beiden jungen Männer bahnten sich mühsam einen Weg durch die fröhlich plaudernden Menschen.

»Stimmt es, dass du ein Haus in Königsberg gekauft hast?«, rief Georg.

»Karl hat es für mich gekauft. Ihr müsst kommen und es euch ansehen.«

»Also heißt das, du bist dem Leben wiedergegeben?« Georg ließ nicht nach.

»Im Moment sieht es wohl so aus. Karl hat mir jedenfalls versprochen, mich zu unterstützen.«

»Darf ich auch meine Hilfe anbieten?«, fragte Georg. »In solchen Sachen bin ich ganz toll.«

»Wunderbar!« Feodora lachte. »Dann kann ja eigentlich nichts schiefgehen.«

Das heitere Geplänkel wurde von der Klingel unterbrochen, die den nächsten Akt ankündigte. Man vereinbarte noch schnell ein Treffen für den morgigen Tag, dann suchten alle wieder eilig ihre Plätze auf.

Feodora und Georg wurden schon bald unzertrennlich.

Kurz nach ihrem Wiedersehen war Edgar von seinem Vater nach Hause beordert worden. »Eine wichtige Familienangelegenheit«, sagte Georg. »Keine Ahnung, was der alte Witzleben will. Auch Edgar wusste es nicht. Aber er meint, in ein paar Tagen wäre er wieder hier.«

Auf allen Einladungen erschienen die beiden nun gemeinsam, und bald wurde getuschelt, sie wären ein Paar. Georg hatte tatsächlich schon heimlich mit dem Gedanken gespielt,

Feodora einen Antrag zu machen. Aber dann nahm sie ihm allen Wind aus den Segeln.

Es war an einem warmen Sommerabend. Georg hatte sie nach einem Souper bei den Donnersmarcks nach Hause begleitet. »Komm doch noch auf einen Nachttrunk mit herein«, sagte Feodora. »Ich bin überhaupt noch nicht müde. Lass uns noch ein wenig reden.«

»Gern. Nichts lieber als das. Du weißt, ich bin eine Nachteule.«

Harald hatte ihnen die Tür geöffnet. Er ging nie zu Bett, bevor seine Herrin nach Hause kam. »Was darf ich den Herrschaften servieren?«, fragte er.

»Bringen Sie uns eine Flasche Champagner auf die Terrasse, Harald. Dann können Sie sich zurückziehen. Wir brauchen Sie nicht mehr.«

Nachdem der Diener gegangen war, fragte Feodora: »Was hörst du von Edgar? Er ist ja nun schon eine ganze Weile weg.«

»Ich weiß nicht, was los ist. Seine Briefe sind so merkwürdig. Gestern kam eine kurze Note, dass er sehr beschäftigt sei und mir bald alles erklären würde.«

Sie schwiegen eine Weile, nur das Plätschern des Springbrunnens und das Zirpen einiger Grillen waren zu hören. »Warum hast du eigentlich Heinrich geheiratet?«, fragte Georg in die Stille. »Niemand hat das so recht verstanden. Ich erinnere mich noch gut an die Jagden in Weischkehmen, als du …«

»Ich weiß«, unterbrach Feodora ihn schroff. »Ich fand den Mann schrecklich.«

»Aber wieso …?«

»Es weiß fast niemand. Meine Eltern haben mich verkauft. Verstehst du, verschachert haben sie mich! So ist das.« Die Erinnerung daran ließ sie frösteln.

»Und konntest du denn gar nichts dagegen tun?«

»Mein Vater hat gedroht, sich umzubringen, wenn ich nicht akzeptiere. Ich hatte keine andere Wahl.«

»In der Tat, das wusste ich nicht.« Georg war tief betroffen.

»Es war die Hölle«, brach es jetzt aus Feodora heraus. »Außer Ida und Irma, meiner Zofe, weiß kein Mensch, was ich durchgemacht habe. Also, bitte, sprich auch du mit niemandem darüber. Es ist ja jetzt vorbei.« Sie nahm einen großen Schluck aus ihrem Glas. »Heirate niemals eine Frau, die du nicht liebst. Ehen werden nicht im Himmel geschlossen! Wenn ich das höre! Es widert mich an. Dann soll man es doch lieber gleich bleiben lassen.« Sie hatte sich in Rage geredet. »Eins weiß ich jedenfalls. Ich werde nie ... nie mehr heiraten.« Sie drückte seine Hand. »Gott sei Dank habe ich so liebe Freunde wie dich, Edgar und Ida und auch Karl. Er ist mir wirklich eine große Stütze.« Sie lächelte. »Er sagt mir ständig, ich sei eine sehr reiche Frau und solle endlich mein Leben genießen. Ich finde, dass ich schon ganz gut dabei bin.«

»Was ist denn eigentlich mit deinen Eltern, siehst du sie manchmal?«

»Ich habe sie wissen lassen, dass ich sie in meinem Leben nie mehr wiedersehen will, nie mehr!«

»Das ist ja schrecklich.« Georg war entsetzt.

»So, findest du? Ich komme ganz gut damit zurecht.« Feodora gähnte herzhaft. »Jetzt habe ich mich doch tatsächlich müde geredet. Danke, dass du mir zugehört hast, alter Freund. Sehen wir uns morgen?«

»Wollen wir zusammen ausreiten, um zehn Uhr am Ober-Teich?«

»Ich werde versuchen, pünktlich zu sein.«

Während Feodora am nächsten Tag in ihr Reitkleid schlüpfte, betrachtete sie versonnen ihre wenigen Kleider. »Irmchen, ich glaube, du musst nach Gut Eichen fahren, ich habe kaum etwas zum Anziehen.«

»Du wolltest ja nich mehr mitnehmen.« Irma grinste. »Aber nu scheint et dir ja hier janz jut zu jefallen. Dat jing schneller als jedacht.«

»Nun werd mir mal nicht frech!« Feodora gab dem Mädchen einen liebevollen Klaps mit ihrer Reitpeitsche. Doch Irma hatte recht, Königsberg tat ihr gut. Schon seit einigen Tagen hatte sie nicht mehr ständig an Klaus gedacht. Ab und an verspürte sie einen Stich in der Brust, dann überfiel sie eine schreckliche Sehnsucht, aber dieses Gefühl dauerte nicht mehr tagelang an wie auf Gut Eichen, wo sie an nichts anderes denken konnte als an ihn. Damals hätte sie es niemals für möglich gehalten, aber der Schmerz ließ tatsächlich langsam nach.

»Du fährst am besten gleich morgen. Und sag auf Gut Eichen Bescheid, dass ich erst zur Jagdsaison wiederkommen werde«, sagte Feodora.

Irma sah sie erstaunt an. »Bleiben wir den janzen Sommer in Könichsberrch?«

»Du ja, ich nicht.« Feodora lachte. »Ich reise mit Georg und Edgar nach Zoppot. Übrigens, Ida kommt auch mit. Wie lange wir bleiben, weiß ich noch nicht. Du musst hier auf das Haus aufpassen.«

Irma war nun nicht mehr nur Zofe, sondern gleich nach ihrer Ankunft in der Münzstraße auch zur Hausdame aufgestiegen. Feodora wusste, dass sie sich hundertprozentig auf Irma verlassen konnte und diese ihr jede Intrige unter den Dienstboten sofort melden würde.

»Ich suche schon seit zwei Tagen nach meinen weißen Spitzenhandschuhen. Hast du eine Ahnung, wo sie sein könnten?«

»Vielleicht haste se verloren.«

»Nein, bestimmt nicht. Ich ziehe sie immer erst aus, wenn ich im Haus bin. Du weißt doch, ich bekomme sofort Sommersprossen.«

In dem Moment klopfte es heftig an die Haustür.

»Geh, Irmchen, und sag, ich sei nicht da. Ich bin schon wieder zu spät. Georg erwartet mich bestimmt schon.«

»Die Frau Baronin ist oben …«, hörte sie die Stimme des Dieners.

»Ich muss sie sprechen, sofort.« Das war doch Georgs Stimme. Hatte sie ihn gestern Abend falsch verstanden, waren sie schon früher am Ober-Teich verabredet?

Georg stürzte in ihr Boudoir. Er war kreidebleich, sein Anblick erschreckend. Er war nachlässig gekleidet, sein Gehrock passte nicht zu der Hose, das Hemd stand offen. Noch nie hatte Feodora ihn so gesehen. »Um Gottes willen, Georg, was ist passiert?«

Er ließ sich in einen Sessel fallen. »Edgar hat geheiratet!«

»Ja und …?« Feodora sah ihn verständnislos an. »Was ist daran so schrecklich, warum bringt dich das so aus der Fassung?«

»Er hat mir nichts davon gesagt.«

»Aber, Georg, es wird schon einen Grund geben.« Sie versuchte jetzt, das Ganze ins Lächerliche zu ziehen. »Vielleicht hat er eine Jungfrau geschwängert, und deren Vater hat ihn unter Androhung eines Duells zur Hochzeit gezwungen. Davon geht doch die Welt nicht unter.«

»Du verstehst es nicht.« Er war in heftiges Schluchzen ausgebrochen.

»Nein, in der Tat …« Feodora war ratlos. Was sollte diese bizarre Szene?

»Wir lieben uns. Edgar und ich sind ein Paar.« Sein Weinen wurde lauter. »Wir wollten den Rest unseres Lebens zusammen verbringen. Das haben wir uns geschworen. Aber er hat es nicht gewagt, sich seinem Vater zu widersetzen. Der hat ihn gezwungen zu heiraten. Es soll ein Schlosserbe her.«

Es dauerte eine Weile, bis Feodora die Sprache wiederfand. »Aber ihr seid doch Männer …«, sagte sie hilflos. »Das ist doch verboten … soviel ich weiß.«

»Ja, das ist es. Homosexualität ist ein gesellschaftliches Tabu. Es steht unter Strafe.« Georg lachte unfroh. »Mein Vater nennt solche Leute Hinterlader.« Er rannte jetzt aufgeregt hin und her. »Glaub mir, wir haben dagegen angekämpft, beide. Aber es half nichts.« Er wischte seine Augen mit einem großen weißen Taschentuch. »Wir lieben uns, Edgar und ich. Und nun hat er mich verlassen.« Wieder versagte ihm die Stimme.

»Woher weißt du es denn? War Edgar hier?«

»Nein, er hat es mir geschrieben. Der Brief war heute in der Post. Er ist genauso verzweifelt wie ich.« Er schüttelte ungläubig den Kopf. »Einen Erben soll er produzieren. Der arme Edgar. Es muss schrecklich für ihn sein.«

Feodora saß da wie ein unglückliches kleines Mädchen. Diese Sache überforderte sie. Noch nie in ihrem Leben hatte sie so etwas gehört, zwei Männer, die sich liebten, total absurd kam ihr das vor, und überhaupt … das Wort Homosexualität! »Wissen es … weiß es deine Familie?«, fragte sie, um überhaupt etwas zu sagen.

»Um Gottes willen.« In seinem Blick war Panik. »Es weiß niemand außer dir. Du bist meine beste Freundin. Ich musste einfach mit jemandem reden. Es darf kein Mensch davon erfahren. Es wäre mein gesellschaftlicher Tod. Und wahrscheinlich käme ich ins Gefängnis. Wenn es rauskommt, erschieße ich mich.« Er nahm Feodoras Hände. »Bitte, Feda, ich flehe dich an. Sprich mit keinem Menschen darüber.«

»Ich kann Geheimnisse sehr gut bewahren, lieber Freund. Auf mich kannst du dich verlassen.« Sie erzählte ihm von Klaus, ihrer heimlichen großen Liebe, wie sehr sie ihn vermisste und dass sie ihn wohl nie mehr wiedersehen würde. Und dann weinten sie gemeinsam über ihr verlorenes Glück. An einen Ausritt war an diesem Tag nicht mehr zu denken.

Georg war ein Dandy und dazu ein auffallend schöner, hochgewachsener Mann. Er kleidete sich stets nach der neuesten Mode und rauchte orientalische Zigaretten aus einer silbernen Spitze. Seine etwas zu langen, schwarzen Haare waren mit Brillantine glatt nach hinten gekämmt, und in seinem bartlosen, blassen und immer etwas müden Gesicht leuchteten auffallend blaue Augen. Georg war auch ein Schöngeist. Er hatte es nicht nötig, einer geregelten Beschäftigung nachzugehen. Das Erbe seiner Mutter ermöglichte ihm ein sorgenfreies Leben. Er reiste viel, schrieb darüber Berichte und kleine Essays, die hin und wieder in verschiedenen Zeitungen abgedruckt wurden, und so konnte er zu Recht Fragen nach seinem Beruf mit »Schriftsteller« beantworten. Heimlich schrieb er Gedichte, die er aber noch nie jemandem gezeigt hatte.

Feodora war für ihn in jeglicher Hinsicht ein Glücksfall. Wenn er anfing zu träumen: »Vielleicht kommt Edgar ja zurück! Er wird es nicht aushalten bei dieser Frau«, dann holte sie ihn in die Wirklichkeit zurück. »Es ist vorbei, Georg. Du musst nach vorn schauen. Du hast deine Liebe verloren und ich auch. Aber wir sind jung, reich und sehen noch dazu nicht schlecht aus. Also werden wir das Leben jetzt genießen.«

Immer wieder holte sie ihn aus den Tiefen seiner Verzweiflung heraus, obwohl sie selbst manchmal Hilfe gebraucht hätte. Und sie war sein Alibi. Niemand kam auf die Idee, er wäre dem weiblichen Geschlecht nicht zugetan. Sein Charme und sein Witz machten ihn zum Liebling der Königsberger Gesellschaft, und manche Mutter hätte ihn allzu gern zum Schwiegersohn gehabt.

Sie verbrachten einige Wochen in Zoppot. Anfänglich hatte Georg gejammert: »Nein, ohne Edgar, das kann ich nicht!« Aber Feodora hatte darauf bestanden. »Das Haus ist gemietet, wir haben Ida eingeladen, eine Menge Freunde werden dort sein. Nun nimm dich zusammen, Georg. Auch andere Mütter haben schöne Söhne.« Da musste er schon wieder lachen.

Das von Georg gemietete Haus lag direkt am Strand. Es war eine Dependance des unmittelbar daneben liegenden Grand Hotels, und man genoß alle Annehmlichkeiten des großen Hotels.

Als Feodora am ersten Morgen die Augen aufschlug – es war eine lange und ausschweifende Nacht gewesen –, weckte sie eine weibliche Stimme, die ihr bekannt vorkam. »Das Frühstück, gnädige Frau. Sie hatten es für zehn Uhr bestellt.«

Sie rieb sich die Augen. Das Mädchen öffnete die Vorhänge, und da erkannte Feodora sie. »Erna, was für eine Überraschung. Weißt du noch, wer ich bin?«

»Ja, natürlich, die Baronin von Harden.« Erna war sichtlich verlegen. Der schöne junge Mann im Nebenzimmer war zweifellos nicht der alte Baron. »Sie waren vor gar nicht langer Zeit hier im Hotel, auf Ihrer Hochzeitsreise.«

»Ja, und nun bin ich schon Witwe.«

Erna fand, dass das nicht sehr traurig klang. Trotzdem sagte sie pflichtbewusst: »Wie schrecklich, so jung und schon verwitwet. Mein Beileid, Frau Baronin.«

Feodora sprang aus dem Bett. »Danke, Erna«, sagte sie fröhlich. »Und nun hilf mir beim Ankleiden. Und würdest du mir bitte am Abend wieder die Haare machen? Keiner hat es bisher geschafft, meine widerspenstigen Locken so zu bändigen wie du seinerzeit.«

Die Wochen in Zoppot vergingen wie im Flug. Feodora erschien es wie ein einziger Rausch. Tagsüber trieben sie Sport, schwammen oder ritten am Strand um die Wette, nachmittags flanierten sie auf der Strandpromenade, wo man sicher sein konnte, immer zur gleichen Zeit die kaiserliche Familie mit ihrer Entourage und den fünf kleinen Prinzen zu treffen. Kaiserin Auguste Viktoria war schon wieder schwanger und, wie aus Hofkreisen zu hören war, voller Hoffnung auf die langersehnte Tochter. Vor allem aber traf man dort die Neuankömmlinge, die freudig begrüßt und sofort zu den abendlichen Festen in der Strandvilla eingeladen wurden. Feodora taumelte von einer Affäre in die nächste. In jeder Liebschaft versuchte sie Klaus wiederzufinden. Aber keiner, nicht ein Einziger, verschaffte ihr die Wonnen wie er.

Georg, Feodora und Ida saßen in einem Eiskaffeehaus am Rande der Promenade und betrachteten die vorbeiflanierenden Menschen, als Ida plötzlich rief: »Da, seht mal, ist das nicht Gottfried ... Gottfried von Witzleben?« Heftig winkend machte sie auf sich aufmerksam.

Strahlend kam Gottfried auf sie zu. »Ida, altes Haus, wie schön, dich hier zu finden. Tachchen Georg.« Er sah Feodora an. »Was für eine Freude, dich so wohlauf zu sehen nach dem schrecklichen Schicksalsschlag.« Wieder hatte er den leicht spöttischen Zug um seinen Mund. »Darf ich dir mein herzlichstes Beileid aussprechen?« Ohne eine Antwort abzuwarten, fragte er: »Was sagst du dazu, Georg, dass Edgar geheiratet hat? Seine Frau ist bereits schwanger.«

Georgs leicht gebräuntes Gesicht war aschfahl geworden. »Wie schön. Richte ihm meine herzlichste Gratulation aus.«

»Nun, wie man hört, bist du ja auch in festen Händen.« Gottfried sah wieder Feodora an. »Eine bessere Wahl hättest du nicht treffen können.«

Während er fröhlich weiterplauderte, drückte Feodora Georgs Hand. »Contenance, lieber Freund«, flüsterte sie ihm zu. »Contenance.«

In dieser Nacht schlief sie mit Gottfried. Aber auch bei ihm fand sie nicht die Liebe und Zärtlichkeit, die sie seit dem Verlust von Klaus so schmerzlich vermisste.

»Ich hoffe, Georg fordert mich morgen nicht zum Duell«, sagte Gottfried. »Aber wenn, dann war es das wert.«

»Danke für die Blumen.« Feodora lachte. »Aber keine Sorge, wir führen eine sehr offene Beziehung.« Sie hatte Georg diesen Terminus vorgeschlagen. Eine bessere Tarnung für ihn konnte es gar nicht geben.

Kurz vor Ende der Ferien traf ein Brief von Irma ein. Sie schrieb: *»Libe Feda, janz schnell ein par Zeilen. Ich hab deine weisen Handschue jefunden und noch fille mer. Rate mal wo, bei Inge auf de Stube. Hab ihr sofort entlassen. Is dir doch* *recht. Wenn du wider da bist suchen wir nen neuet Medchen. Fille Jrüsse, Irma Sonst is allet jut hier.«* Zur allgemeinen Erheiterung hatte Feodora den Brief am Frühstückstisch laut vorgelesen. »Dafür, dass ich ihr das Schreiben beigebracht habe, sind ja reichlich Fehler drin«, sagte sie lachend.

»Immerhin kann sie schreiben«, meinte Ida. »Und du verstehst, was sie meint.«

Erna brachte gerade frischen Kaffee, als Feodora eine Idee kam. »Erna, hast du Lust, dich zu verändern?«

»Was meinen die Frau Baronin?« Das Mädchen sah sie fragend an.

»Ich könnte dich in meinem Haus in Königsberg gebrauchen. Hast du Lust mitzukommen?«

Es fehlte nicht viel, und Erna wäre ihr um den Hals gefallen. »Gern, Frau Baronin. Mich hält hier nichts.«

Auch Georg kehrte nicht allein nach Hause zurück. Arndt, ein bildhübscher Page des Grand Hotels, hatte es ihm angetan. Er engagierte ihn als Butler, und auch sonst war er ihm wohl zu Diensten.

Georg und Feodora galten weiterhin als das Vorzeigepaar in Königsberg. Manchmal war auch Ida dabei. Längst war sie eingeweiht in Georgs Geheimnis, ging auch mal allein mit ihm aus, und man rätselte, wer nun zu wem gehörte, denn Feodoras Eskapaden waren inzwischen Stadtgespräch. Es störte sie nicht, war sie doch niemandem Rechenschaft schuldig. »Ist der Ruf mal ruiniert, lebt es sich ganz ungeniert«, zitierte sie oft und gern den berühmten Wilhelm Busch.

Zu seinem Geburtstag plante Georg ein Diner dancent. Die Creme de la Creme der Stadt war eingeladen, und zu seiner großen Freude hatten sein Bruder Carl und dessen Frau Maria ihr Kommen angesagt. »Sie wird dir gefallen, Feda.

Maria ist nicht nur hübsch, sondern auch sehr lieb und lustig. Sie ist ein echter Glücksfall für unsere Familie. Ich mag sie sehr, und mein Vater vergöttert sie geradezu.«

Einige Tage vor dem großen Ereignis tauchte er völlig aufgelöst in der Münzstraße auf. »Stell dir vor, Feda, ich habe Edgar wiedergetroffen. Gestern Abend in der Oper.«

Feodora hatte sich unwohl gefühlt und kurzfristig abgesagt. »Was? Erzähl, wie war es?«

»Meine Tante Charlotta, du weißt, die Fürstin Kropotkin, hatte in der Pause in ihre Loge gebeten.« Seine Augen füllten sich mit Tränen. »Ja, und da stand er plötzlich vor mir. Es hat sich nichts geändert, Feda. Ich liebe ihn noch genauso wie früher, und er liebt mich.«

»Und wie soll es jetzt weitergehen?«

»Ich weiß es nicht. Seine Frau ist schwanger. Wir haben verabredet, uns hin und wieder zu treffen.« Es war ihm anzusehen, dass er völlig fertig war. Er rauchte eine Zigarette nach der anderen, und in kurzer Zeit hatte er eine halbe Flasche Cognac geleert. »Ich weiß nicht, wie ich das durchstehen soll an meinem Geburtstag, Feda. Die vielen Gäste, mein Bruder und meine Schwägerin …«

»Nun nimm dich mal zusammen, Georg.« Wenn ihr Freund in einem solchen Zustand war, musste Feodora immer ein Machtwort sprechen. »Du bist ein Mann, und nun benimm dich auch wie einer!«

Nach einer Weile wurde Georg ruhiger. »Übrigens, Charlotta kommt übermorgen auch. Meine ganze Familie findet sie grauenhaft, schrecklich unmoralisch. Aber ich finde sie herrlich. Sie ist so unkonventionell.« Er musste lachen. »Wenn ich es recht bedenke, seid ihr beide euch ungeheuer ähnlich.«

Feodora war wie immer etwas zu spät. Georgs mit erlesenem Geschmack eingerichtetes Haus war bereits voll mit eleganten, fröhlich plaudernden Menschen, als sie am Arm eines gutaussehenden jungen Leutnants in Uniform den Salon betrat.

»Da bist du ja endlich, Feda«, rief Georg. »Du wirst schon sehnsüchtig erwartet.« Er winkte seinem Bruder zu, der von der anderen Seite des Raumes auf sie zukam, an der Hand hielt er eine sehr hübsche junge Frau. »Das ist Maria, meine Frau, und das ist Feodora von Harden, die glücklichste Witwe Königsbergs.«

»Du bist ja noch genauso frech wie früher«, sagte Feodora und schlug ihm leicht mit ihrem Fächer auf die Wange. Sie lächelte Maria an. »So war er nämlich schon als kleiner Junge. Ich hoffe, du bringst ihm endlich Manieren bei.«

»Wirst du mit Georg zur Jagd nach Weischkehmen kommen?«, fragte Carl. Er beugte sich zu seiner Frau. »Die beiden sollen ja unzertrennlich sein.«

»Das stimmt«, sagte Georg, »und natürlich kommt Feda mit.«

»Vielleicht beglücke ich euch auch mal wieder«, rief Charlotta, die gerade in Begleitung Edgars und ihres jungen Liebhabers, des Grafen Esterházy, hereinkam.

Carl verdrehte die Augen. Das fehlte ihm gerade noch! Aber kurz darauf flüsterte Georg ihm zu: »Keine Sorge, du kennst sie doch. Das war nur ein Schreckschuss. Sie kommt nicht. Gestern hat sie mir erzählt, dass sie zur gleichen Zeit bei André und Alexia in Posen ist.«

Carl atmete erleichtert auf. »Gott sei Dank geht der Kelch mal wieder an uns vorüber.« Der Besuch seiner exzentrischen Tante brachte jedes Mal den gesamten Haushalt durcheinander.

»Und du bist also die kleine Troyenfeld«, wandte sich Charlotta an Feodora. »Ich kannte deine Mutter schon aus St. Petersburg. Dein Vater war ja ganz vernarrt in sie. Sie war aber auch eine bemerkenswert schöne Frau. Du siehst ihr übrigens sehr ähnlich.«

Feodoras eben noch strahlendes Lächeln erlosch. »Danke«, sagte sie kühl und wandte sich Edgar zu. »Komm, erzähl doch mal, wie es dir so ergeht. Wir haben uns ja ewig nicht gesehen.«

»Was ist mit ihr?« Charlotta sah Georg erstaunt an. »Habe ich wieder mal was Falsches gesagt?«

»Das erzähl ich dir später«, beruhigte er seine Tante. »Feda ist ein wunderbarer Mensch und meine beste Freundin, aber auf ihre Eltern solltest du sie besser nicht ansprechen.«

»Ich erinnere mich an meine letzte Begegnung mit ihrer Mutter. Eine schöne, aber kalte Frau. Es war übrigens in Weischkehmen.« Sie musste lachen. »Da hab ich Carl ja eben einen gehörigen Schrecken eingejagt mit meiner Drohung zu kommen.«

»Ach, Charlotta, ganz einfach bist du ja wirklich nicht. Aber ich liebe dich, das weißt du doch hoffentlich. Und wenn möglich, benimm dich heute Abend.« Georg drohte ihr scherzhaft mit dem Finger.

»Das kann ich dir nicht versprechen!«

Der Abend wurde ein voller Erfolg. Georg war in Hochstimmung: Edgar war da, und nicht einmal die lautstarke Eifersuchtsszene, die seine Tante Charlotta dem jungen Esterházy machte, konnte ihn aus der Fassung bringen.

»Gott sei Dank hatte sie so viel Anstand, das Ganze in der Diele zu veranstalten«, berichtete er Feodora am nächsten Tag. »So hat kaum jemand etwas davon mitbekommen.«

Er lachte laut bei der Erinnerung daran. »Ein Vokabular hat meine fürstliche Verwandtschaft, daran kann sich jeder Droschkenkutscher ein Beispiel nehmen.«

Die folgenden Monate vergingen wie im Flug. Georg, Feodora und Ida ließen keine Einladung aus, weder in Königsberg noch zu den zahlreichen Jagden. Sie genossen das Leben, und Ida machte zum Entsetzen ihrer Eltern keinerlei Anstalten, sich zu verheiraten. Alle Anträge lehnte sie ab. »Es muss auch späte Mädchen geben«, sagte sie, wenn ihre Mutter meinte, es sei nun wirklich an der Zeit, eine Familie zu gründen. »Feda will auch nie mehr heiraten. Dann reisen wir beide eben später als alte Jungfern um die Welt.«

Frau Henkiel schlug die Hände über dem Kopf zusammen. Was hatte sie nur für ein aufsässiges Kind!

1890

Es war Mitte März. Die Sonne schien schon seit Tagen von einem wolkenlosen Himmel, und die Erde roch bereits nach Frühling. Georg wartete auf Feodora. Letzte Nacht war es mal wieder reichlich spät geworden, vor allem sehr »feucht«, wie Georg sich auszudrücken pflegte. Da das Barometer weiterhin schönes Wetter versprach, hatten sie verabredet, heute mit der Kutsche einen Ausflug nach Gut Carolinenhof zu machen, um die dort stattfindende Pferdeausstellung und die neu geborenen Fohlen anzuschauen. Der Gestütsmeister Friedrich von Lützow, ein Freund der Goelders, erwartete sie nach der Besichtigung noch zu einem Mittagessen.

»Dass diese Frau nie pünktlich sein kann«, murmelte Georg ungehalten. »Das bringt mich zur Weißglut.«

In dem Moment stürmte Feodora herein. Sie musste gerannt sein, denn sie ließ sich völlig außer Atem in einen Sessel fallen. »Ida will heiraten!«, rief sie.

Georg verschlug es für einen Augenblick die Sprache. »Du beliebst zu scherzen. Als sie uns vor zwei Wochen besuchte, war doch noch kein Kandidat in Sicht. Wo kommt der denn so plötzlich her, hat sie ihn auf der Straße aufgelesen?«

»Nein, beim Schmidt.«

»Bei welchem Schmidt?«

»Na, dem Fotografen in Insterburg.«

»Aha, und wer ist der Glückliche?«

»Ein Albert Lackner aus Lindicken.«

»Nein ... ich glaube es ja nicht! Der Albert. Er ist ein guter Freund unserer Familie, ich kenne ihn seit meiner Kindheit. Er hat sich erst kürzlich in Insterburg als Anwalt niedergelassen und vertritt Carl bereits in verschiedenen Angelegenheiten.« Georg schüttelte ungläubig den Kopf. »Es ist wirklich ein Witz, dass weder du noch Ida ihn bislang getroffen hat. Er ist häufig Gast bei uns in Weischkehmen.«

Während der Fahrt durch die Stadt hatte Feodora keinen Blick für das Erwachen der Natur. Als sie durch den Kürassierwall fuhren, sah sie weder das zarte Grün der Linden noch am Ufer des Ober-Teiches die kleinen Köpfe der Krokusse, die sich der Sonne entgegenstreckten. Sie konnte an nichts anderes denken als an ihre Freundin, die, wie Feodora meinte, offenen Auges in ihr Unglück rannte. »Es wäre ein *Coup de Foudre*, sozusagen Liebe auf den ersten Blick, gewesen, schreibt sie. Wie will sie denn nach so kurzer Zeit wissen, ob er der Richtige ist? Ich sage dir, Georg, Ida hat den Verstand verloren.« Feodora war den Tränen nahe.

»Also nun übertreibst du aber. Albert ist ein fabelhafter Mann aus einer sehr guten Familie. Er ist mit Sicherheit nicht die schlechteste Wahl.«

Sie passierten jetzt den Exerzierplatz der Kürassierställe. »Sieh nur«, rief Georg, »man exerziert für die sonntägliche Parade. Wollen wir anhalten und ein wenig zuschauen?«

»Nein, lass uns weiterfahren«, sagte Feodora unlustig.

Kurze Zeit darauf fuhren sie durch das Rossgärter Tor, und bald erreichten sie Gut Carolinenhof. Während des Rundgangs und auch bei dem anschließenden Mittagessen war Feodora einsilbig, stocherte in ihrem Essen herum und schien mit ihren Gedanken weit weg zu sein.

Die Männer unterhielten sich angeregt über die neuesten politischen Ereignisse. »Hast du gehört, dass Bismarck nicht mehr Reichskanzler ist?«, fragte Georg seinen Freund Friedrich von Lützow.

»Ja, es soll in Berlin unsägliche Intrigen gegeben haben. Graf Eulenburg, dieser Hinterlader, soll der Drahtzieher gewesen sein.«

Georg und Feodora wechselten einen kurzen Blick.

»Bismarck hat zuerst seinen Rücktritt eingereicht, und zwei Tage später hat der Kaiser ihn entlassen. Eine Schande ist das!« Lützow war empört. Erst jetzt fiel ihm auf, dass Feodora noch kein Wort gesprochen hatte. »Bist du krank, Feda?« Er schien ernsthaft besorgt. »Du redest sonst doch wie ein Wasserfall, und heute scheinst du deine Sprache verloren zu haben, genauso wie deinen Appetit.« So kannte er sie gar nicht.

»Ida will heiraten«, sagte Georg lachend. »Das hat ihr den Appetit verdorben und offensichtlich auch die Sprache verschlagen.«

Feodora sah ihn wütend an. Hatte sie ihm nicht über eine Stunde lang ihre Bedenken aufgezählt? Aber bevor sie etwas sagen konnte, fragte Lützow neugierig: »So, so, die Ida heiratet. Wer ist denn der Glückliche?«

»Albert Lackner, du kennst ihn doch auch.«

»Natürlich. Wir waren zur selben Zeit an der Universität. Ein sehr netter Kerl.«

»Ihr scheint ja richtig begeistert zu sein«, murmelte Feodora missgelaunt. »Ich finde es einfach ein bisschen plötzlich, das Ganze. Die Hochzeit soll bereits im Mai stattfinden.« Sie wurde jetzt richtig trotzig. »Da wollten wir eigentlich nach Paris reisen und uns neu einkleiden.«

»Nun sei man nicht traurig, Fedachen«, sagte Georg tröstend. »Du hast ja mich. Ich liebe es, mit dir einkaufen zu gehen. Wo auch immer auf dieser Welt.«

Ein paar Tage später erschien Ida in der Münzstraße. Sie war eine vor Glück strahlende Braut. »Es war wirklich Liebe auf den ersten Blick, Fedachen. Kannst du dir so was vorstellen?« Sie klatschte vor Vergnügen in die Hände. »Du hättest die entgeisterten Gesichter meiner Eltern sehen sollen, als ich ihnen seelenruhig erklärt habe, dass ich demnächst heiraten würde. Dabei hatte mir Albert noch gar keinen Antrag gemacht. Ich hatte ihn ja erst ein paar Stunden vorher kurz bei dem Schmidt gesehen.«

»Wieso warst du dir denn so sicher?« Feodora sah ihre Freundin zweifelnd an. War sie vielleicht doch verrückt geworden?

»Ich wusste es einfach. Ich bin so verliebt, und Albert ist es auch. Er ist es, der so schnell wie möglich heiraten will.« Sie schwieg einen Moment. »Du weißt, ich habe nicht nach dem Glück gesucht. Es ist mir einfach so begegnet.« Sie blickte Feodora traurig an. »Du freust dich gar nicht mit mir. Das macht mich ganz unglücklich. Albert ist der Richtige, glaub mir.«

Feodora gab sich einen Ruck. »Doch, Idachen, ich sehe ja, wie glücklich du bist. Ich wünsche dir und deinem Albert wirklich alles Glück dieser Welt.«

In den Wochen vor der Hochzeit sah Feodora ihre Freundin kaum. Die Vorbereitungen hielten sie in Atem. *»Es gibt so schrecklich viel zu tun«*, schrieb sie an Feodora. *»Die Einladungen müssen verschickt, Speisepläne aufgestellt und ex* *tra Personal eingestellt werden. Mein Vater hat ständig neue Wünsche das Essen betreffend. Die Mamsell ist kurz vor einem Nervenzusammenbruch. Du kennst ihn ja, er hat immer Angst, dass es nicht genug zu essen gibt. Vor allem für ihn. Er frisst wirklich wie ein Scheunendrescher.«*

Wenn Ida zur Anprobe des bei Madame Yvette in Auftrag gegebenen Brautkleides nach Königsberg kam, reichte ihre Zeit höchstens für eine Tasse Tee bei Feodora, und dann war sie schon wieder verschwunden.

»Sind alle Bräute so durchgedreht?«, fragte Feodora Georg.

»Keine Ahnung, ich war noch keine«, antwortete er lakonisch.

Der 9. Mai war ein warmer Frühsommertag. Als Feodora in Klein Darkehmen ankam, wie immer etwas zu spät, waren auf dem Rasen vor dem imposanten Herrenhaus schon zahlreiche festlich gekleidete Menschen versammelt. Diener im Frack servierten kalte Getränke und Kanapees. Am Rand des nahe liegenden Weihers, unter schattenspendenden, blühenden Kastanienbäumen, waren lange, üppig dekorierte Tische aufgestellt, wo später das Hochzeitsessen stattfinden würde.

»Da bist du ja endlich, du Traum meiner schlaflosen Nächte«, begrüßte Georg, der mit seiner ganzen Familie aus Weischkehmen herübergekommen war, Feodora. »Ich hatte schon befürchtet, du würdest die Hochzeit deiner besten Freundin verpassen.«

»Heute war es ausnahmsweise mal nicht meine Schuld«, verteidigte sich Feodora. »Die Haken an meinem Kleid waren nicht ordentlich angenäht. Irma musste erst noch zu Nadel und Faden greifen.«

»Ist dein Kleid von Madame Yvette?«, fragte Maria.

»Ja, nach einem Modell von Worth. Toll, was?«

»Es steht dir fabelhaft. Vor allem die Farbe«, mischte sich jetzt Gustav Goelder ein.

»Ich habe gedacht, ich nehme mal Lindgrün, passend zur Allee«, sagte Feodora lachend. Sie klappte ihren mit grüner Spitze bezogenen Sonnenschirm auf und hakte sich bei Maria ein. »Komm, wir laufen mal ein wenig herum. Ich habe ja noch nicht einmal die Brauteltern begrüßt.«

Als sie außer Hörweite waren, fragte Gustav seinen Sohn: »Sag mal, mein Junge, warum heiratet ihr eigentlich nicht, du und Feda? Wie ich höre, seid ihr doch ständig zusammen.«

»Ich habe ihr schon längst einen Antrag gemacht«, log Georg. »Aber sie will nie mehr heiraten. Du siehst, Vater, ich habe kein Glück bei den Frauen.«

Die Glocke der hauseigenen Kapelle begann zu läuten – das Zeichen, dass die Trauung in Kürze stattfinden würde. Die Gäste schlenderten in Richtung Kapelle, und Feodora sah, wie Vater Henkiel noch schnell ein Tablett mit Kanapees leerte, bevor er ins Haus ging, um seine Tochter zu holen und zum Traualtar zu führen. »Er ist unglaublich verfressen«, flüsterte Feodora Maria zu. »Ida sagt, er hätte ständig Angst, irgendwann mal zu verhungern.«

Idas ältester Bruder Johann Henkiel, Pfarrer an der Reformierten Kirche in Insterburg, traute das Paar und hielt eine anrührende Rede. Antonia Henkiel war in Tränen aufgelöst. Ida meinte später, dass nicht nur Rührung, sondern auch eine gewisse Erleichterung, das »späte Mädchen« doch noch unter die Haube gebracht zu haben, dabei eine Rolle gespielt hätten. Auch Feodora hatte Tränen in den Augen. Sie träumte von Klaus und beweinte ihre verlorene Liebe.

Feodora sah Ida nun nicht mehr so oft, denn die ging in ihrer Rolle als Ehefrau vollkommen auf. Es war bereits wieder Mitte August, und Ida hatte Feodora eine kurze Note geschickt. *»Bin am Mittwoch in Königsberg und muss Dich unbedingt sehen. Gestern war Karl Fichtel bei uns. Er will uns am Mittag ins Hotel Berlin zum Essen ausführen. Vielleicht kommt Georg ja auch mit. Ich komme vorher zu Dir. Es gibt Neuigkeiten. Deine überglückliche Ida.«*

»Was kann das wohl sein?«, fragte Feodora Georg bei ihrem morgendlichen Ausritt.

»In zwei Stunden weißt du es«, sagte Georg lachend und verfiel in einen leichten Galopp.

Als sie sich trennten, versprach er, mittags zu ihnen zu stoßen. »Ich habe auf dem Telegrafenamt zu tun. Das ist ja direkt gegenüber vom Hotel Berlin. Ich bin genauso begierig wie du, Idas Neuigkeiten zu erfahren.«

Als Ida in der Münzstraße eintraf, fand sie Feodora im Schatten der Pergola auf der Terrasse. Es war ein heißer Tag. Ida ließ sich in einen Korbsessel fallen und fächelte sich mit ihren Handschuhen Luft zu.

»Harald, servieren Sie uns bitte kalte Limonade, und Erna soll uns zwei Fächer bringen. Die Hitze ist ja unerträglich«, sagte Feodora. Nachdem sie ihre Freundin umarmt hatte, fuhr sie fort: »Nun leg schon los, was gibt es denn für aufregende Neuigkeiten?«

»Ich bin schwanger!«

»Waaas …? Das ging ja schnell.«

»Albert ist völlig außer sich vor Freude, und ich bin es, ehrlich gesagt, auch.« Sie strahlte vor Glück. »Feda, ich möchte, dass du Taufpatin von meinem Kind wirst.«

Feodoras eben noch fröhliches Gesicht wurde ernst. »Sei mir nicht böse, Ida ... du weißt doch, dass ich mit kleinen Kindern nichts anfangen kann, und ich will für nichts und niemanden Verantwortung übernehmen.«

»Die Verantwortung für mein Kind übernehme ich schon selbst.« Ida war merklich verärgert.

»Aber man weiß ja nie, was passiert ...«

»Was soll denn passieren?«

»Ach, was weiß ich ...«

Das Eintreffen Karl Fichtels unterbrach die hitzige Diskussion, die in einem heftigen Streit zu enden drohte. »Was haltet ihr von einem kleinen Spaziergang?«, fragte Karl gut gelaunt, die angespannte Stimmung ignorierend. »Es ist so ein herrlicher Tag. Die paar Schritte werden uns guttun.«

Als Ida verschwand, um sich kurz die Hände zu waschen, fragte er Feodora: »Was ist, habt ihr gestritten?«

»Eine kleine Meinungsverschiedenheit. Übrigens, Ida ist schwanger.«

»Ich weiß, Albert ist außer sich vor Freude. Sie sind sehr glücklich, die beiden.«

»Ja, es scheint so.« Feodora war verstimmt. Sie hatte Ida nicht kränken wollen. Aber die kannte sie doch, warum fragte sie sie überhaupt?

Während sie die Münzstraße hinunterschlenderten, entspannte sich die Situation. Sie überquerten den Münzplatz und bogen in die Junkerstraße ein. Überall begegneten ihnen Bekannte. Man blieb für einen Moment stehen, plauderte, und bald war auch Feodora wieder bester Laune. Das mit Ida würde sich schon wieder einrenken, nie waren sie für längere Zeit zerstritten gewesen. Doch ihre gute Laune sollte gleich noch einen Dämpfer bekommen.

In der Halle des Hotels trafen sie auf Hasso und Marion von Revenau mit ihrer kleinen Tochter Elsa. Hasso begrüßte Feodora überschwänglich. »Die schöne Feda. Was für eine Freude, dich zu sehen. Von Tag zu Tag wirst du begehrenswerter.«

Marion sah ihn wütend an, und als Feodora sie begrüßen wollte, zog sie ihre Tochter mit sich und sagte für alle hörbar: »Komm, mein Kind, dieser Person geben wir nicht die Hand.«

»Das ist ja wohl der Gipfel.« Ida war empört.

»Ich habe es dir schon hundertmal gesagt, Hasso, dass du der letzte Mann in Königsberg bist, der mich interessiert«, rief Feodora, nachdem sie ihre Fassung wiedergefunden hatte. »Und deiner schrecklichen Frau solltest du endlich Manieren beibringen. Offensichtlich hat sie von zu Hause keine mitbekommen.«

»Was ist denn mit den Revenaus los?«, fragte Georg, der kurz darauf im Restaurant zu ihnen stieß. »Hasso ist wutentbrannt an mir vorbeigerannt, und Marion sitzt heulend in der Halle.«

»Diese Kuh hat mich beleidigt. Wo immer ich Hasso treffe, stürzt er sich auf mich, obwohl ich ihn wahrlich nicht ermuntere.« Feodora war immer noch außer sich. »Sie ist eifersüchtig, aber was kann ich denn dafür? Jeder weiß, dass er sie nur wegen ihres Geldes geheiratet hat. Wenn sie so weitermacht, wird sie mich kennenlernen!«

Aber schon bald war sie abgelenkt: Georg erzählte von seinen Vorbereitungen für ihre gemeinsame Reise nach Ägypten und die Schifffahrt auf dem Nil. Nach der Jagdsaison wollten sie aufbrechen. »Diese Kähne sind von einer schrecklichen Primitivität«, sagte er. »Ich lasse Teppiche,

Porzellan und Kandelaber mit Kerzen vorausschicken, damit wir wenigstens etwas Komfort haben. Arndt wird uns begleiten. Man weiß ja nie, was für Bedienstete es dort gibt.«

»Wann werdet ihr denn zurück sein?«, fragte Ida.

»Keine Ahnung«, sagte Georg. »Wir wollen ja nicht hetzen. Was meinst du, Feda, sollen wir über München zurückreisen? Ich habe kürzlich Corinth, den Maler, getroffen. Er gedenkt, sich demnächst dort niederzulassen. Die Kunstszene da sei sehr interessant, sagt er. Warum fragst du, Ida?«

»Ida ist schwanger«, sagte Feodora. Sie sah zu Ida. »Wann erwartest du denn deine Brut?«

Nachdem Ida Georgs Glückwünsche entgegengenommen hatte, sagte sie: »Doktor Grüben meint, im Februar oder März, genau kann er sich nicht festlegen.« Sie war immer noch leicht verstimmt.

»Depeschier mir an unser Hotel in Kairo. Vielleicht sind wir ja rechtzeitig zurück«, meinte Feodora versöhnlich. Sie hasste es, ihre Freundin traurig zu sehen.

Sie begannen eine Diskussion über die künstlerischen Qualitäten Lovis Corinths und konnten sich nicht einigen, ob man seine Akte nun schön oder obszön finden sollte.

»Mein Gott, es ist ja schon drei Uhr!« Ida sah entsetzt auf ihre Uhr. »In zwanzig Minuten geht mein Zug.«

Die kleine Gesellschaft brach hastig auf, und man versprach einander, sich baldmöglichst wiederzusehen.

Neun Monate nach der Hochzeit, fast auf den Tag genau, am 5. Februar 1891, bekam Ida einen Sohn. Die Depesche erreichte Feodora in ihrem Hotel in Kairo. *»Wir sind zu dritt stop Walter ist da stop Taufe in vier Wochen auf Gut Harpenthal Kuss Ida«*

»Wenn du zur Taufe zurück sein willst, müssen wir die Pyramiden sausen lassen.« Georg sah nicht sehr glücklich aus bei dem Gedanken.

»Kommt gar nicht in Frage. Wir können unmöglich in Ägypten gewesen sein, ohne die Pyramiden gesehen zu haben«, entschied Feodora. Nicht einmal Georg gestand sie, dass sie froh war, weit weg von Ostpreußen zu sein, da sie so wahrscheinlich einer ungewünschten Patenschaft entging.

Die Jahre vergingen. Ein- bis zweimal jährlich besuchte Feodora ihre Tante Carla und Julia von Pulkendorf auf Buchenhain. »Willst du dich nicht mit deinen Eltern versöhnen?«, hatte Carla die ersten Male hoffnungsvoll gefragt. »Dein Vater ist schrecklich unglücklich.«

Aber Feodora war unnachgiebig. »Nein«, sagte sie jedes Mal kalt. »Ich habe meinen Vater mehr geliebt als alles andere auf der Welt. Aber was er mir angetan hat, kann ich ihm nicht verzeihen.«

Während Feodora durch die Welt reiste, wie sie es sich als Kind immer gewünscht hatte – oft mit Georg oder mit einem ihrer zahlreichen Liebhaber –, wurde Idas Familie größer. »Deine Freundin ist eine Getriebene, ich glaube, sie ist verrückt«, sagte Albert kopfschüttelnd, wenn wieder eine Karte oder ein langer Brief von Feodora aus irgendeinem Teil der Welt eintraf.

»Nein, Liebster, du verstehst sie nicht«, warf Ida dann ein. »Sie ist auf der Suche nach dem Glück. Sie weiß es nur nicht.« Sie lächelte. »Ich habe ihr schon mehrmals gesagt, dass auch sie es eines Tages finden wird, obwohl sie das gar nicht hören will.«

»Na ja, solange es Träume gibt …«, erwiderte Albert darauf ironisch. Für solche Gefühlsduseleien, wie er das nannte, war er zu pragmatisch. Beruflich war er äußerst erfolgreich. Seine Kanzlei wuchs, und seine Klientel reichte inzwischen weit über Insterburg hinaus.

Feodora war wie jedes Jahr mit ihrer Entourage für einige Wochen auf Gut Eichen gewesen. Auf ihrem Rückweg nach Königsberg besuchte sie Ida, die bereits wieder hochschwanger war.

»Stell dir vor«, begrüßte Ida sie aufgeregt. »Albert hat gestern die Villa Orlov gekauft.«

»Du meinst das Prachthaus am Garwehner Teich?« Feodora war erstaunt. »Ich dachte, dieser Hajo von Orlov käme aus Indien zurück und wollte demnächst dort mit seiner Familie einziehen?«

»Stell dir vor«, erzählte Ida, »seine Frau hatte eine Fehlgeburt und ist dabei gestorben. Orlov war nur ganz kurz hier, um das Haus zu verkaufen. Er fühlt sich außerstande, dort allein einzuziehen. Er will für immer in Indien bleiben.« Sie schwieg einen Moment. »Ich finde ja eigentlich, dass es über unsere Verhältnisse geht …« Doch dann sprudelte es aus ihr heraus. »Feda, das Haus ist unglaublich. Es hat Gasbeleuchtung und Wasserklosetts und drei Badezimmer, kannst du dir das vorstellen? Geplant hat es ein ganz berühmter Architekt, Olbricht heißt er.« Sie bekam vor Aufregung rote Flecken im Gesicht. »Das ist ja so ein Luxus, ich kann es noch gar nicht glauben. Sag mal, hast du eigentlich den Hajo jemals kennengelernt?«

»Nein, ich kenne nur seine Eltern, sie waren ein paarmal bei uns zur Jagd auf Gut Eichen.«

Ihre Unterhaltung wurde kurz unterbrochen, weil Walter, Idas Sohn, seiner Mama unbedingt ein Küsschen geben wollte.

»Er ist so süß«, sagte Ida strahlend. »Ich könnte ihn den ganzen Tag knuddeln. Aber jetzt erzähl doch von dir. Wie war es auf Gut Eichen?«

Feodora musste laut lachen. »Ich fürchte, der ganze Landkreis wird wieder für ein Jahr Gesprächsstoff haben. Du weißt ja, meine Freunde sind hemmungslos, was das Feiern betrifft.«

»Hat man jemals wieder etwas von Klaus gehört?«

Für einen Moment schien es, als würde Feodora in Tränen ausbrechen.

»Verzeih, Feda. Ich wollte nicht …«

»Ist schon gut, Ida. Nein, niemand hat von ihm gehört. Ich habe inzwischen auch die Hoffnung aufgegeben …«

»Willst du nicht irgendwann mal zur Ruhe kommen?« Liebevoll drückte Ida die Hände ihrer Freundin. »Du solltest dir einen netten Mann suchen …«

Feodora war aufgesprungen. »Hör auf, Ida! Du hast dein Glück gefunden. Aber ich will frei sein, unabhängig, mein Leben genießen und mit Sicherheit nicht wieder heiraten.« Ida nahm ihre Freundin zum Abschied in den Arm. »Glaub mir, Fedachen, jeder Mensch ist auf der Suche nach dem Glück. Im tiefsten Herzen auch du. Du willst es dir nur nicht eingestehen. Aber ich weiß, eines Tages wirst du es finden.«

Bald darauf reiste Feodora mit Georg nach München. »Ihr müsst unbedingt in Schwabing Quartier nehmen«, hatte Corinth zu Georg gesagt. »Das ist ein Vorort von München, da ist die Hölle los. Feda und du, ihr werdet euch amüsieren, das garantiere ich euch. Wenn ihr kommt, findet ihr mich am Abend immer in der Gastwirtschaft Abenthum, die kennt da jeder.«

Gleich am ersten Abend ließen sie sich von einer Droschke dorthin bringen. Das Lokal war brechend voll, die Luft rauchgeschwängert, und es roch nach Bier und Schweinebraten.

»Finden wir hier den Herrn Lovis Corinth?«, fragte Georg den Wirt, einen grobschlächtigen Mann mit einem Vollbart, der hinter einer riesigen Theke eine gelbe Flüssigkeit in eimergroße Gläser zapfte.

»Do in derer Stuben.« Der Wirt deutete mit seinem Kopf auf einen der hinteren Räume. »Do hockt er mit soane Spez'n«, sagte er in einer für Feodora unverständ lichen Sprache. »Aber nimmer lang, wann er soan Deckel net boit zahlt.«

Corinth saß lautstark diskutierend mit mehreren Männern an einem blank gescheuerten Holztisch. Er sprang auf, als er die beiden sah. »Georg, Feda, was für eine Freude, euch zu sehen. Darf ich bekannt machen? Georg Goelder und Feodora von Harden, Freunde aus Königsberg, und das sind Otto Frölicher, Gabriel von Seidl, Adolf Oberländer …«

Der Lärm in dem Lokal war so groß, dass Feodora die weiteren Nachnamen nicht verstand. Es spielte auch gar keine Rolle, man redete sich sowieso gleich mit den Vornamen an.

»Eine neue Runde«, rief Corinth dem Schankmädchen zu, und einige Minuten später stand vor Feodora dieses riesige Gefäß, das sie bereits beim Hineinkommen bestaunt hatte. Obenauf schwamm eine weiße Schaumkrone.

Sie saß auf einer Holzbank, eingerahmt von Corinth und Oberländer. »Prost, Madl«, sagte der und stieß mit seinem Glas gegen ihres.

»Was ist das?«, fragte sie. »Soll ich das etwa trinken?«

Die Frage löste bei den Herren Heiterkeit aus. »Das ist Bier, Feda, das bayerische Nationalgetränk. Das trinkt hier jeder. Wenigstens probieren musst du es«, sagte Corinth.

Eine neue Gruppe betrat den Raum und steuerte den einzigen noch freien Tisch an. Man winkte sich fröhlich zu. »Das ist der Franz von Stuck, ein Malerkollege«, erklärte ihr Corinth. »Wir sind alle vor Kurzem aus der Allotria ausgetreten und haben einen neuen Künstlerverein gegründet, die Münchner Sezession. Unser Künstlerfürst, der Lenbach, ist uns allen etwas zu übermächtig geworden, musst du wissen. Ohne ihn ging nix mehr. Nur mit seiner Genehmigung konnte man im Glaspalast ausstellen, das hat alle gefuchst.«

Feodora hatte keine Ahnung, wovon er sprach.

Die Stimmung in der Gaststube wurde immer ausgelassener. Abwechselnd bestellten die Herren Runden mit Bier und Schnaps, und Feodora trank kräftig mit.

»Bist oan pfundiges Madel«, prostete Oberländer ihr zu. »I bin der Adi.«

»Und ich bin die Feda.«

Ihr neuer Freund erhob sich leicht schwankend. »I muss hoam. Lovis, bringst dei Freind morgen mit zum Jour von der Anna? Feda, Georg … es war mir ein Vergnügen. Pfüat eich Gott.«

»Was hat er gesagt?« Feodora hatte kein Wort verstanden.

»Er hat euch für morgen zum Jour fix seiner Frau eingeladen. Der Kreis um Anna ist enorm. Es wird euch gefallen, halb Wahnmoching ist da.«

Feodora brummte der Kopf. Was war denn nun wieder Wahnmoching?

Gabriel von Seidl war jetzt näher an Feodora herangerückt. »Sie machen ein Gesicht, als wüssten Sie nicht, was Wahnmoching ist.« Er musste lachen. »Wenn Sie wollen, werde ich versuchen, es Ihnen zu erklären.«

Während Corinth sich bemühte, Georg die Gründe der Abspaltung von der Künstlervereinigung Allotria näher zu erläutern, lauschte Feodora gespannt Herrn von Seidl.

»Wie soll ich nur anfangen …?«, sinnierte er laut. »Also, Wahnmoching ist eine geistige Bewegung, sinnbildlich geht sie weit über einen Stadtteil hinaus. Man könnte es eine Richtung nennen, Kult, Protest, wenn Sie so wollen … Es ist einfach enorm!« Er sah Feodora an, dass sie kein Wort von dem, was er sagte, verstand. »Wenn Sie etwas länger hier sind, werden Sie es begreifen«, sagte er lachend. »Da bin ich mir ganz sicher.«

Von Seidl redete weiter von Künstlern und nannte Namen, die Feodora sofort wieder vergaß. Es war einfach zu viel, was da am ersten Abend auf sie herunterprasselte. Trotzdem hörte sie ihm gebannt zu, und so bemerkte sie nicht, wie der Wirt sich dem Tisch näherte und drohend mit mehreren Bierdeckeln wedelte.

»Georg«, sagte Corinth flehend, »ich bin im Moment ein wenig klamm … Könntest du mir vielleicht aushelfen?«

»Kein Problem, Lovis. Herr Wirt, die Rechnung geht auf mich.«

Am nächsten Tag hatte Feodora einen mächtigen Kater. Ihr brummte der Kopf von dem, was sie da alles gehört hatte. »Schwabing heißt eigentlich Wahnmoching, hast du das gewusst?«, fragte sie Georg.

»Ja, aber nur unter den Eingeweihten. Lovis hat mir erzählt, hier gäbe es verschiedene Kreise, die alle miteinander verkehrten. Wahnmoching ist bevölkert mit Malern, Dichtern und Gelehrten und solchen, die es gern sein würden. Eine bunte, verrückte Mischung. Ich glaube, wir werden hier viel Spaß haben.«

Als sie am Nachmittag bei den Oberländers ankamen, waren bereits zahlreiche Gäste da. In einem Erker, der etwas erhöht lag, saß die Hausfrau an einer Teemaschine. Für einen Moment verstummten alle Gespräche. Neuankömmlinge wurden erst einmal taxiert, ob sie es wert waren, in Wahnmoching aufgenommen zu werden.

»Ah, Lovis, deine Freunde aus Königsberg.« Anna Oberländer, eine kleine, rundliche Frau in den Fünfzigern, kam mit ausgestreckten Armen auf sie zu. »Adi hat euch angekündigt. Willkommen in unserem Kreis.« Sie wandte sich den anderen Gästen zu. »Stellt euch vor, von Gabriel habe ich gehört, unsere neue Freundin wusste nicht, dass sie in Wahnmoching wohnt!« Diese Worte lösten heiteres Gelächter aus.

Die freundlichen Worte der Hausfrau waren offensichtlich ein Zeichen, dass sie akzeptiert waren, und bald wurden sie in die Unterhaltung einbezogen.

Lovis stellte Feodora einen blassen Jüngling vor. »Das ist Hilmar Kessler, einer unserer begabtesten Lyriker.«

Der junge Mann errötete, doch er begann sich angeregt mit Feodora zu unterhalten. Irgendwann fragte er, ob Georg ihr Ehemann sei.

»Nein, er ist seit meiner Jugend mein bester Freund. Ich bin verwitwet und werde mit Sicherheit nie mehr heiraten.«

»Sehr glücklich scheinst du ja nicht gewesen zu sein.« Wie selbstverständlich gebrauchte er das Du. Und ohne eine Antwort abzuwarten, fuhr er fort: »Betrachte dein erstes Leben einfach als einen schlechten Scherz, und nimm dein neues als heiteren Zeitvertreib.«

»Das ist die Wahnmochinger Philosophie«, sagte Gabriel von Seidl, der sich zu ihnen gesetzt hatte, lachend. »Der Kreis um Anna ist enorm«, fügte er hinzu. »Wussten Sie, dass sie die Tochter des Dichters Scheurlin ist?«

»Nein«, sagte Feodora. Auch warum diese kleine, dicke Frau so enorm sein sollte, war ihr ein Rätsel.

Seidl schien mal wieder Gedanken zu lesen. »In Wahnmoching redet man einen gewissen Jargon, den müssen Sie lernen, sonst werden Sie nie dazugehören. Eines der wichtigsten Wörter ist enorm. Enorm ist der Superlativ der Superlative. Eine Frau kann schön sein, intelligent, fabelhaft, aber wenn sie enorm ist, dann ist es das Größte.«

Seine Ausführungen wurden von der Ankunft eines jungen Mannes mit einem glatt rasierten Gesicht und auffallend hellen Augen unterbrochen. Er trug seinen schwarzen Mantel wie eine Toga um die Schultern und eilte, flüchtig nach rechts und links grüßend, durch den Raum in den hinteren Salon, eilig die Tür hinter sich schließend.

»Das war der Meister«, flüsterte Hilmar Kessler andächtig.

Feodora sah ihn fragend an.

»Stefan George, der Dichter! Kennst du ihn nicht? Er gehört zum Kosmischen Kreis.«

Schon wieder ein Kreis! Bevor Feodora fragen konnte, was es nun mit diesem Kreis auf sich hätte, erhob Hilmar sich. »Entschuldige, Feodora, ich muss Anna fragen, ob der Meister geruht, mich zu empfangen.« Kurze Zeit später verschwand er mit verklärtem Gesicht hinter der verschlossenen Tür.

»Der Meister, wie er sich von seinen Jüngern nennen lässt, gilt als besonders enorm«, sagte Seidl.

»Und was ist so toll an ihm?« Feodora war wenig beeindruckt.

»Er gilt als bedeutender Lyriker. Ehrlich gesagt, kann ich aber nicht viel mit ihm anfangen.«

»Feda, hast du den Meister gesehen?« Georg kam aufgeregt aus einem der anderen Zimmer hereingestürzt. »Er soll eben angekommen sein.«

»Ja, ganz kurz. Er ist da hinten verschwunden.«

»Ich muss ihn unbedingt kennenlernen!« Georg war ungewohnt erregt. So kannte Feodora ihn gar nicht. »Ich möchte ihm meine Gedichte vortragen. Ich habe seine *Blätter für die Kunst* abonniert. Er ist einfach genial.«

»Nein, enorm!«, sagte Feodora spöttisch. »Hier in Wahnmoching ist alles enorm.«

Georg ließ sich nicht irritieren. »Ich muss Anna fragen, ob sie mich ihm vorstellt. Ihn kennenzulernen, ist ein Herzenswunsch von mir. Zu gern würde ich wissen, was er von meinen Gedichten hält.«

»Ich fürchte, heute wird das nicht möglich sein«, sagte Seidl grinsend. »Der Herr George ist, wie wir gerade gesehen haben, beschäftigt.« Als er Georgs enttäuschtes Gesicht sah, meinte er: »Wenn Sie noch eine Weile hierbleiben, wird sich eine neue Gelegenheit ergeben.« Gabriel von Seidl war sich sicher, so wie der junge Ostpreuße aussah, würde schon von ganz allein das Auge des Meisters wohlgefällig auf ihn fallen und er bald in den Kreis seiner Jünger aufgenommen werden.

Feodora und Georg genossen ihren Aufenthalt in Wahnmoching. Sie feierten bacchantische Feste, kein Tag verging ohne eine Einladung zu einem Atelier- oder Kostümfest, einem »Jour« oder einer Vernissage. Feodora taumelte von einer Liebschaft in die nächste, während Georg zu seinem Entzücken bald zu dem Kreis von Stefan Georges Jüngern gehörte, alles junge Lyriker, die verklärt zu ihrem Meister aufblickten.

1900

Die Jahrhundertwende feierte Feodora bei Ida und Albert. Seitdem dieser Präsident der Anwaltskammer in Königsberg war, hatten sich seine gesellschaftlichen Verpflichtungen ungemein vergrößert, und so war der Ball in der Villa Lackner am Garwehner Teich *das* Ereignis des Jahres, über das der ganze Landkreis noch lange sprach. Ein Feuerwerk hatte es gegeben, wie es die Insterburger noch nie gesehen hatten. Und Ida war mit ihrem fünften Kind schwanger. »Möchtest du nicht doch Patin von meinem hoffentlich letzten Kind werden?«, hatte sie Feodora gefragt.

»Nein, wirklich nicht! Und da es, wie du meinst, ja wohl dein letztes sein wird, wirst du mich wohl auch Gott sei Dank nicht mehr darum bitten müssen.« Waren ihre Worte womöglich ein wenig zu scharf gewesen? »Sei mir nicht böse, Idachen«, hatte sie in versöhnlichem Ton gesagt. »Du kennst mich doch nun lange genug. Ich wäre wirklich nicht die geeignete Person, die sich um ein Kind kümmern könnte, wenn etwas passiert!«

Ida war konsterniert gewesen. Was sollte denn passieren? Es war nun schon das zweite Mal, dass Feodora so etwas sagte. Als Ida das am Abend mit Albert besprach, tröstete er sie. »Du weißt doch, wie Feda ist. Sie will keinen Mann, kein Kind, keine Familie und erst recht keine Verantwortung. Du solltest das akzeptieren. Nimm sie, wie sie ist, als eine verrückte Nudel.«

Feodora war gleich am Neujahrsmorgen mit dem Zehn-Uhr-Zug nach Königsberg abgereist. »Die Dohnas geben am Abend einen Neujahrsball«, erklärte sie Ida. »Ich habe dem Granzoff versprochen, mit ihm dort zu erscheinen. Er ist Leutnant bei den Ulanen, ein Leckerbissen, der Junge, kann ich dir sagen.«

»Du bist unverbesserlich, Feda«, hatte Ida lachend gesagt. »Lass dich bald wieder mal bei uns blicken. Und übertreib es nicht.«

Granzoff war verlobt mit einer Berliner Kaufmannstochter, was Feodora überhaupt nicht störte, war sie doch an längeren Beziehungen nicht interessiert. Am Abend holte er sie in der Münzstraße ab. Er pfiff anerkennend durch die Zähne. »Du siehst ja umwerfend aus«, sagte er bewundernd. »Du wirst die Königin des Abends sein.«

»Das will ich hoffen. Das Kleid hat ein Vermögen gekostet. Ich habe es mir in Paris bei Poiret anfertigen lassen.«

»Aha.« Granzoff hatte keine Ahnung, wer dieser Poiret war.

»Er ist der aufsteigende Stern am Pariser Modehimmel, du Dummchen«, klärte Feodora ihn auf. »Mit solchen Kenntnissen kannst du bei den Damen punkten.«

Er grinste. »Tausend Dank. Ich werde später davon Gebrauch machen und es in meine Konversation einfließen lassen.«

Feodora war wirklich die Schönste des Abends. Das Tannengrün ihres tief dekolletierten Samtkleides bildete einen effektvollen Kontrast zu ihrer alabasterfarbenen Haut und den roten, von Erna zu einer kunstvollen Hochfrisur aufgetürmten Haaren. Um den Hals und an den Ohren trug sie Heinrichs Hochzeitsgeschenk, die taubeneigroßen Smaragde. Als sie den Saal betraten, richteten sich alle Augen auf sie.

»Siehst du, habe ich es dir nicht gesagt?«, flüsterte Granzoff. »Da sehen einige der Damen aber ganz schön blass aus.«

Bei dem Empfang – später gab es ein gesetztes Essen mit Tanz – war Feodora umringt von Herren, die versuchten, ihr den Hof zu machen und sich in ihre Tanzkarte einzutragen. Auch Hasso von Revenau konnte es nicht lassen. Kaum sah er sie, ließ er Frau und Tochter stehen und kam, um ihr die Hand zu küssen. »Wann wirst du mich endlich erhören, meine Schöne?«, sagte er. »Du weißt, ich verzehre mich nach dir.«

»Vergiss es, Hasso. Kümmer dich lieber um deine Frau«, sagte Feodora nur und wandte sich ihrem Gastgeber zu.

Kurz vor dem Diner ereignete sich ein Eklat, der weitreichende Folgen haben sollte. Feodora und Granzoff hatten bereits Platz genommen, als ein Diener das Ehepaar Revenau und ihre Tochter an ihren Tisch führte. Die stark kurzsichtige Marion erkannte Feodora erst, als sie sich ihr Lorgnon vor die Augen hielt. Sie erstarrte. Dann schrie sie, unüberhörbar für alle Umsitzenden, mit schriller Stimme: »Ich weigere mich, mit dieser Person an einem Tisch zu sitzen.«

»Kein Mensch zwingt dich dazu«, sagte Feodora ruhig und schob sich mit ihrem Fächer lässig eine Locke aus der Stirn. Sie blickte zu Hasso. »Hab ich dir nicht gesagt, du sollst deiner Frau endlich Manieren beibringen? Aber da sieht man mal wieder, was herauskommt, wenn man unter seinem Stand heiratet.« Dann drehte sie ihnen den Rücken zu und plauderte mit ihrem Begleiter, als sei nichts geschehen.

»Was für ein Auftritt«, sagte Granzoff wenig später begeistert. »Man hat ihnen einen Katzentisch zugewiesen, direkt am Ausgang. Da sitzen sie nun völlig allein. Du warst fabelhaft, Feda.«

»So, findest du?«, sagte sie ruhig. »In Wahnmoching nennt man das enorm.«

»Was … wo …?«

»Ach vergiss es, ein Scherz. Lass uns von etwas anderem reden.« Aber innerlich kochte Feodora. Was fiel dieser Person bloß ein?

»Die kleine Tochter ist ja ganz süß«, meinte Granzoff jetzt.

»Ja, ein Wunder bei der Mutter. Warum tanzt du später nicht mal mit ihr? Du weißt, meine Tanzkarte ist schon fast voll.« Und dann ritt sie der Teufel. »Vielleicht schaffst du es ja sogar, sie zu verführen. Wenn dir das gelingt, reite ich nackt durch Königsberg.«

Granzoff lachte schallend. »Das würdest du nicht tun!«

»Doch, schlag ein.«

»Die Wette gilt!«

Bereits am nächsten Tag hatte Feodora die Sache vergessen.

Es war Ende Februar. Sie hatte lange geschlafen und war noch nicht fertig mit ihrer Morgentoilette, als Harald ihr Leutnant Granzoff meldete. Sie hatte ihn schon seit Wochen nicht mehr gesehen. »Sagen Sie ihm, ich sei unpässlich. Er soll morgen wiederkommen.«

»Er lässt sich nicht abweisen, Frau Baronin, er scheint sehr aufgeregt.«

Feodora seufzte. »In Gottes Namen, bitten Sie ihn herauf, und fragen Sie ihn, ob er mit mir frühstücken möchte.«

»Sehr wohl, Frau Baronin.«

»Was ist passiert, alter Freund, dass du mich bei meiner Morgentoilette störst?«, begrüßte sie ihn scherzhaft. »Ich wähnte dich bereits in Berlin.«

Granzoff ließ sich in einen Sessel fallen. »Erinnerst du dich an unsere Neujahrswette?«

»Welche Wette …? O Gott, du hast doch wohl nicht …?« Feodora sah ihn entsetzt an.

»Doch, hab ich. Und nun ist die arme Elsa schwanger.« Feodora war fassungslos. Was hatte sie da bloß angerichtet.

»Und nun, wirst du sie heiraten?«

Er schüttelte bekümmert den Kopf. »Nein, das kann ich nicht. In vier Wochen ist meine Hochzeit in Berlin. Du weißt doch, ich bin bereits seit einem Jahr verlobt. Ich habe schon vor Monaten um meine Versetzung nach Berlin gebeten. Morgen reise ich ab.«

Nun brach Feodora in schallendes Gelächter aus. »Und jetzt bist du hier, um mich an die Wette zu erinnern. Die Baronin von Harden reitet nackt durch Königsberg. Na dann ist mein Ruf wohl endgültig ruiniert.« Sie konnte sich gar nicht beruhigen, so komisch fand sie das.

»Nein, Feodora, das musst du nicht, wirklich! Ich bin nur hier, um mich jemandem anzuvertrauen. Die arme Elsa tut mir wirklich leid.«

»Also erstens, Wettschulden sind Ehrenschulden. Dass das mal klar ist. Zweitens, auch für Elsa tut es mir leid, aber mein Mitleid für ihre Eltern hält sich in Grenzen. Du weißt, wie ich zu ihnen stehe. Aber wie haben sie reagiert, hat Hasso dich nicht gefordert?«

»Er wollte es.« Granzoff musste lachen. »Aber seine Tochter hat ihn erfolgreich davon abgehalten. Er ist ein Trinker und Spieler. Was meinst du wohl, wer das Duell überlebt hätte? Sie wollte wohl neben ihrem guten Ruf nicht auch noch ihren Vater verlieren.«

Als Feodora am nächsten Tag Irma von der Wette erzählte, war die außer sich. »Sach mal, biste jetzt von allen juten Jeistern verlassen?« Zornentbrannt stand sie vor Feodora. »Eine Wette, sachste … dat is ja bekloppt … nackich durch Könichsberrch …« Aufgeregt rannte sie in Feodoras Boudoir hin und her. »Ins Jefängnis kommste … einlochen werden se dir!« Sie konnte sich gar nicht beruhigen.

»Versteh doch, Irmchen, Wettschulden sind Ehrenschulden. So was muss man einlösen. Ist mein Pferd gesattelt?«

»Weeßte, wie kalt et is …?«

Das Jammern von Irma und das laute »Erbarmung« der Mamsell verfolgten Feodora, bis sie auf die Schlossteichbrücke einbog. Es war noch früh am Morgen. Nur wenige Menschen begegneten ihr. Die meisten eilten, den Kopf wegen des eisigen Windes gesenkt, vorüber, ohne die nackte Frau auf dem Pferd zu bemerken. Als sie in die Weißgerberstraße einbog, wurde es belebter. Einige Passanten blieben stehen, und ihren fassungslosen Gesichtern konnte Feodora ansehen, dass sie nicht glauben konnten, was sie da sahen.

Feodora lenkte ihr Pferd jetzt in Richtung Fischmarkt. Von dort wollte sie den kürzesten Weg nach Hause nehmen. *Es ist wirklich saukalt*, dachte sie. Ihre Haut begann sich bereits bläulich zu färben. Sie war die ganze Zeit leicht galoppiert, aber auf dem Markt musste sie ihr Pferd zügeln. Aufgebrachte Marktfrauen verließen ihre Stände und stellten sich ihr in den Weg. Angelockt von dem Lärm erschienen zwei Gendarmen hoch zu Ross. »Macht den Weg frei«, rief der eine und trieb die keifenden Weiber auseinander. Der andere fragte Feodora: »Wer sind Sie, was treiben Sie hier …« Er stockte, und auf einmal flüsterte er: »Feda, bist du es?«

»Mein Gott, Fritz, dich schickt der Himmel. Ich bin kurz vor dem Erfrieren.«

»Es ist die Baronin von Harden, Berger«, rief Fritz seinem Kollegen zu. »Die Dame ist mir persönlich bekannt. Ich geleite sie nach Hause.«

»Das geht nicht.« Berger sah Fritz empört an. »Es muss eine Anzeige aufgenommen werden. Das hier ist eine strafbare Handlung. Erregung öffentlichen Ärgernisses nennt man das.«

»Tut mir leid, Feda.« Ihr alter Freund sah sie bedauernd an. »Da kann ich nichts machen. Ich muss dich mit zur Wache nehmen.«

Auf der Hauptwache, Fritz hatte Feodora seinen Mantel umgelegt, unterzog der Oberwachmann Krunke sie dem Verhör. »Name, Anschrift, geborene …«

Als Feodora mit »Gräfin Troyenfeld« antwortete, blickte er kurz hoch und schüttelte ungläubig den Kopf, als zweifele er an ihrem Verstand. Noch fassungsloser war er, als er den Grund für ihren Ausritt hörte. »Eine Wette, so, so. Das ist ja allerhand. Würden Sie mir bitte erklären, um was für eine Wette es sich handelt?«

»Nein, das werde ich nicht.« Feodora war nicht gewillt, irgendwelche Namen zu nennen. Auch die Androhung einer Beugehaft brachte sie nicht dazu. »Das ist allein meine Angelegenheit«, sagte sie.

Nach zwei Stunden war der Wachmann offensichtlich des Fragens müde. »Ich werde Sie jetzt nach Hause entlassen. Aber Sie müssen mit einer Anzeige wegen Erregung öffentlichen Ärgernisses rechnen.«

Eine Droschke wurde gerufen, und Fritz und zwei berittene Gendarmen begleiteten sie in die Münzstraße.

Am nächsten Tag berichteten alle Zeitungen in und um Königsberg über dieses Ereignis. Auch hier wurden, außer Feodoras, keine Namen genannt, aber in der Gesellschaft wusste jeder Bescheid. Der Grund dieser Wette hatte sich wie ein Lauffeuer verbreitet. Feodora und die Revenaus waren in aller Munde. Was für ein Skandal! Albert war außer sich. Immer wenn er aufgeregt war, tanzte der Zwicker auf seiner Nase, und heute machte er geradezu bedrohliche Sprünge. »Deine Freundin hat es geschafft, nicht nur die Revenaus unmöglich zu machen«, sagte er aufgebracht zu Ida, die sich vor Lachen kaum halten konnte, »sondern sich selbst obendrein. Wie kannst du das nur komisch finden?« Er war sichtlich empört.

»Aber du kennst sie doch, Albert, es ist ihr völlig egal, was die Leute über sie denken ... Was für eine Idee ... nackt durch Königsberg ...« Ida konnte sich gar nicht beruhigen.

»Hoffentlich hat sie sich einen ordentlichen Schnupfen geholt«, sagte Albert, schon wieder leicht besänftigt. »Sie ist wirklich total verrückt, deine Freundin.« Und dann musste auch er lachen, und seine Empörung löste sich in Wohlgefallen auf. »Ich als ihr Anwalt muss ja wohl oder übel ihre Verteidigung übernehmen«, sagte er jetzt. »Die Verhandlung ist bereits in ein paar Tagen. Willst du nicht mitkommen nach Königsberg? Feda würde sich bestimmt freuen.«

»Ach, das wäre zu schön.« Ida lächelte träumerisch. »Aber sieh mich an, ich ähnele einer Tonne. Doktor Grüben meint, es werde wohl bald so weit sein. Womöglich komme ich im Zug nieder. Was sollen wir denn dann als Geburtsort in die Geburtsurkunde eintragen lassen? Abteil 1. Klasse? Nein, fahr du mal allein. Wie ich meine Feda kenne, wird sie mir in ihren nächsten Briefen alles haarklein berichten …«

Und so war es auch. Wahrheitsgetreu schrieb Feodora ihrer Freundin: »*… glaub mir, Idachen, schon am nächsten Tag hatte ich diese unsägliche Wette vergessen. Und nun das! Aber Wettschulden sind Ehrenschulden, das habe ich in meiner Kindheit gelernt. Für die kleine Elsa tut es mir leid, aber ihren schrecklichen Eltern gönne ich die Schmach.*« Und im nächsten Brief stand: »*… habe ich Dir eigentlich geschrieben, wer mich sozusagen ›verhaftet‹ hat? Stell Dir vor, es war Fritz, Elfriedes Sohn, der heimliche Spielgefährte meiner unglücklichen Kindheit. Er hat bei dieser Gelegenheit Irma kennengelernt, und was glaubst Du? Sie haben sich verliebt! Das Leben geht schon seltsame Wege. Ich werde nach der Verhandlung für eine Weile untertauchen, bis Gras über die Sache gewachsen ist. In Berlin werde ich Georg treffen, er ist seinem ›Meister‹ dorthin gefolgt (ich finde, er spinnt langsam!), und auch den Lovis, du weißt der verrückte Corinth, hat es von Wahnmoching dorthin verschlagen, aus welchen Gründen auch immer. Ich werde auf jeden Fall amüsante Gesellschaft haben. Also bis bald, liebste Freundin. Wenn ich zurück bin, wirst du ausgebrütet haben. (Bin gespannt, ob es wirklich das letzte Mal sein wird!) Es umarmt Dich Deine Feda.*«

Dank Alberts hervorragenden Beziehungen und Feodoras sofortigem Einverständnis, eine beträchtliche Summe für einen wohltätigen Zweck zu spenden, war die Gerichtsverhandlung nach ein paar Minuten beendet – zum großen Ärger einiger Marktweiber, die sich für dieses Ereignis extra frei genommen und den Gerichtssaal bevölkert hatten. Man hatte sich einen unterhaltsamen Vormittag versprochen, und nun das! »Das ist doch keene Strafe nich für die«, rief eine aufgebracht, und eine andere schrie: »Die hat doch mehr Jeld als wie unsereins Flöhe.«

Aber der Richter ließ seinen Hammer niedersausen, und als er zum dritten Mal rief: »Die Verhandlung ist geschlossen«, räumte man unter lautem Schimpfen den Saal.

»Siehst du, Albertchen, ich wusste es doch. Die Einzigen, die von der ganzen Aufregung profitieren, sind die alte Merz mit ihrem Heim für Obdachlose und du mit deinem Honorar«, sagte Feodora.

»Das brauche ich auch«, erwiderte Albert. »Wo ich jetzt ein Maul mehr stopfen muss. Vorhin hat mich eine Depesche erreicht. Wir haben heute Morgen eine Tochter bekommen. Willst du nicht mitkommen nach Insterburg und sie dir ansehen? Ida wäre selig.«

»Herzlichen Glückwunsch euch beiden.« Feodora drückte seinen Arm. »Aber das geht nicht. Leider! Mein Gepäck ist schon am Bahnhof. Ich reise mit dem nächsten Zug. Doch sobald ich wieder hier bin, ich denke, es wird wohl Ostern sein, komme ich nach Insterburg, um euren Neuzugang zu begutachten. Wie soll sie denn heißen?«

»Wir werden sie Martha nennen«, sagte Albert.

Die nächsten Wochen verbrachte Feodora bei Freunden in Potsdam und der Mark Brandenburg, und zum Abschluss fuhr sie noch einige Tage nach Berlin. In der *Hartungschen Zeitung* war vor einiger Zeit ein Artikel über ihren Freund Corinth erschienen. *»Ein Sohn unserer Stadt, Lovis Corinth, hat in Berlin mit seinem neuesten Werk, der* Salome, *seinen künstlerischen Durchbruch geschafft. Mit seinen Akten und den Schlachthausszenen hat er schon länger für Aufsehen gesorgt, aber mit der* Salome *scheint ihm nun ein Meisterwerk gelungen zu sein. Er wird in der Hauptstadt als großer*

Künstler gefeiert.« Feodora wollte sich dieses neue Werk unbedingt ansehen.

Die Wochen vergingen wie im Flug. Vor allem Berlin war aufregend. Georg sah sie kaum. Er ging in seiner Rolle als Jünger seines Meisters Stefan George vollends auf.

Umso öfter traf sie Corinth. Über Nacht war er durch seine *Salome* tatsächlich ein gefeierter Künstler geworden. »Stell dir vor, Feda, in Wahnmoching, ausgerechnet in diesem Sündenpfuhl ... ha!« Er schlug sich wütend auf die Schenkel. »... da hat man meine *Salome* als vulgär abgetan, kannst du das verstehen?«

Feodora konnte! Auch für sie sah diese Frau auf dem Gemälde wie ein Halbweltflittchen aus, aber sie hütete sich, das auszusprechen. Im Gegenteil. »Ich freue mich für dich, Lovis«, sagte sie. »Das Bild ist wunderbar. München ist eben Provinz und Berlin eine Weltstadt.«

»Du sagst es.« Feodora sprach Corinth aus der Seele. »Hier in Berlin versteht man mich!« Sein grobes Gesicht wurde ganz weich. »Ich habe Porträtaufträge!«, sagte er, als könne er es selbst kaum glauben. »Der Rubel rollt, Feda!«

Corinth hatte, seitdem Feodora ihn zuletzt gesehen hatte, eine wundersame Veränderung durchgemacht. War er in München noch ein rüpelhafter Lüstling gewesen, nachlässig gekleidet und bekannt für seine derben Scherze, so hatte ihn der Erfolg in der Hauptstadt in einen Salonlöwen in Frack und Lackschuhen verwandelt, aber ohne seine hinterwäldlerischen Manieren abgelegt zu haben. Er soff und fraß wie ein Scheunendrescher, hielt laute, flammende Reden und tanzte wild und ausgelassen. Er war eine Kuriosität, der neue Liebling der Berliner Gesellschaft – zügellos und amüsant, ein gern gesehener Gast in allen Salons der Stadt. Aber auch bei den zahlreichen Künstlern ging er ein und aus. Feodora schaffte es kaum, Luft zu holen – er schleppte sie überall mit hin. Kein Tag verging ohne eine oder mehrere Einladungen.

»Ich muss für Idas Töchterchen ein Taufkleid kaufen. Würdest du mich bitte zu Gerson begleiten«, bat sie Corinth zwischen einem Mittag- und einem Abendessen. »Ohne dieses Kleid kann ich die Stadt nicht verlassen.« Ihre Ida liebte solchen Firlefanz, wie Albert das nannte.

Manchmal fuhren sie hinaus zum Schlachtensee. Dort hatten die Gebrüder Hart eine Arbeits- und Wohngemeinschaft gegründet, in der sie mittellose Künstler aufnahmen. »Sie und ihre Frauen sind fabelhaft«, hatte Corinth ihr erzählt. »Beide Brüder sind hochbegabte Lyriker und außerdem Herausgeber des Literaturkalenders. Und immer trifft man dort die interessantesten Leute.«

Er hatte nicht übertrieben. Feodora war fasziniert. Was für ein Gemisch von Menschen! Alles Bohemiens, Maler, Schauspieler, Literaten, die die hübsche junge Ostpreußin aufnahmen, als sei sie eine von ihnen – wussten doch inzwischen alle von ihrem nackten Ritt durch Königsberg. Selten hatte sie sich so gut unterhalten.

»Ich überlege mir ernsthaft, ob ich nicht nach Berlin ziehen soll«, sagte sie eines Tages auf der Heimfahrt vom Schlachtensee. »Ich liebe Ostpreußen, aber es ist doch reichlich provinziell.«

Die Stadt hatte sie in ihren Bann gezogen. Hin und wieder träumte sie noch von Klaus. Doch allmählich begann die Erinnerung an ihn zu verblassen. Die Soireen und Diners in den Berliner Salons unterschieden sich nicht wesentlich von denen in Königsberg, aber die Künstlerlokale, in denen Corinth verkehrte, kannte sie von zu Hause nicht.

Am Abend vor ihrer Abreise nahm er sie mit in das Kaffee-Casino Nollendorf am Nollendorfplatz. »Heute, wie an jedem Donnerstag, trifft sich dort die geistige Elite der Stadt. Sie nennen sich ›die Kommenden‹. Es gibt Lesungen von jungen, unbekannten Literaten, sogar einige Frauen sind dabei. Du wirst staunen, Feda. Sicher treffen wir auch ein paar meiner Freunde vom Schlachtensee.«

Als sie das Lokal betraten, konnte Feodora kaum etwas erkennen. Es herrschte ein lautes Stimmengewirr, das Licht war schummerig und die Luft rauchgeschwängert. Ihr Freund wurde von allen Seiten herzlich begrüßt. »Kommt rüber zu uns«, rief ihnen Julius Hart zu, der mit seiner Frau Martha und einem gut aussehenden jungen Mann an einem runden Tisch saß. »Wir haben noch Plätze frei.«

»Ich glaube, du kennst Ludwig Jacobowski noch nicht, Feodora«, sagte Martha.

»Er hat diesen Lesezirkel hier gegründet«, fügte Corinth hinzu, der Jacobowski mit seiner riesigen Pranke kräftig auf die Schulter schlug.

Ludwig Jacobowski lächelte etwas gequält. »Geht es nicht ein bisschen weniger herzlich, Lovis?«, sagte er, und zu Feodora: »Macht er das bei Ihnen auch?«

»Nein.« Sie musste laut lachen. »Gott sei Dank nicht. Es würde ihm auch schlecht bekommen.«

Die Männer begannen eine hitzige Diskussion über den militärischen Pomp des Kaisers. Kurz darauf sagte einer: »Er ist nicht nur ein ziemlich verschwenderischer Idiot, ich versichere euch, Wilhelm ist zudem ein versteckter Antisemit. Glaubt es mir.«

»Er ist mit Rathenau und Fürstenberg befreundet und mit dem Ballin«, sagte jemand anders. »Wie kann er da Antisemit sein?« Dann wechselten sie das Thema und unterhielten sich über den beginnenden Boxeraufstand in China.

Feodora hörte nur mit halbem Ohr zu. »Das ist ein interessanter Mann, euer Freund Jacobowski«, sagte sie leise zu Martha. »Was macht er beruflich?«

»Er ist Herausgeber und Redakteur einer Literaturzeitschrift«, sagte Martha. »Wir sind sehr eng mit ihm befreundet ... Ah, da kommt Else.«

Eine zierliche, dunkelhaarige Frau hatte das Lokal betreten und steuerte direkt auf einen Mann zu, der allein an einem kleinen Tisch saß. Er sah ausgezehrt aus. Sein von einem langen Bart halb verdecktes Gesicht war fahl und eingefallen und seine Kleidung mehr als ärmlich.

»Wer sind die zwei?«, fragte Feodora interessiert. Rein äußerlich passten sie so gar nicht zueinander.

»Der Mann ist Peter Hille, ein bekannter Literat, und die Frau Else Lasker-Schüler, eine junge Schriftstellerin. Er ist ihr Mentor. Sie vergöttert ihn.« Martha seufzte. »Der Arme, er wird immer noch verkannt. Dabei ist er ein Genie, ein begnadeter Schriftsteller und ein unglaublich guter Mensch. Und er kann überhaupt nicht mit Geld umgehen. Ich bin immer froh, wenn er nach Schlachtensee kommt und ich ihm eine warme Mahlzeit servieren kann.«

Als Corinth den Namen Hille hörte, mischte er sich in ihr Gespräch ein. »Hab ich euch schon erzählt, dass ich ihn malen soll, den Hille? Ein reicher Kaufmann aus der Regentenstraße ... wie heißt er noch mal ...?« Er versuchte angestrengt, sich an dessen Namen zu erinnern. »Wurscht ... also ich habe einen Auftrag und sogar schon einen Vorschuss auf mein Honorar ... Wirt«, brüllte er plötzlich, »noch eine Runde für meine Freunde ... und das

Gleiche für Hille und Else … und für Hille eine Bockwurst.«

»Komm doch morgen mit Lovis zum Mittagessen. Else und Hille werden auch da sein.« Martha lächelte Feodora freundlich an. »Sie werden dir gefallen.«

»Ich reise morgen nach Königsberg zurück«, sagte Feodora bedauernd. »Eigentlich wollte ich bereits vor ein paar Tagen zurück sein. Ida, meine beste Freundin, wartet sicher schon sehnsüchtig auf meinen Besuch. Am Tag meiner Abreise ist sie mit einer Tochter niedergekommen. Aber ich werde bald wieder hier sein. Berlin ist faszinierend.«

Niemand konnte ahnen, dass bereits am nächsten Tag ihr Leben eine völlig andere Wendung nehmen würde.

Feodora saß allein in ihrem 1.-Klasse-Abteil. Sie war todmüde. Die Tage und Nächte mit Corinth und seinen Freunden hatten sie erschöpft. Auch gestern war es wieder weit nach Mitternacht gewesen, als sie in ihrem Bett lag. Das gleichmäßige Rattern des Zuges ließ sie in einen leichten Schlaf fallen. Nach einer Weile weckte sie ein Geräusch. Der Schaffner hatte die Abteiltür geöffnet. »Wünschen die gnädige Frau eine Reservierung im Speisewagen?«, fragte er leise.

Müde winkte Feodora ab. »Danke, ich bin nicht hungrig«, sagte sie und schlief augenblicklich wieder ein.

Als sie die Augen öffnete, es mussten Stunden vergangen sein, war es bereits dunkel. Ein leises Knurren ihres Magens signalisierte ihr, dass sie seit Stunden nichts gegessen hatte. Seufzend machte sie sich auf den Weg zum Speisesaal. Als sie dort ankam, musste sie feststellen, dass er hoffnungslos überfüllt war. Sie wollte schon wieder gehen, da sah sie einen

Herrn allein an einem Zweiertisch sitzen. Er saß mit dem Rücken zu ihr und aß bereits. Er schien ohne Begleitung zu sein, denn der Platz ihm gegenüber war nicht eingedeckt. Bevor der vom anderen Ende des Waggons herbeieilende Kellner sie erreicht hatte, fragte sie den Mann: »Darf ich mich zu Ihnen setzen? Es scheint der einzige noch freie Platz zu sein. Und ich habe einen schrecklichen Hunger.«

»Aber selbstverständlich.« Er erhob sich. Sie musste zu ihm aufblicken, er war einen Kopf größer als sie. »Darf ich mich vorstellen? Hajo von Orlov.«

»Feodora von Harden.« Sie ließ sich auf den Sitz fallen. »Was für ein Zufall«, sagte sie, »ich habe schon viel von Ihnen gehört. Ihre Eltern waren mit meinem verstorbenen Mann befreundet. Ich habe sie auch einige Male auf Gut Eichen getroffen.«

»Ach, Sie waren mit Heinrich verheiratet?« Er sah sie erstaunt an. »Aber er war … er hätte ja leicht … bitte verzeihen Sie, es steht mir nicht zu …«

»… mein Vater sein können«, beendete sie spöttisch seinen Satz. »Glauben Sie mir, ich habe ihn mir nicht ausgesucht. Aber das ist eine lange Geschichte.«

Zu Orlovs Erleichterung stand nun der Ober neben ihr, um die Bestellung aufzunehmen.

»Bitte bringen Sie mir das Menü und ein Glas Rotwein«, sagte sie und zu ihrem Gegenüber: »Essen Sie bitte weiter. Es wird ja alles kalt.«

Während er schweigend aß, hatte sie Gelegenheit, ihn eingehend zu betrachten. Was für ein Mann! Große, traurige Augen in einem edlen, blassen Gesicht, das dunkle Haar hatte er streng nach hinten gekämmt. Bis auf seine Koteletten war er glatt rasiert. Seine schonen Hände erinnerten sie an die von Klaus. Es versetzte ihr einen leichten Stich. Wie lange hatte sie schon nicht mehr an ihn gedacht? Sie wusste es nicht. »Was führt Sie nach Königsberg«, fragte sie nach einer Weile. »Ich dachte, Sie leben in Indien?«

»Ein sehr trauriger Anlass. Erst letzte Woche habe ich meine Mutter beerdigt, und nun ...«

»Das tut mir leid«, unterbrach ihn Feodora

»Ja, und nun ...« Er stockte kurz. »Ich war schon auf dem Rückweg nach Indien, als mich gestern in Berlin die schreckliche Nachricht vom Tod zweier sehr lieber Menschen aus Insterburg erreichte. Ich habe es versäumt, sie zu besuchen, als ich dort war, und nun will ich ihnen wenigstens die letzte Ehre erweisen.«

»Wie traurig«, sagte Feodora. »Ich habe viele Freunde in Insterburg. Das Schloss meiner Eltern liegt ganz in der Nähe. Wer ist es denn?«

»Mein Anwalt Lackner und seine Frau.«

Aus Feodoras Gesicht war alle Farbe gewichen. Das Weinglas glitt ihr aus der Hand und zersprang klirrend auf ihrem halb leeren Teller.

»Nein«, flüsterte sie, »das kann nicht sein. Nicht Albert und Ida.«

»Hier, lesen Sie.« Er reichte ihr die *Hartungsche Zeitung*. »Es war ein schrecklicher Unfall.«

»Nein, ich will es nicht lesen! Es darf nicht sein, nicht Albert und Ida.« Ihre Zähne schlugen aufeinander, und sie begann am ganzen Körper zu zittern. Einige Gäste sahen bereits neugierig zu ihnen herüber. »Bitte, Herr von Orlov, würden Sie mich in mein Abteil begleiten?« Schwankend erhob sie sich. »Ich schaffe es nicht allein.« Ihre Stimme war nur noch ein Krächzen.

Orlov sprang sofort auf. »Aber selbstverständlich. Kommen Sie.« Fürsorglich legte er den Arm um sie und begleitete sie unter den erstaunten Blicken der Anwesenden hinaus.

In ihrem Abteil verlor sie ihre mühsam bewahrte Fassung. Sie brach in hemmungsloses Schluchzen aus. »Ida ist … war meine beste Freundin. Wir waren wie Schwestern … seit unserer Kindheit.« Weinend lag sie an der Brust dieses fremden Mannes. »Was ist denn um Himmels willen passiert? Wieso sind denn beide tot? Mein Gott, die armen Kinder!«

»Ich weiß auch nur, was in der Zeitung steht. Sie waren wohl auf Gut Harpenthal bei Alberts Bruder Hermann …«

»Ich weiß, da sind sie immer am Ostermontag …«

»… ja, und eigentlich wollten sie am Abend nach Insterburg zurückfahren«, fuhr Orlov fort, »aber es gab einen Schneesturm, und sie mussten dort übernachten. Am nächsten Morgen lagen sie tot in ihren Betten.« Auch er hatte jetzt Tränen in den Augen. »Man vermutet eine Vergiftung durch Kohlenmonoxid.« Er hielt Feodora fest an sich gedrückt. Immer wieder wischte er ihr mit seinem Taschentuch die Tränen ab, die nicht versiegen wollten. *Mein Gott, was tue ich da?*, dachte er. *Ich halte eine fremde Frau in den Armen und tröste sie, als wäre es das Normalste der Welt.*

Feodora fühlte Ähnliches. Es schien ihr wie früher, vor einer Ewigkeit, als Klaus sie tröstete, wenn sie an seiner Brust über ihr häusliches Elend weinte.

Orlov hatte sein Gepäck in Feodoras Abteil bringen lassen, und dann redeten sie und redeten, und irgendwann schlief sie an seiner Schulter ein. Ab und an schreckte sie auf, wenn mit der Erinnerung die Tränen kamen.

»Ruhig«, flüsterte er dann leise, »ganz ruhig.«

Und sie schlief wieder ein mit einem Gefühl, das sie noch nicht wagte zuzulassen.

Obwohl Feodora den ersten Zug von Königsberg nach Insterburg genommen hatte, kam sie zu spät, um ihre Freunde noch einmal zu sehen. Die Särge waren bereits geschlossen und in die Freimaurerloge verbracht worden, wo um drei Uhr die Trauerfeier stattfinden sollte. Anschließend sollten beide auf dem Friedhof der Reformierten Kirche bestattet werden.

Als Feodora in der Villa am Garwehner See ankam, war die Halle bereits voll mit Kondolenzbesuchern. Zwei von Alberts Geschwistern nahmen die Beileidsbezeugungen entgegen, und vor dem Haus stand noch eine nicht enden wollende Schlange schwarz gekleideter Menschen, die der Familie ihr Mitgefühl ausdrücken wollten.

»Feda, da bist du ja!« Alberts Bruder Hermann drückte sie an sich. »Wie hast du es erfahren? Wir wussten nicht, wo wir dich benachrichtigen sollten.«

»Später«, sagte Feodora mit erstickter Stimme. »Wo sind die anderen?«

»Im Frühstückszimmer. Wir haben ja alle seit Tagen kaum etwas gegessen.«

Bei der Begrüßung flossen wieder Tränen, aber alle langten kräftig zu, und auch bei Feodora regte sich jetzt der Hunger. Es musste mehr als zwanzig Stunden her sein, dass sie etwas zu sich genommen hatte.

Sie setzte sich neben Hermanns Frau Grete, die mit rot geweinten Augen vor sich hin starrte. »Grete, Liebes.« Feodora nahm sie liebevoll in den Arm. »Ich weiß, wie sehr du Ida geliebt hast. Wir haben beide unsere beste Freundin verloren.« Sie schwiegen eine Weile. Es gab keine Worte für das Schreckliche. »Grete, kommst du für einen Moment mit mir in Idas Boudoir? Ich möchte mich einen Moment hinlegen. Ich komme ja direkt aus Berlin.«

Sobald sie allein waren, brach es aus Feodora heraus. »Gretchen, ich muss dir etwas anvertrauen.«

Grete sah sie erstaunt an. Was konnte das wohl sein?

»Ich habe gestern im Zug Hajo von Orlov kennengelernt. Von ihm habe ich auch die furchtbare Nachricht erfahren.«

»Ja, und?« Was sollte denn daran so vertraulich sein?

»Ich glaube … nein, ich bin mir ganz sicher … ich habe mich verliebt. Ich dachte, dass mir das niemals passieren würde. Du kannst dir gar nicht vorstellen, wie es in mir aussieht!«

»Aber das ist doch wunderbar, Feda.« Für einen Moment vergaß Grete ihren Schmerz, und ein Lächeln überzog ihr liebes Gesicht.

»Aber es wäre nie passiert, wenn Ida noch leben würde, verstehst du? Er war nur in diesem Zug, um zu Ida und Alberts Beerdigung zu fahren. Er war schon auf dem Rückweg nach Indien, als ihn in Berlin die Nachricht von ihrem Tod erreichte.« Feodora brach jetzt in lautes Schluchzen aus. »Ida hat immer gesagt, eines Tages wirst auch du dein Glück finden. Und nun ist es so nah, und Ida erlebt es nicht.« Händeringend lief sie hin und her. »Ich weiß nicht, ob ich mich schämen soll. Neben meiner unendlichen Trauer empfinde ich ein solches Glücksgefühl, wie ich es noch nie erlebt habe. Findest du das verwerflich, Grete? Ich kann es kaum erwarten, ihn wiederzusehen.« Plötzlich stockte sie und sah Grete entsetzt an. »Aber was mache ich bloß, wenn er wieder nach Indien fährt, ohne sich mir zu erklären? Ich kann ihm doch nicht hinterherreisen.«

Grete lachte laut auf. »Du schon, wie ich dich kenne.« Aber dann wurde sie wieder ernst. »Nun hör mir mal gut zu. Im Leben hat alles einen Sinn. Es kommt, wie es kommt. Und Ida wäre die Letzte, die dir dein Glück nicht gönnen würde.«

Es klopfte leise, und Hermann steckte seinen Kopf zur Tür herein. »Es wird Zeit. In einer halben Stunde beginnt die Trauerfeier.«

Der Saal der Loge war überfüllt. Nicht alle Trauergäste hatten einen Platz gefunden, viele mussten stehen. Auch für die unzähligen Kränze und Blumengestecke war drinnen nicht genug Raum, und so säumten sie den langen Weg bis zum Tor. Die Särge waren bedeckt mit weißen Lilien, Idas Lieblingsblumen, deren betörender Duft sich mit dem Wachs der brennenden Kerzen und den Parfüms der anwesenden Damen vermischte.

Als Feodora zusammen mit der engsten Familie in der ersten Reihe Platz nahm, sah sie hinten Hajo von Orlov, der sie mit einem leichten Kopfnicken begrüßte. Ihr Puls raste. *Ida, meine geliebte Freundin, wärest du doch nur hier*, dachte sie unter Tränen.

Die Trauerfeier war erhebend. Idas Bruder Johann, der sie vor zehn Jahren mit Albert getraut hatte, hielt eine ergreifende Rede, und als der Oratoriumsverein Bachs *Wenn ich einmal soll scheiden* anstimmte, brach auch der Hartgesottenste in Tränen aus.

Nach der Feier bewegte sich der Trauerzug in Richtung des nahe liegenden Friedhofs. Die Zeitungen berichteten später von Trauernden aus allen Ständen und Schichten der Bevölkerung, die zu Tausenden die Straßen säumten. Am

Friedhof habe die Polizei eine Absperrung vornehmen müssen, so groß sei der Andrang gewesen. *»Eine Trauerkundgebung, wie sie noch nie stattgefunden hat«*, schrieb tags darauf das *Ostpreußische Tageblatt*.

Von all dem bemerkte Feodora kaum etwas. Ihre Augen waren blind von Tränen, und es zerriss ihr das Herz, Idas kleine Söhne Walter und Alfred Hand in Hand hinter den beiden Särgen hergehen zu sehen. Plötzlich spürte sie, wie jemand leicht ihren Arm fasste und flüsterte: »Wie gern würde ich Sie trösten. Ich habe meine Abreise verschoben. Ich logiere im Gasthaus Zum Hirschen. Ich werde warten, bis Sie kommen. Egal wann, ich werde da sein.« Ein kurzer Händedruck, dann war er verschwunden.

Er liebt mich auch, Ida. Feodoras Herz machte einen Sprung. *Und nur durch dich …* Sie wollte den Gedanken nicht zu Ende denken!

Es war spät am Abend, als sie zu ihm kam. Wortlos drückte er sie an sich. Sie wurde ganz klein in seinen Armen. »Ich hatte Angst, du könntest nicht kommen«, sagte er leise. Und dann begann er sie zu küssen. Ganz zart auf die Stirn, ihre Augen, dann suchte er ihre Lippen. Er öffnete ihr Mieder, ohne Hast, er hatte keine Eile. In allem, was er tat, spürte sie sein zärtliches Verlangen. Sie ließ sich davontreiben, fallen. Er streichelte ihre Brüste, liebkoste sie mit den Lippen. Mit sanfter Begierde glitten seine Hände weiter über ihren Leib, ihre Hüften, hinab zwischen ihre Schenkel, immer näher, näher … Heiße Wellen durchströmten ihren Schoß, und dann liebte er sie, wie nur Klaus sie geliebt hatte. Sie verging vor Wonne. Es war eine nicht enden wollende Nacht sinnlicher Leidenschaft. Sie liebten sich, bis der Morgen graute und die ersten Sonnenstrahlen durch die Vorhänge drangen.

Aber auch dann fanden sie keinen Schlaf. Eng aneinander geschmiegt lagen sie da. Jeder hing seinen Gedanken nach.

»Wo warst du nur so lange?«, fragte er nach einer Weile.

»Ich habe nach dir gesucht, nur wusste ich es nicht«, sagte Feodora lächelnd.

»Liebste«, flüsterte er, »nach Marisa habe ich nie mehr ein Gefühl für eine Frau gehabt wie für dich.« Er schwieg einen Moment. »Glaube mir, ich habe nicht nach einem neuen Glück gesucht. Aber jetzt, wo ich es gefunden habe, will ich es nie wieder loslassen.« Er nahm ihr Gesicht in seine Hände. »Willst du mich heiraten, Feodora, und mit mir nach Indien gehen?«

Sie richtete sich auf und sah ihm strahlend in die Augen. »Ja, das will ich, mein Geliebter!«

Die Trauung fand im kleinsten Kreise statt. Carla von Harvich und Julia von Pulkendorf waren Feodoras Trauzeugen. Ihre Eltern waren nicht gebeten.

Am Tag ihrer Abreise besuchte sie noch einmal Idas Grab. »Das ist für lange Zeit mein letzter Besuch bei dir, meine geliebte Freundin. Ich habe mein Glück gefunden, wie du es mir immer prophezeit hast. Lebt wohl, du und dein Albert. Ich werde euch nie vergessen!«

Nachwort

Feodora hatte ihr Glück gefunden. Das sprach aus allen ihren Briefen an Grete Lackner und Georg Goelder, mit denen sie anfangs eifrig korrespondierte. Sie berichtete begeistert von ihrer neuen Heimat Indien und der großen Liebe zu Hajo. Aber nach ein paar Jahren schlief der Briefwechsel ein. Der Erste Weltkrieg warf seine Schatten voraus.

Wer sich für das weitere Schicksal von Ida und Albert Lackners Kinder interessiert, sollte das Buch *Und Wunder gibt es doch* lesen, und in dem Roman *Wilde Rosen, weites Land* erfahren Sie alles über Georg Goelder und dessen Familie in Weischkehmen.

Beide Bücher erschienen im gleichen Verlag wie das vorliegende Buch.

Werde Teil der Bastei Lübbe Welt
You Tube
www.luebbe.de/Meinewelt
Lesen, rezensieren, Bücher gewinnen
Lerne Autoren, Verlagsmitarbeiter und andere Leser kennen